湛庐CHEERS

与最聪明的人共同进化

HERE COMES EVERYBODY

美国大脑健康之父
丹尼尔·亚蒙
Daniel G. Amen

世界知名的权威脑成像专家

丹尼尔·亚蒙是一名精神科医生，通过了一般精神病学和儿童精神病学双职业认证，他同时也是临床神经科学家、脑成像专家，并被美国精神病学会授予杰出会员称号，这是该学会给予会员的最高荣誉 。

18 岁时，年轻的亚蒙参军入伍，当了一名军医。在部队接受的培训让他爱上了医学，尤其是医学成像。退伍后他选择攻读医学博士学位，最终成为一名精神科医生。因为在他看来，精神病学不仅能帮助患者本人，也帮助了患者的亲人和后代，让他们过上更健康的生活，其影响力足以改变几代人。

在临床中，亚蒙博士致力于将脑成像技术和精神病学治疗结合起来。他创立了世界闻名的亚蒙诊所，目前已在亚特兰大、北加利福尼亚、芝加哥、奥兰治县、纽约、华盛顿、西北地区、洛杉矶 8 地开设了诊所。亚蒙诊所拥有全球最大的与行为相关的功能性脑扫描数据库，总共收集了来自 111 个国家的125 000 多份患者扫描数据。

全美最受欢迎的精神科医生

亚蒙博士不仅在专业领域贡献卓著，还是一位学术明星，深受广大民众的欢迎。他是 10 次荣登《纽约时报》畅销书排行榜的畅销书作家，代表作《幸福脑》（*Change Your Brain, Change Your Life*）连续 10 年在美国亚马逊网站的心理自助类图书中排名第一。他设计、制作、主持过 11 个很受欢迎的大脑节目，这些节目在北美地区播放次数超过 10 万次。他甚至参演过多部电影，包括《最后一轮之后》（*After the Last Round*）和《眩晕》（*The Crash Reel*）；还参与过一些获得艾美奖的电视节目，比如《饮酒作乐的真相》（*The Truth about Drinking*）和《奥兹医生秀》（*Dr. Oz Show*）。亚蒙博士还担任过电影《震荡效应》（*Concussion*）的顾问，并曾在美国国家安全局、美国国家科学基金会、英国广播公司（BBC）、《时代周刊》、《纽约时报》等各种机构和组织主办的活动中演讲。

由于在普通大众中的超高知名度，亚蒙博士被《华盛顿邮报》称为“全美最受欢迎的精神科医生”。

专注大脑健康的模范夫妻档

亚蒙博士的妻子是塔娜·亚蒙。护士出身的她曾在医院里负责照顾神经外科手术重症监护病人，对于饮食和营养对大脑健康的价值有着最直接的认识。和丈夫一样，塔娜也是一位专注健康和健身领域的专家，她的著作《奥姆尼饮食法》（*The Omni Diet*）也登上了《纽约时报》畅销书排行榜。夫妻两人并肩工作，运用大脑勇士的方法和技巧，共同组建了一支致力于改变大脑与身体健康状况的队伍。两人一起设计并主持了三个全国性的电视节目《治愈注意力缺陷障碍》（*Healing ADD*）、《奥姆尼健康革命》（*The Omni Health Revolution*）和《大脑勇士》，还一起经营亚蒙诊所。亚蒙博士专注于神经层面，塔娜则担任营养顾问和教练，同大家分享健康饮食窍门和健康的生活方式。

亚蒙夫妇共同的心愿是：让更多的人关注健康，加入大脑勇士的行列。

亚蒙脑健康系列

CHEERS
湛庐

女性脑

UNLEASH THE
POWER
OF **THE**
FEMALE BRAIN

[美] 丹尼尔·亚蒙（Daniel G. Amen）◎ 著
黄珏苹 ◎ 译

浙江人民出版社
ZHEJIANG PEOPLE'S PUBLISHING HOUSE

Unleash
the Power of the
Female Brain

献给我生命中所有充满生命力的女性！

她们是：我的妻子塔娜，

我的女儿布里安娜、凯特琳、克洛伊，

我的外孙女安吉丽娜、艾米，

我的妈妈多里，

我的姐妹克丽丝、珍妮、玛丽、勒妮、乔安妮，

我的姨母们、外甥女们、孙外甥女们，以及表姐妹们！

Supercharging Yours
for Better Health,
Energy, Mood, Focus, and Sex

Unleash the Power of the Female Brain

医学免责声明

本书内容源自作者多年的实践经验和临床研究。这本书的观点势必是概括性的、普遍性的，不能替代医学专业人士的评估或治疗。如果你认为自己需要医学干预，请尽快看医生。书中的故事都是真实的，为了保护病人的隐私，作者更改了故事中的人名和事件细节。

Supercharging Yours for Better Health, Energy, Mood, Focus, and Sex

不受束缚的女性脑

"弱势性别"这个短语是那些打算战胜男性的女性杜撰出来的。她们以此来麻痹男性。

——奥格登·纳什（Ogden Nash）

我的想法和纳什一样。这辈子，我的身边始终围绕着一群强势的女性。

年幼的时候，我的生活中有那么多的女性，以至于 1962 年 12 月妈妈把家中的第 5 个女儿乔安妮从医院抱回家的时候，我和哥哥吉米一起"离家出走"了。那时吉米 9 岁，我 8 岁。虽然我们只离开了 45 分钟，但作为家里仅有的两个男孩，我们已经很知足了！女孩们在家里占据了绝对优势地位，到处都是女孩。我常常开玩笑说，在 14 岁之前我从来没有机会使用家里的卫生间，而当我终于走进去时，里面到处都是令人匪夷所思的东西。

我有一个非常强势的妈妈。她现在 81 岁了，身高只有 1.5 米多一点，但仍然什么事都要她说了算。我还有 5 个固执的姐妹、3 个不可思议的女儿、2 个外孙女、14 个外甥女和孙外甥女。我妻子认为，要论及与女性相处，本人可谓是训练有素。然而，这个过程并不轻松。正如我接下来要讲的，女性脑与男性脑非常不同。

当逐渐了解女性脑的复杂性和力量后，我不禁感慨这些信息会给数百万女性、男性和儿童的生活带来怎样的改变。

当女性知道自己的大脑是多么独特，知道如何照料大脑、如何充分利用它的优势、如何克服它面临的挑战、如何爱上它，最终知道如何充分释放女性脑的力量后，她们便可以永往直前了。在个人发展、工作和人际关系中，她们可以将最好的自己呈现给家庭、社区和整个世界。

相反，如果女性没有很好地照料自己的大脑，大脑没有得到充分的营养、锻炼、睡眠和情感支持，那么她们就是在浪费自己最宝贵的资源。如果你没有好好照顾自己的大脑，那么你很可能会出现脑子混乱、记忆力减退、缺乏活力、注意力涣散、决策失误、肥胖、心脏病、癌症和糖尿病等问题；你也不会有应对生活所需的生命力，要知道你原本可以很平静、很专注，充满活力和快乐的；你还很有可能会迅速变老，常常生病，而且病情比较严重。

上述这些是女性和男性都会面临的健康风险，但作为女性，你将面临一些额外的独特挑战。你会比男性更容易患上焦虑症和抑郁症。另外还有一些研究显示，女性比男性更容易患上阿尔茨海默病；更容易受到挥之不去、自动出现的消极想法的侵袭；更容易受体象的折磨，而它常常会演变成进食障碍。另外，女性也更容易因为自己不够完美而陷入过度的自我批评之中。女性还会更倾向于全身心地照顾自己所爱的人，或者将自己完全奉献给工作、家庭和社区，这样她们就更没有时间照顾自己了。

这些都是女性会面临的独特挑战，但你不一定就要乖乖地束手就擒。照顾好你的女性脑，学会如何释放它的力量，能够让你发掘自己的潜能，成为健康、有爱、成功而坚强的女性。它可以使你拥有更令人满意的亲密关系，使你成为更好的伴侣；在工作上，你会变得更高效。对于想做妈妈的女性来说，它还能让你为孕期做好准备，让你能帮助自己的孩子释放他们大脑的力量。

释放女性脑的力量是你获得梦想生活的关键，你值得拥有那样的生活！

女性脑改变世界

肥胖、糖尿病、抑郁和痴呆正在社会生活中加速泛滥，我们的健康也以更快的步伐走向歧途。与以往任何时候相比，我们现在更需要有思想、有智慧、有影响力、有“聪明头脑”的女性，引导我们的家庭、社区、职场、国家乃至世界做出改变。在创造出惊人的改变方面，女性具有非常独特的能力。

我决定写这本书的原因之一是，我知道女性能够发挥多么巨大的作用。在我年幼的时候，妈妈是家里的健康领袖。现在，我妻子塔娜扮演着相同的角色。我看到这种模式在家庭中一而再、再而三地重复。当成年女性把自己照顾得很好时，她们便会对周围人产生积极的影响。

作为神经科学家、精神病学家兼大脑成像专家，我知道女性通常比男性更重视自己的身体和心理健康。我相信，这也是女性的平均寿命比男性长的一个原因。2010 年，美国女性的平均寿命为 80 岁，而美国男性的平均寿命仅为 73 岁。在俄罗斯，女性平均比男性多活 12 年。因此，如果你是为了更好地了解女性而在阅读这本书的男性，那么你或许会打算戒酒。

女性也会更多地为自己的健康担忧，颇具讽刺意味的是，这同样是与长寿相关的重要因素。那些总说“别担心，开心就好”的人通常是男性，他们在酒吧里畅饮，在荒漠中飙车，他们更有可能早早地死于事故或可预防的疾病，比如酗酒、糖尿病、高血压和心脏病。那些适度担忧自己健康的人会很好地照顾自己，最终活得更长、更健康、更幸福。

或许我们应该把口头禅“别担心，开心就好”改成“要在意，才能活得更长、更幸福”。

女性也较少会做出可能破坏大脑前部“执行控制中心”的行为，它负责做出决策，执行自我控制，进行前瞻性思维。女孩不太可能参与会损害大脑的活动，比如用头撞击足球，或者玩橄榄球……除非将来有一天，足球突然在年轻女孩中变得非常流行。

女性之所以比男性长寿，还因为她们更具有共情力，更能宽恕别人。这使得她们更能经受住生活中不可避免的不公正。

在亚蒙诊所接受治疗的病人中，男性和女性的病情都有很大程度的改善。不过，女性病人改善得更多，因为她们更听医生的话，对待治疗建议也更认真。

具有共情力、关心他人的女性不仅只考虑自己，她们还会为丈夫考虑。这也是为什么已婚男性的寿命比未婚男性的寿命更长的原因。我经常听到妻子们唠叨自己的丈夫，敦促他们好好照顾自己。她们建议丈夫服用鱼油和维生素，还会督促他们去看医生。不过，在一些研究中，已婚女性的寿命没有未婚女性的长。我想可能是因为照顾顽固不化的丈夫耗尽了她们的精力，以下是一个例子。

> 纳比勒和他的妻子莫妮卡都是内科医生。一天，纳比勒给妻子打电话，说他呕吐了，头很疼，不能去上班了。莫妮卡很警觉，她让纳比勒去医院。可纳比勒说自己没事，睡一会儿就会好，然后把电话挂了。莫妮卡知道这些症状可能预示着严重的疾病。她立即给纳比勒打电话，求他马上去看病。纳比勒还是对妻子说“没事”，不用为他担心。莫妮卡知道，对于60多岁的人来说，这些症状有多么严重。于是，她迅速赶回家，将纳比勒带到急诊室，结果查出纳比勒患有脑动脉瘤。神经外科大夫告诉他们，如果不是因为及时来医院，纳比勒活不过1个小时。

女性往往会成为家中的健康监督员，因为她们能够比男性更快地认识到问题的严重性。她们通常比丈夫早若干年，甚至早几十年开始向外界寻求帮助，以及谋求社区的支持。在亚蒙诊所，我看到当夫妻关系出现问题时，寻求帮助的人往往是妻子；尽管孩子的父母都要全职上班，但当孩子出问题时，十有八九是妈妈给我打电话。

从我的经验来看，女性通常是促使家庭改变的人。她们安排一日三餐，协调家庭活动并监督孩子。由于我的妈妈很强势，因此我亲身感受到，如果妈妈的健康理念是正确的，那么其他人也很有可能会拥有正确的健康理念。如果妈妈的健康一团糟，便会对全家人的身心健康造成破坏性的影响。

当我在精神科接受住院医生培训时，我研究了酗酒者的孩子和孙辈。我的研究发现之一是，如果你的父亲酗酒，那么这会对你的情绪发展造成严重的负面影响。如果你的妈妈酗酒，那么破坏性的影响会更加深远。因此，保持女性脑的健康至关重要。

本书大部分的内容是探讨如何释放女性脑的力量。一旦你爱上了自己的大脑，学会了如何照顾它，并按照我推荐的步骤去做，那么你将有能力影响你所爱的人，并在自己周围培养出有利于大脑健康的群体，从而成为促使你保持健康的动力。

在我的另一本书《用大脑改变年龄》(*Use Your Brain to Change Your Age*)中，我提到了玛丽安娜。她是富兰克林·柯维公司（Franklin Covey）驻美国西部地区总裁，这家公司在培训和咨询领域非常成功。在59岁时，玛丽安娜感到自己的头脑在退化，全身哪儿都疼。

一天中大部分时间脑子都是昏昏沉沉的。一开始，她觉得这只是因为自己老了，任何人都会发生这些变化。但是她的情况变得越来越糟，她觉得这对同事们是不公平的，因为她无法保持最佳工作状态，于是她考虑辞职。她相信自己最好的时光已经一去不复返了。偶然之中，她女儿把我的一份健康计划给了她，她立即照着做起来。她吃惊地发现，两个月后整个人感觉好多了，疼痛感消失了，脑子也不再糊里糊涂。她继续按照计划上的要求去做，一年后她减掉了 27 公斤，大脑变得前所未有的敏锐，充满了活力。她对我说："现在的我反应敏捷，拥有丰富的经验和智慧。我好像处在人生的巅峰，最好的时光远远没有过去。"

我和玛丽安娜一起参加了富兰克林·柯维公司的会议，我在会上做了演讲。她告诉我说，随着她变得越来越健康，她的一个女儿也变得更健康了。她的这个女儿之前超重 63 公斤，看到妈妈惊人的进步后，女儿也想变得同样健康。在接下来的两年里，玛丽安娜的女儿减掉了 63 公斤。玛丽安娜的改变还鼓励了她的丈夫为健康而付出努力。后来，她工作场所中的一切也随之发生了改变。她改善了公司工作餐的品质，她的团队变得更加有活力，会议也变得更加高效。"过去在一天快要结束的时候，我们会感到精疲力竭。自从公司只提供有利于大脑健康的食物后，每个人都变得更有精力、更有成效了。"

玛丽安娜是促使她的家庭、公司和社区发生改变的模范女性。我希望你们也能成为玛丽安娜这样的女性，也能改变你们周围的世界。

女性脑也有弱点

一项研究显示，美国女性寿命的增长速度比男性寿命的增长速度慢，实际上在很多地区，女性的寿命比 20 年前缩短了。尽管人们依然认为女性比男性更长寿，但华盛顿大学的研究结果足以令人担忧。该研究基于 1989—2009 年按年龄、性别和国家划分的人口死亡统计数据。在这项研究中，男性的寿命平均增加了 4.6 岁，女性只增加了 2.7 岁。研究团队的负责人表达了他的担忧："男性和女性寿命的增加量应该是相等的。所有人对此都应该有所警醒。在像美国这样富裕且拥有先进医疗技术的国家，很多女性却没有她们的妈妈活得长，这是一个悲剧。"

从 1999 年开始，在美国 661 个县中，女性的寿命不再变长，甚至出现了缩短的现象；而男性的这种现象出现在 166 个县中。这种寿命缩短的趋势还出现在俄克拉何马州 84% 的县中、田纳西州 58% 的县中，以及佐治亚州 33% 的县中。研究显示，其中没有恰当治疗高血压和高胆固醇的女性比例高于男性。研究者报告称，很多内科医生对具有心脏病风险因素的女性的治疗，不像对男性的治疗那样激进。造成女性寿命较短的核心因素似乎是可预防的，比如吸烟、饮酒和肥胖。

在美国，不同地区的女性寿命存在着近 12 年的差距。寿命最长的是佛罗里达州科利尔县的女性，为 85.5 岁；寿命最短的是西弗吉尼亚州麦克道尔县的女性，为 74.1 岁。在 1989 年，这种差距仅为 8.7 岁。1989—2009 年，澳大利亚的男性和女性的寿命都增加了 12 年。我们本来可以做得更好。如果你、你的家人和朋友遵循本书提供的方法和步骤，你们一定能够延长寿命。

不受束缚的女性脑

在家庭、社区和临床中，我反复看到，当女性知道了自己独特的大脑优势并采取步骤优化大脑功能、应对挑战时，会发生怎样惊人的改变。我也曾看到，当女性不了解自己的大脑或者没有采取必要的步骤来照顾它时，会产生怎样的消极结果，她们会变得抑郁、焦虑，患上进食障碍。在这本书中，我将一步步告诉你如何释放女性脑的力量。你将了解到以下方面。

- 如何爱上你的大脑，让照顾它变成一种乐趣而不是负担，让照顾它成为你喜欢做的事情、成为你乐意拥有的习惯。这是符合逻辑的思维，也是自爱的表现。
- 如何驾驭女性脑独特的优势，比如共情、直觉、合作、自控和适度的担忧。如何克服它独有的脆弱性，比如抑郁、完美主义和无法排解的消极想法。
- 如何让掌控着活力、情绪、放松、精力、信心和欲望的激素保持自然的平衡状态，如何让激素为你服务，而不是与你作对。你还将学会如何处理与激素相关的问题，比如甲状腺激素不平衡、经前期综合征、多囊卵巢综合征，很好地度过围绝经期和更年期。
- 知道不同的大脑类型，知道自己的大脑属于什么类型，如何运用亚蒙诊所的方法来让大脑达到最佳状态。
- 如何用自然疗法让大脑恢复平静，从而成功地应对焦虑、担忧、抑郁、完美主义和进食障碍。你还将学会如何关闭大脑，这样你便不会被各种消极想法轮番“轰炸”了，你便不会在想接下来要干什么时，总想到什么事情可能会出问题或者总觉得可能会出现令你害怕的事情了。

- 如何为大脑提供营养，如何既能拥有平坦的小腹、减掉多余的体重，变得更健康、更苗条，又能防止你患上肠易激综合征、抑郁症、阿尔茨海默病，甚至癌症。
- 如何控制你的欲望，提高决策技能，从而改善健康状况、避免肥胖。
- 了解女性的注意力缺陷障碍，以及如果你有这样的问题，它会如何阻碍你成功。
- 认识大脑健康与外形美丽之间的关系，以及怎样照料你的大脑才能让你看起来更有活力、更年轻。
- 如何为了爱、为了性、为了亲密的关系，充分利用大脑。更健康的大脑会给你带来更好的爱、更亲密的关系。
- 如何让你的大脑为生宝宝、养育大脑健康的孩子、释放出孩子大脑的力量做好准备。
- 如何创建有利于大脑健康的社区，如何做才能改变你周围的世界。

作为一名精神病学家、脑成像研究者、丈夫、3个女孩的父亲、5个姐妹的兄弟，我知道女性具有充分利用大脑潜能的独特能力，我将分享许多像你这样的女性的故事。你一旦释放出大脑的力量，便能变得更健康、更长寿，减缓甚至逆转衰老的过程。你还会发现自己储备着更多的平静、力量、活力和爱，而你以前并不知道自己还拥有这些储备。

改变生活，只需要12个小时

无论我走到哪里，人们都会告诉我，我让大脑重新恢复活力的工作改变了他们的生活。我知道，当你爱上自己的大脑，开始善待它的时候，由此释放出来的力量是多么非同凡响。我希望你能获得那样的成功。我知道，只要你的做法适当，你便能成功。为了帮助你获得成功，我会提供12个练习，每个练习需要花费1个小时的时间，它们能够将有益于大脑健康的原则注入你的生活。如果你按照练习的要求去做，你的生活便会发生根本性的改变。你会看到改变，感受到自己的情绪、活力、体重、外表和心理能力方面的变化。你不会再做出有损健康的决定，而将会感受到做出有利于大脑和健康的决定是多么快乐。拥有了健康、缜密的思维方式，你的头脑会变得更清醒，行动会变得更有效，你将看到由此带来的种种益处。你将不再欲罢不能、忧心忡忡、郁郁寡欢或苛求完美，你将对生活各个方面新的可能敞开胸怀。

仅仅在 12 个小时里你就能获得这一切吗？是的，一定能！

之后就要看你的了。你是否想继续沿着这个新的、积极的方向前进，每天爱你的大脑多一点儿？你是否想继续减轻体重、看起来很棒，感觉活力无限、思路清晰、行动高效？你是否希望生活变得越来越好？你正走在这样的道路上，只要按照计划做就会变得越来越简单，你的生活会变得越来越好，你最终将释放出非凡女性脑的全部力量。

Unleash the P♥wer of the Female Brain

目录

Unleash the Power of the Female Brain

爱上你的女性脑

大脑应该成为你最关心的身体部位

释放女性脑力量的**第 1 步：大脑妒羡**

我最棒的部下是女人。

—— 威廉·布思

苏珊45岁了，是4个孩子的母亲，也是一家非营利公司的CEO。她经营的这家公司专门为有学习障碍的孩子提供教育资料。她爱自己的丈夫和家庭，对工作有强烈的使命感，在社区中广受尊重。在外人看来，苏珊似乎拥有了一切。

然而，苏珊来到我的办公室后，讲述了一个截然不同的故事。“我感觉不好，总是觉得累，不管周末是否睡了懒觉。我连最简单的事情也记不住，总是心不在焉，对任何事情的注意力都保持不了多久。我快要崩溃了！”她深深地叹了口气，补充说：“情况变得越来越糟。过去我能够轻松应对的事情现在变得很吃力。人们常说人老了做事情就会变慢，但我不认为这种事会发生在我这个年龄。我担心这些迹象是阿尔茨海默病的早期症状。我看到了你的一本书，它传递了非常积极的信息：即使在变老的时候，我们也不一定就会觉得自己老。那就是我想要的感觉。不过我身体的各个方面好像都在衰退。我变胖了，皮肤起了疹子，以前从未发生过这样的事情。我的月经周期变得不规律，而且来得更加频繁。最糟糕的是，我变得暴躁易怒。我丈夫说，我总是厉声训斥他和孩子们……”

女性脑的优势和挑战

我看到过很多与苏珊情况类似的女性。她们认为自己的饮食很健康，但大多数时候她们会在早上喝咖啡、吃百吉饼，一天中吃很多甜食。她们想要锻炼身体，但抽不出时间，常常在晚上小酌两杯以放松身心。她们从来不考虑身体中一个很重要的部分——大脑。这真是很讽刺，因为大脑掌控着我们生活的方方面面。大脑决定了我们吃什么、睡多少觉。大脑决定了我们是厉声训斥孩子还是做做深呼吸，尝试其他教导孩子的方法。大脑决定了我们是始终充满活力，看起来和自我感觉都棒极了，还是迅速衰老，看起来比真实年龄大好几岁，并有可能患上严重的疾病，比如癌症、糖尿病、心脏病或阿尔茨海默病。

当然，这些决定都不是有意识做出的，但它们确实是大脑所为。如果苏珊知道如何照顾好自己的大脑，如何给予其所需要的生理、心理、社会和精神照顾，那么她更有可能拥有一个健康、充满活力的大脑，这样的大脑能让苏珊获得良好的感觉，让她拥有享受生活所需的精力，做事也更有效率。

大脑健康对于我们所有人来说都是非常重要的，无论是男人、女人还是孩子。经过许多年的临床实践后，我注意到女性病人面临着特殊的挑战。正如我们将在第 2 章中看到的，女性脑具有 5 大特殊优势：直觉、共情、合作、自控和适度的担忧。共情使女性富有爱心，善于照顾他人。直觉可以让女性迅速掌握不那么明显且逻辑无法轻易证明的信息。自控能力使她们能够更好地控制冲动。合作天赋有助于她们与别人一起工作。适度的担忧倾向可以使女性聚焦于可能出现的问题，并对潜在的解决方案保持警觉。

到目前为止，一切都很好。但是像所有的天赋一样，它们也存在着不利的一面。共情会让女性觉得要对整个世界负责，这种感觉压得她们喘不过气来。她们还会觉得必须照顾好每一个人，而往往忽视了自己。直觉会唤起恐惧，从而引发焦虑感，你“知道”有什么事情出了错，却无法通过核查或获得更多信息的方式来证实它们。自控有可能转变为试图控制他人。合作性也很容易让女性觉得必须得到所有人，比如同事、家人和配偶的赞同，否则什么事情都是不被允许的。适度的担忧非常有益，但过度的担忧会使女性始终处于紧张状态，从而伤害到她们的大脑和身体。

苏珊当时正在女性脑的优势与挑战中苦苦挣扎。与许多女性一样，无论做什么，她都会感到内疚。在家时她会想着工作，上班时她会想着家里的事情。苏珊是一个非常具有同情心，非常关心他人的人，因此她总把别人的问题当成自己的问题。她很担心自己的私人助理，这位助理不仅要照顾年迈的母亲、照顾刚刚被查出有高血糖的丈夫，而她的一个孩子又开始约会了。她也为有学习障碍的学生们担忧，她的公司正是为这些孩子提供教育资料的。她还担心自己的父母：妈妈似乎变得更健忘了，爸爸则对什么都失去了兴趣。苏珊觉得目之所及，总有需求需要她去满足，总有问题需要她去解决，总有人需要她再多付出一点。她觉得无论自己做什么，都永远不会成功。所以，当丈夫想和她亲昵时，她当然会坐立不安，无法享受二人时光。她真的没办法把忙碌的大脑关上。

在听完苏珊的担忧之辞后，我对她说："苏珊，你乐于照顾生活中的每一个人。但现在是好好照顾你自己的时候了。如果你能够处于最佳状态，那么你关心的每一个人都会变得更好。"

苏珊看着我，问道："我该如何开始呢？"

为什么大脑很重要 Unleash the Power of the Female Brain

1. 你的大脑与你做的每一件事都相关。

   大脑会做出正确的选择或不正确的选择，而这些选择会让你感觉良好或感觉糟糕。

2. 大脑运转正常，你才能把事情做对。

   有利于健康的反应和决定会让你受益。

3. 如果大脑出了问题，你的生活就会遇到麻烦。

   糟糕的选择会让每件事变得更糟。

4. 你可以改变大脑，改善生活。

   遵循有利于大脑健康的指南，会给你一个新的起点。

“4 个圆”

在亚蒙诊所，我们开发了一种叫“4 个圆”的方法。这是一种评估和治疗病人的综合性方法。病人的问题不仅仅是表现出来的症状，为了恢复健康，我们必须将生理健康、心理健康、社会关系和精神追求等各个方面都考虑进去。我们治疗病人的成功率很高，那是因为我们用整合的方法来理解、治疗大脑。如果任何一个脑区没有达到最佳状态，你的大脑都会因此而受损，你的健康、幸福、外貌、心情和人际关系也会受损。

我走到办公室的白板前，给苏珊画了 4 个大大的圆。我把“生理健康”写在第一个圆里，并开始向她提出一系列的问题，检查影响她大脑的生物学因素是什么。我发现她的家族中没有人患过阿尔茨海默病，也没有其他类似痴呆的问题，但有患抑郁症的家族史。苏珊没有服用任何药物。她的饮食习惯很不好，正如我们将在第 5 章中看到的，这对大脑非常不好。她还会在匆忙之中吃下去很多东西，因为她太忙了。这对大脑也非常不好。

在生理健康方面，苏珊还存在另一个重大的问题，那就是她每晚只睡 5 小时，甚至更少。我理解她的两难困境：有 4 个孩子，从事着高强度的工作，因此很难在一天中把该做的事情都做完。但睡眠不足是对大脑最不利的，因此这是一个大问题。

就像你将在第 4 章中看到的，激素在大脑健康中发挥着重要的作用，而苏珊的激素状况不容乐观。血液检查结果显示她的甲状腺激素水平很低，肾上腺产生的激素（皮质醇和脱氢表雄酮）同样处于较低的水平，这很可能是由长期压力造成的。白天，苏珊依靠咖啡让自己保持运转，每晚喝几杯酒让自己放松，而这些做法对她的激素、血糖、体重、睡眠或大脑都没有好处。恢复苏珊的激素平衡将是改善她大脑生物健康的关键。我急切地想看到她的脑扫描结果，了解她的大脑情况。

然而，还是让我们先看看其他 3 个圆中有什么。在第 2 个圆中，我写了“心理健康”。从心理学的角度看，苏珊的思维方式是混乱而消极的。她忙碌的大脑不断回归到相同的担忧、焦虑和自我批评：“我应该采取不同的做法；她可能不喜欢我；我为他做得不够多；我到底出了什么问题？”像许多女性一样，苏珊有完美主义倾向。她夸大自己的不足，轻视自己的优点。在苏珊看来，增加的几斤体重就是证明她又老又丑的铁证，孩子出现问题证明她不是一位好母亲。丈夫对她的急躁、易怒感到很沮丧，这在苏珊看来预示着他们的婚姻陷入了困境（事实证明这是完全错误的）。

这些心理问题既是大脑健康状况不佳的表现，也是造成大脑不健康的一个原因。混乱、消极的思维对大脑健康非常不利，因此我将在第 6 章中教你如何抛弃那些愚蠢的想法。我会告诉你几个简单有效的方法，帮助你消除自动的消极想法。

在第 3 个圆中，我写下了“社会关系”。苏珊的大脑在这方面也面临着几个挑战。苏珊觉得自己和生命中最重要的人之间存在隔阂，她与丈夫有距离感，很容易对孩子们发火。在工作上她感到力不从心。她本应该能够从朋友中获得支持，但似乎什么也没有得到，因为她精疲力竭，连寻求支持的力气都没有了。

我在第 4 个圆中写下了“精神追求”。苏珊的大脑在这方面状态良好。她在生活中有强烈的目标感和意义感，它们给予苏珊坚持下去的力量，即使在面对巨大挑战的时候也是如此。她觉得自己的工作对别人很重要，也知道对于丈夫和孩子来说，她是不可或缺的。她深深感到自己与这个星球、与未来是息息相关的。苏珊的大脑从目标感和意义感中获益良多。

在评估了苏珊的“4 个圆”后，我转而查看她大脑的单光子发射计算机断层扫描（SPECT Scan，以下简称 SPECT 扫描）结果。我们的工作有一个非常独特的方面，也是我们与大多数精神病学家的不同之处在于，我们认为下手治疗前应该查看并评估这个器官。SPECT 扫描可以评估大脑的血流情况和活动模式，看出大脑运转得怎么样。在亚蒙诊所，我们已经进行了 22 年的 SPECT 扫描，积累了 78 000 份扫描数据。这使我们在运用这项技术上具备了显著优势。从根本上说，SPECT 扫描能够告诉我们三种大脑状态：运转良好并展示出良好活动的脑区、活性偏低的脑区和活性偏高的脑区。

苏珊的 SPECT 扫描图可以帮助我更清楚地了解她的情况。我看到她的颞叶活动性偏低，这里是负责记忆的脑区，因此可以解释她为什么健忘。另外，她的前额叶也表现出活动性偏低（见图 1-1）。前额叶占据大脑的前三分之一，是执行控制中心，与集中注意力和控制冲动有关。对于甲状腺激素低下的人来说，颞叶和前额叶的活动性降低是很普遍的现象。我认为只要苏珊开始好好照顾她的大脑，这些问题就能得到显著改善。对大脑的照顾包括保持激素平衡，获得大脑所需的食物、补充剂、睡眠量、锻炼及心理帮助，同时从她所爱的人和社区那里获得更多的社会支持。

苏珊的边缘系统也存在问题，这个部位与情绪有关。这部分脑区的活动性提高了，可能是因为她在工作、家庭以及其他各个方面长期感受到很大的压力。赶走自动的消极想法有助于让这部分脑区平静下来，冥想、自我催眠和其他放松方法也会有帮助。同样有益的还包括健康食品、足够的睡眠、复合维生素、鱼油、维生素 D、其他补充剂和体育锻炼。

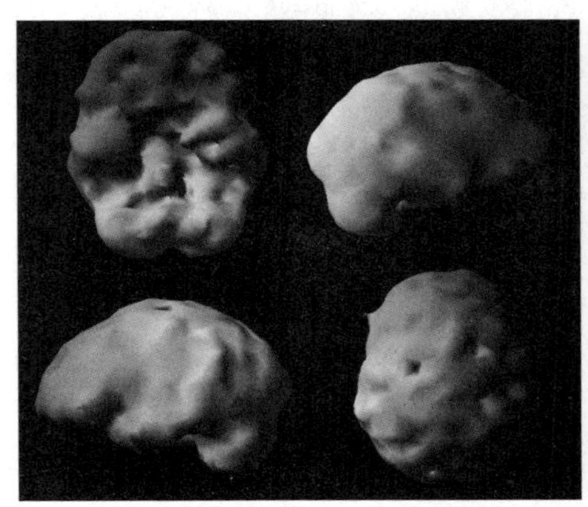

大脑表面图，图像显示前额叶和颞叶与健康的大脑相比，活动性偏低

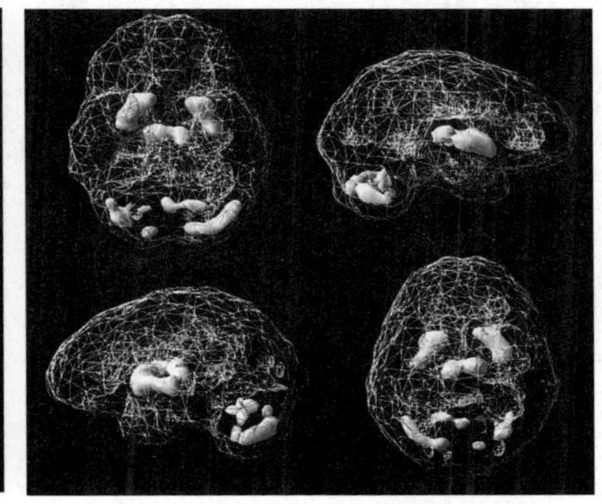

大脑活动图，图像显示边缘系统（情绪脑区）的活动增多

图 1-1　苏珊大脑的 SPECT 扫描图

我给苏珊看了她的大脑扫描结果，将其与健康的结果进行比较（见图 1-2），把每一个可以改善的大脑区域指给她看。当苏珊看到自己的大脑扫描结果并明白其中的含义后，她问我她的情况是否会变好。这是我很乐意回答的一个问题。

在过去的22年里，我一直致力于改变病人的大脑，从而改变他们的生活。我答道："会。如果你遵循我提供给你的计划，你的大脑一定会健康许多，你也会感觉好很多。"这让苏珊很振奋。

"你是说如果我更好地照顾自己的大脑，这种状况便不会永远持续下去，对吗？"她问，"如果我的做法正确，那么我会拥有一个更好的大脑，对吗？"

"对，"我向她保证，"你必须从现在开始关注、关爱你的大脑。"

"好的，"她说，"我想有更好的大脑，更好的生活。"她的脸上露出了笑容。"这是很久以来我听到的最好的消息。我该做些什么？"

苏珊已经有了大脑妒羡。

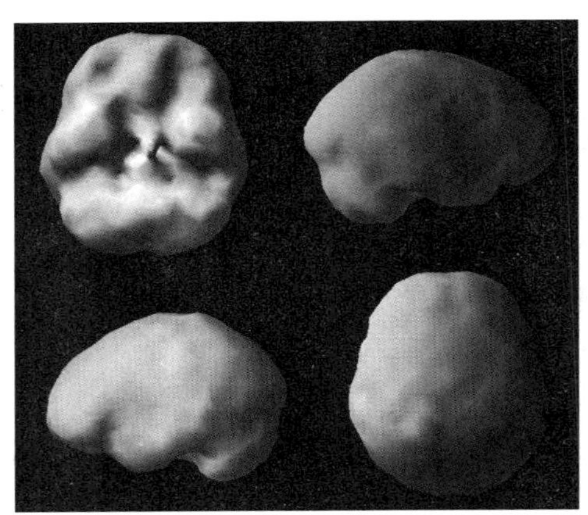

大脑表面图，显示了完整、均衡、对称的大脑活动；表面图最多能显示45%的大脑活动；如果低于这个活动水平，脑区会呈现出小洞或凹痕

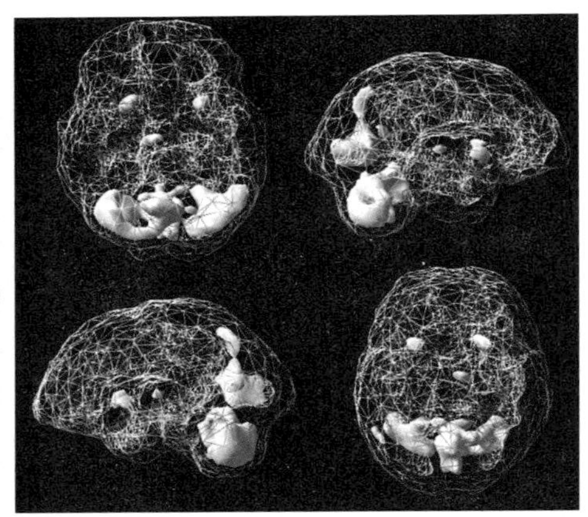

大脑活动图，图中显示大脑的后部最活跃；颜色较深的区域表示活动性一般，白色区域显示的是最活跃的区域

图 1-2 健康大脑的 SPECT 扫描图

前来就诊的很多病人像苏珊一样，在看到自己的大脑扫描图像后，便爱上了自己的大脑。这些图像给了他们希望，使他们形成了大脑妒羡，并且想拥有更好的大脑。

苏珊决定立即做出改变。她告诉我，她要调整自己的饮食，开始锻炼，保证充足的睡眠，与我一起努力解决甲状腺激素和肾上腺素的问题。她学会了如何消除自动的消极想法，如何更好地设定边界，这样便不会时不时地把别人的问题“扛在”自己肩上。

与此同时，苏珊还下决心要和孩子们度过更多有意义的时光——不是花更多的时间在一起，而是共度更美好的时光。正如我在后面说到的，妈妈们常常被内疚感折磨，结果最后付出了太多。我告诉苏珊，好的教养不等于为孩子毫无节制地付出时间。我建议她做一个非常有效的练习，你们会在第 11 章看到这个练习。

苏珊开始和自己、和孩子们玩“克洛伊的游戏”。我在女儿克洛伊两岁时便开始和她玩这个游戏了。在游戏中，我会问自己：“这对我的大脑有益还是有害？”我建议女儿也问自己这个简单的问题，无论她要做什么。回答这个问题有助于苏珊和她的孩子做出对大脑健康有益的决定。我有一位朋友，他也和 4 岁的女儿凯特琳玩这个游戏。他的女儿把这个游戏称为“凯特琳的游戏”。

1 个月后我再次见到苏珊，她的状况已经有了很大的改善：减掉了 4 公斤体重。她开心地给我讲了一个笑话：“在健身房里，由于瘦下来后裤子变得太松，竟然滑了下来！谢天谢地，幸亏周围都是女孩。”她的皮肤看起来更光滑，人也变得更积极了。她的精力有了提升，情绪得到改善，对未来也充满了期待。

苏珊的故事真正精彩的部分是，它也能成为你的故事，前提是爱上你的大脑，这是一个全新的概念。

我们需要大脑妒羡

你做的每一件事情都需要大脑的参与。大脑决定了你什么时候结婚，什么时候离婚。大脑掌管着你的金钱，帮助你在工作中取得成功。也是大脑决定了你的健康状况，以及你能否很好地控制欲望。当大脑运转正常的时候，你就能把事情做对。如果大脑出了问题，你的生活就会遇到麻烦。然而，大多数女性从来不关心自己的大脑，这真是一个巨大的错误，因为无论想做成什么事情，前提都是拥有健康的大脑。

> 你不关心自己的大脑是因为你看不到它的存在。

你为脸上的皱纹发愁，那是因为你能看到它们。你为腰部的赘肉烦恼，那是因为你拉牛仔裤的拉链时变得越来越困难。你为几根白发忧心而去找美发师，那是因为镜子中的白发太扎眼了。当身体运转不灵的时候，它会给予你反馈。而大脑只会间接、含蓄地告诉你："出问题了。"这时，你的心情会很不好，睡不着觉，或者平时耳熟能详的事情突然想不起来了。

在研究大脑成像之前，我从来没有真正关注过我的大脑。10岁的时候，我会跳上自行车，头朝下摔下来也毫不在乎，觉得那样才是硬汉的表现。我会肆意地玩橄榄球，用头盔去阻击飞来的球。头盔让我觉得自己是战无不胜的。当我在军队中接受基础训练期间第一次患病毒性脑膜炎时，或者在我做实习医生期间病毒性脑膜炎再次发作时，我都没有多想。我不觉得每天喝几升碳酸饮料，多增重几斤有什么问题，也不把医学院及之后生活中的长期压力当回事。我是个硬汉！即使在我接受精神病学训练并开始私人行医时，我也从来没有认真地关注过自己的大脑。专门治疗大脑疾病的医生都不认真对待自己的大脑，其他人为什么要那样做呢？

1991年的春天，一切都变了。当时，我是北加州医院双重诊断科的负责人。我们的病人是有精神问题的物质滥用者。另外，我还经营着一家非常繁忙的诊所。医院的医生每周开一次会，这是我们例行的教育会议。一天，当地综合医院的医学主任杰克·帕尔迪（Jack Paldi）博士做了有关一种新的脑成像技术的实际运用的讲座。这种技术被称为SPECT扫描。它是一种针对细胞核的医学研究工具，能够查看大脑中的血流和活动模式。计算机X射线轴向分层造影扫描（CAT Scan）和功能性磁共振成像查看的是大脑的解剖学结构，而SPECT扫描查看的是大脑的功能。帕尔迪博士说，SPECT扫描及相关研究将在精神病学领域掀起一场革命。我们再也不用根据训练和经验对病人做出猜测了，而可以获得更多有关大脑的有益信息。他给我们展示了正常人大脑的SPECT扫描图像，并与患有阿尔茨海默病、中风、大脑损伤、癫痫病人的大脑扫描图像进行了对比。

我被深深吸引住了。长期以来，我一直期待着精神病学领域会有这么一天。我们只具有医学专长，从来没有看到过我们治疗的那个器官，因此我时常觉得对病人一无所知。我需要更多的信息来了解他们的大脑，这样我才能更好地决定应该怎么治疗他们。那次讲座改变了我的生活和事业的轨迹。

在接下来的几个月里，我为很多病人开出了 SPECT 扫描的检查单，并发现它们真的很有用。于是，我开始给家人做这种检查。先是我的姑妈，她患有惊恐障碍，然后是我的堂兄，他患有抑郁症，曾经试图自杀。后来我又给孩子和我自己做 SPECT 扫描。像大多数男性一样，我相信自己肯定 100% 正常，或许还比正常稍好一些。尽管我打过橄榄球、得过病毒性脑膜炎，但我依然相信自己的大脑很健康，毕竟我从来不服用违禁药物，不抽烟，也很少喝酒。

然而，我的大脑看起来并不健康。具体来说，它比我的实际年龄更显老，竟然有了中毒的迹象。

“我需要改进自己的做法了。”我这样想。

就在同一周里，我还让 60 岁的妈妈做了 SPECT 扫描，她的大脑完美得让人出乎意料（见图 1-3）。妈妈的大脑图像后来成了健康大脑的样板，她的大脑完整、均衡而对称，整个大脑都表现出健康的活动性。她绝佳的大脑功能反映在了许许多多健康的活动和良好的人际关系上，她永远是 7 个孩子、22 个孙辈和 10 个重孙辈的好朋友。我开始产生大脑妒羡，希望自己的大脑能像她的一样。

从那时起，我开始思考如何提升我的大脑，改善病人、读者、家人和朋友的大脑。通过不断努力地改善大脑功能，我最终拥有了更好的身体。随着大脑前部，即负责判断和控制冲动的脑区功能的改善，我做出的决定更加理智，我的前瞻性思维能力也提高了。大脑妒羡让我的生活变得更加美好，我希望你也能如此。

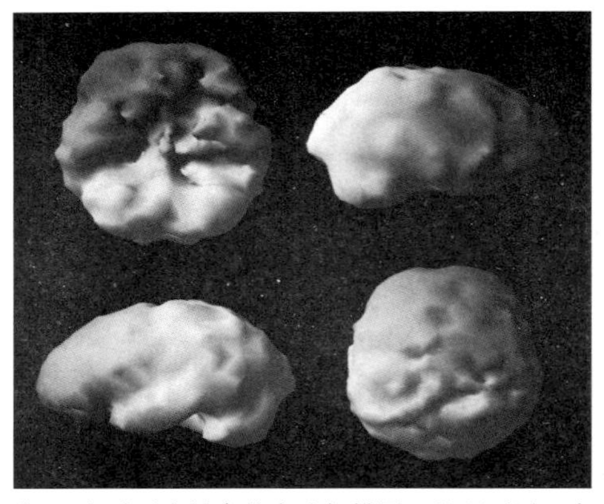

我 37 岁时不太健康的大脑扫描图，凸凹不平，中毒的样子

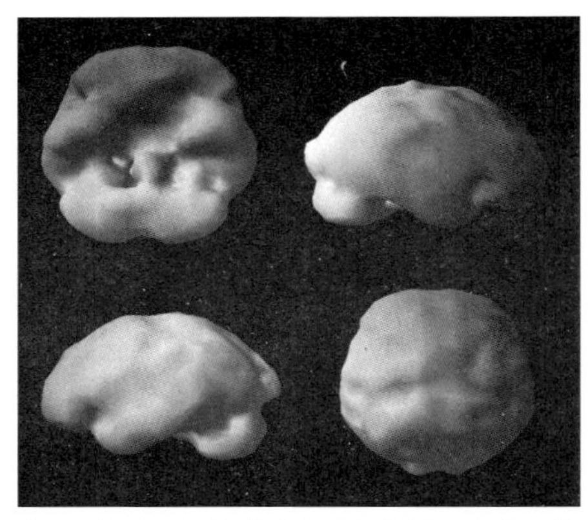

我 60 岁的妈妈健康的大脑扫描图，完整、均衡而对称

图 1-3　不健康大脑和健康大脑扫描图对比

> “我们的社会在对待女性脑健康方面显然犯了错。”

大多数人不关心自己的大脑。大人们让小女孩用头击球、进行危险的体操训练、在啦啦队表演中做腾空动作，这些行为很容易让她们的大脑受损。人们几乎从不嫉妒别人的大脑，因为大多数人从来没有看到过或想过自己的大脑。由于大多数人从来没有接受过大脑扫描或检查，因此他们完全不知道自己的大脑是从什么时候开始出现问题的。

在病人看到自己的大脑扫描图后，他们通常会产生大脑妒羡，并希望自己的大脑能变得更好。我曾治疗过一个 19 岁的女孩，她经常滥用可卡因。当她看到可卡因对她大脑造成的影响时，她立即戒掉了可卡因。她是一个非常聪明的女孩，一边看着扫描图像一边说：“噢，我的大脑掌管着我的生活。它现在不好好工作了，因为我伤害了它。”当我告诉她，在 25 岁之前她的大脑还在不断发育，而药物滥用会永久性地延迟大脑发育时，她说：“哦，我不要那样。”然后，她坚决地停止了滥用药物。我为她感到骄傲，更令我骄傲的是，几年之后她成了一名医务工作者。

我还治疗过一位令人吃惊的女性。她的妈妈和外祖母临死时都患有阿尔茨海默病。在她的家族中，女性患阿尔茨海默病的概率很高，她想知道自己患病的风险有多大。在接受了 SPECT 扫描后，她看到了病情发展的趋势，意识到自己有麻烦了。因此她从饮食、睡眠、锻炼到压力等各个方面，彻底改变了自己的生活，更尽心地照顾自己。她快 80 岁了，头脑依然敏锐，思路仍很清晰。我同样为这位女性感到骄傲。

女性虽然天生面临着一些独特的挑战，但她们同样拥有独特的优势。其中一个优势就是，她们愿意承认自己需要帮助并去寻求帮助。如果不好好照顾你的大脑，你可能会面临一些严重的问题。这些问题要么很快就会出现，要么正在慢慢发展。有个好消息是：如果你养成了大脑妒羡，爱上了你的大脑并好好照顾它，那么你便能向好的方向转变。

提升大脑储备是关键

通过大脑成像研究，我取得的最重要的成果之一是“大脑储备”（brain reserve）这一概念。在应对扑面而来的压力时，它是健康大脑功能的额外缓冲器。你拥有的大脑储备越多，你就越能够很好地应对生活中的苦乐酸甜。大脑储备越少，应对压力、激素波动、衰老和伤害时就会变得越困难。如果没有充足的大脑储备，你应对压力的方式很可能是狼吞虎咽地吃掉一袋曲奇饼或是把自己灌得酩酊大醉。因此，尽可能多地扩充大脑储备非常重要，本书中介绍的大脑健康计划有助于你实现这一目标。

大脑储备不是一种固定不变的资源，它会不断发生改变，这取决于我们面对的挑战以及我们能否很好地照顾自己。从妈妈开始孕育我们的那一刻起，如果环境是健康的，那么我们的大脑便能发展出大量应对生活中正常压力的储备。如果妈妈在怀孕期间很健康，按要求服用维生素，生活在干净的环境中，没有承受过多的压力，那么宝宝出生时便具有了很多大脑储备。但如果妈妈还未做好准备生育、长期面对很大的压力、睡不好觉、喝酒、抽烟、滥用毒品、营养状况不佳，或者暴露在环境毒素中，比如暴露在含有汞、铅、霉菌或合成化学物质的环境中，那么宝宝在出生时的大脑储备和复原力都会比较少。

同样，在之后的生活中，你要么在增加大脑储备，要么在消耗储备。如果在孩提时期，你得到了充足的营养，大脑得到适当刺激，你备受关爱，生活在安全、清洁的环境中，那么你的大脑便有机会建立并加强它的储备。但是，如果你受到虐待、被忽视、总吃垃圾食品，或者如果你经常从事冲撞类的体育运动，经常滑雪，或者长期处在压力之下，那么你的大脑储备就会减少。

在青少年时期，如果能生活在充满鼓励与支持、令人兴奋、健康、社会交往多的环境中，那么你的大脑储备会继续增加。但是，如果你抽烟、喝酒，吃得很不健康，睡眠严重不足，患过脑震荡，经受着情绪波动或与他人隔绝，那么你的大脑储备会继续减少。

在一生中，我们要么在增加大脑储备，要么在偷偷地夺取大脑储备。当我们出现某种症状时，比如情绪变得很差，记忆力衰退或头脑昏昏沉沉时，那便意味着你的大脑储备被耗尽了。许多人误以为是人老了，记忆力出现问题、情绪抑郁、变得稀里糊涂都是正常的，但事实并非如此。这些症状是大脑储备被耗尽的迹象（见图 1-4）。

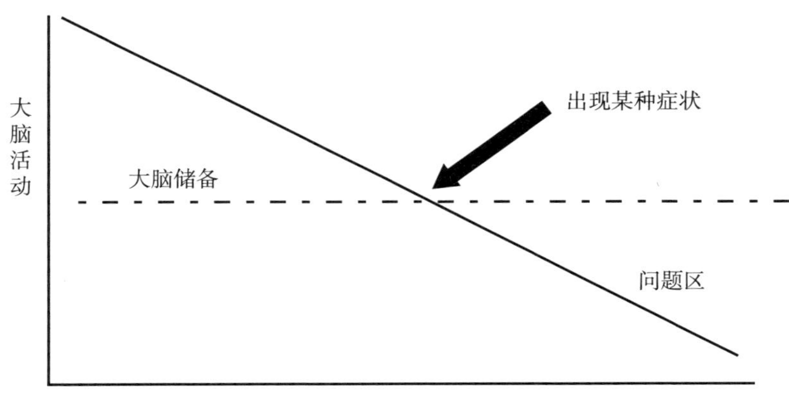

图 1-4　大脑储备衰减趋势图

你应该始终保护自己的大脑储备。首先，你应该养成大脑妒羡，关注你的大脑。其次，你应该避免任何有可能伤害它的事情，养成有利于大脑健康的习惯。看完这本书，你就会非常清楚地知道该如何照顾好你的大脑。不过，首先你要在乎它。这就是我希望你能产成大脑妒羡的原因，它能不断激发你去保护自己的大脑储备。

想一想你的家人、朋友和同事，当出现危机的时候，其中一些人是不是完全崩溃了，转而在甜食、香烟、酒精或药物中寻求安慰，而另一些人则努力让自己的生活保持健康？你是否想过其中的原因呢？反正我想过。在工作中，我注意到充满压力的事件，比如失去所爱的人、被解雇或离婚，会让某些人变得抑郁、体重波动、懒得锻炼，或者养成坏的生活习惯，但另一些人却不会这样。造成这种差异的一部分原因是人们多年积累下来的大脑储备水平不同。

提升大脑储备对女性尤为重要，因为一些研究发现，女性比男性更容易患上痴呆类疾病，比如阿尔茨海默病。

我曾有一个名叫纪美子的病人，她是一位年轻的日本女性，正苦恼于自己的学习障碍问题。她常常觉得自己很笨，尤其是日本文化非常重视教育，这给她带来了很大的压力。在这种情况下，纪美子的消极想法逐渐对她造成了伤害。

大脑 SPECT 扫描结果显示，纪美子的整个大脑活动性都很低。我发现她的阿普伽新生儿评分的得分很低，阿普伽新生儿评分是从外表、脉搏、做鬼脸、活动和呼吸等方面对新生儿健康状况做出的测量。得分低的情况说明纪美子在出生时很可能存在缺氧的情况。当我跟纪美子提出这个看法时，她很吃惊，一时说不出话来。后来她用几乎小得听不到的声音说：“问题不在我。问题在于有些事情发生在了我的身上。”SPECT 扫描帮助她摆脱了羞耻感。

过了一会儿，纪美子问我：“我们能让情况好转吗？”当我向她解释可以采用的大脑治疗步骤时（你将在后文看到这些），我可以看出她变得兴奋起来，焦虑转化为热情，她的自我厌弃被开朗所替代。图 1-5 是她治疗之前和之后的大脑扫描图。

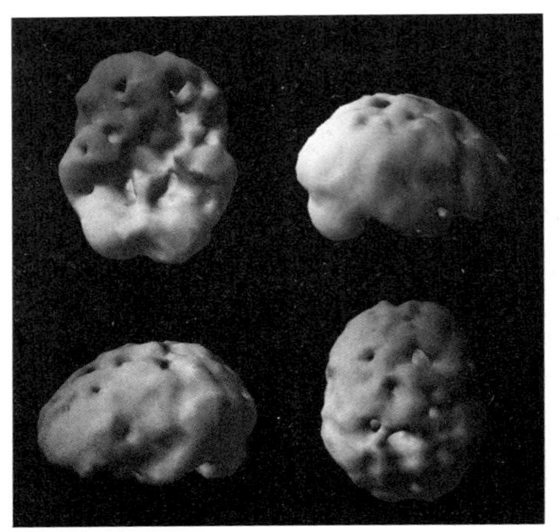

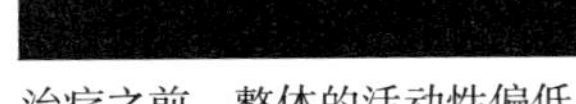
治疗之前，整体的活动性偏低

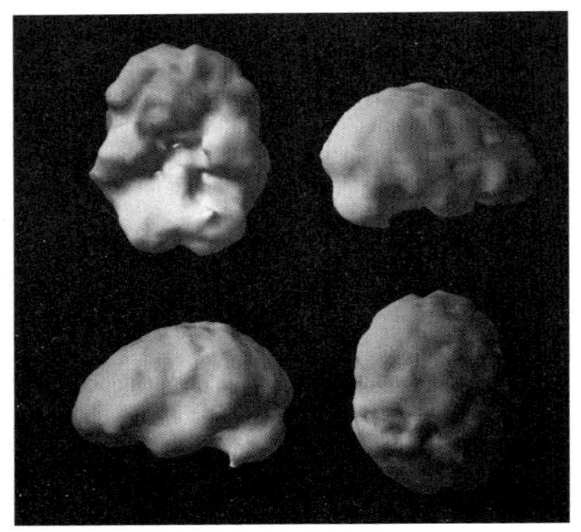
治疗之后，整体活动性有了明显改善

图 1-5 纪美子治疗之前和之后的大脑扫描图

大脑健康改变了一切

爱上你的大脑不仅会改变你的生活，还将彻底改变你所爱之人的生活。不妨看一看法蒂玛的故事，她曾同我一起合作过一个重要的项目，将我的研究成果带到了全球的企业中。

当时，法蒂玛反复督促丈夫鲍勃保持健康，但像很多丈夫一样，鲍勃把这些话全当了耳旁风。鲍勃 44 岁，背部有病，患有膝关节炎，还失眠健忘。在做完膝关节手术后，医生告诉鲍勃，他再也不能奔跑了。鲍勃的爸爸在 40 岁时第一次心脏病发作，58 岁就离开了人世。法蒂玛很担心自己的丈夫。另外，他们的两个儿子分别是 10 岁和 13 岁，在学习上也存在困难。当法蒂玛在观看我的大脑健康计划的视频时，丈夫鲍勃和他们的儿子也跟着一起看。看完视频后，一家人都形成了大脑妒羡，家中的一切都发生了改变，从饮食到运动量，他们做出的决定也变得更加明智。

法蒂玛

亚蒙博士：

在观看了你有关大脑健康计划的视频后，我们都爱上了自己的大脑，尤其是鲍勃。他开始遵循有利于大脑健康的营养计划，并在短短几个月里减掉了 17.5 公斤。他感觉棒极了，并最终戒掉了所有的精制白糖、果汁和甜味饮料，大大削减了奶制品和谷蛋白的摄入量，增加了蔬菜的摄入量。他还开始服用鱼油、维生素 D、高品质的复合维生素及其他有利于大脑的补充剂。他说自己的记忆力、大脑功能、创造力和情绪都有了很大改善。他的睡眠质量变得好多了，没有再出现不宁腿综合征。鲍勃说，他与你解释大脑健康的方式有很多共鸣。你的解释很有逻辑，而且容易理解。因为你，他对自己的饮食变得用心多了，认为摄取的每一点热量都必须具有最优的价值。鲍勃的身体不再这儿疼那儿疼了，今年他刚刚完成了第二次铁人三项，两次的完成时间在他那个年龄组中都名列前茅。在工作方面，最近他和一个 12 年前见过的客户会面，居然想起了对方的名字。

13 岁的卡登在学业上很吃力，大多数时候的成绩是 C，偶尔会得 D。这很令人担忧，因为他是一个聪明的孩子。所有老师都说，虽然卡登是个懂礼貌的孩子，但他很难集中注意力并专注于任务，他的家庭作业总是完成得断断续续。在家里，卡登好争辩，抱怨自己无法集中注意力写作业，并开始找弟弟的茬儿。卡登和弟弟的性格不太一样。

10 岁的塞奇比一般孩子更暴躁。他的成绩通常是 A 和 B，但他有能力成为全优生。老师说他总是匆匆忙忙地赶完作业，不再进行检查。

我让每个孩子都遵循你的建议，将看电视和玩电子游戏的时间限制在每天总共不超过半个小时。我们增加了他们锻炼身体的机会，让他们开始服用鱼油、高品质的复合维生素和酪氨酸，吃高蛋白质含量的早餐，零食则选择含有蛋白质的小吃。

一个月后，我们去参加家长会。卡登的 7 位老师都说他有了显著的进步。有的老师还说："无论你正在家里尝试什么样的改变，请保持下去。"现在，卡登的各门成绩都是 A，在家里，他变得更善于倾听了，与弟弟的相处也融洽了许多。

塞奇现在是全优生，他终于能够慢下来专心地检查自己的作业了。在不玩电子游戏的时候，他变得温和多了。

鲍勃取得了如此巨大的进步，连他的妈妈和兄弟姐妹也被带动起来，按照你的大脑健康计划来做了。

家里发生的这些积极改变使我的压力减轻了，我变得更快乐了。我由衷地感谢你，你的洞见可以令生活大为改观。我们从你的大脑健康计划中获益匪浅。

法蒂玛

我分享法蒂玛案例的目的，是想让你看到女性具有怎样强大的力量。她们不仅能改变自己的大脑，还能改变她们所爱之人的大脑和身体健康。反之亦然，如果你的用脑习惯不健康，那么你家人的用脑习惯很可能也不健康。

我这样写并非想让某些人感到内疚，许多女性只是不知道什么才是正确的做法。我分享这些故事是为了激励你做出改变，同我一起改变世界，因为你们已经掌握了有关大脑健康的最新知识。常有女性来到亚蒙诊所，告诉我她们一直都做错了，她们多么担心体重超标或有行为问题的孩子。她们感到非常内疚、非常伤心。这些糟糕的感受于事无补，除非你利用学到的知识让自己和所爱之人做出重要的改变。

当你获得了书中的知识后，你也能像法蒂玛一样改变生活中的一切，改变你所爱之人的生活。玛丽则是另外一个大脑健康的例证。

释放女性脑 玛丽

玛丽 44 岁了，是一家快速成长的金属板材公司的 CEO，曾获得美国杰出企业家奖。在以男性为主的商业世界中，女性就是凤毛麟角。她的人生之路并不平坦，经历了很多可怕的波折。

玛丽小时候是一个挂钥匙儿童，与单亲妈妈生活在一起，生活环境混乱、变幻不定。她时常感到焦虑、紧张和孤独。她妈妈表达爱的方式是给她买快餐、糖果或饼干。或许是为了获得某种虚假的控制感，少女时代的玛丽患上了暴食症。这是一种很常见的进食障碍，通常表现为狂吃含高碳水化合物的食物、自我催吐、吃泻药并进行过度锻炼。她吸食大麻、喝酒，以此来获得慰藉。鉴于她的成长经历，因此我毫不感到意外：她的第一任丈夫乔（一位金属板材承包商）也存在滥用药物和酗酒的问题。

有了孩子后，母性的本能告诉玛丽，她必须停止使用药物和酒精。“派对结束了。”她对乔说。但是对于乔来说，这很困难。婚姻中的紧张关系和距离感不断升级，几年后玛丽提出了离婚。他们曾尝试修复关系，但没有用。让玛丽感到懊悔的是，她陷入了一场婚外情。

当乔发现时，他的世界崩塌了。乔对所有的朋友和邻居，包括他们去看的精神科医生说，玛丽是个荡妇。玛丽充满了内疚和羞耻感。一年后，乔开始服用抗抑郁药和抗焦虑药，这些药物降低了他的大脑功能。与此同时，他还酗酒，酒精也会降低大脑功能。乔的情况变得越来越糟。玛丽的直觉告诉她，乔要么会伤害自己，要么会伤害别人。在最后一次看精神科医生时，玛丽对医生说出了自己的担忧：“他根本不听我的，因为我是造成这一切不幸的荡妇。”一天后，乔打电话给玛丽，恳求玛丽去他的办公室。但是直觉告诉玛丽，这很危险，所以她没有去。那天晚上，乔开枪自杀了。后来警察说，如果玛丽当时去了乔的办公室，乔很可能会把她杀死。

在接下来的几年里，玛丽的生活黯淡无光。乔死之前就不再缴税

> 了，公司业务也一团糟。玛丽不得不照顾惊慌失措的孩子，应对遗嘱认证、陷入困境的公司业务、国税局的调查以及自己的内疚感等问题。在信念的支撑下及朋友们的帮助下，她原谅了自己，开始重整公司业务。她发现自己很擅长做生意，3 年后企业开始赢利。现在，她的公司业务兴旺，有 100 多名员工。在 2011 年，《奥兰治县商业期刊》（*Orange County Business Journal*）授予她杰出企业家奖，美国国家女企业家协会（National Association of Women Business Owners）也授予了她创新者奖。
>
> 然而，玛丽仍在与暴食症斗争，并苦恼于焦虑感和不安全感。她在电视上看到了我的大脑健康计划演讲。她希望自己的生活有所改善。一天，我接了妹妹的电话，玛丽是她的好朋友。玛丽给我妹妹留了一条语音留言，表示她想拥有更好的大脑。“我嫉妒健康的大脑，我要竭尽全力让自己的身心变得更加健康，为了我自己，为了孩子们，也为了我的企业。”

之后，玛丽加入了亚蒙诊所的一个团体。我的妻子塔娜负责对他们进行指导。塔娜教玛丽如何吃健康的食品，如何进行锻炼，如何服用简单的补充剂。要想拥有更好的大脑和更健康的身体，这些都是必须要做的事情。我们的计划还包括如何控制消极的思维模式以及行为问题。几周之后，玛丽说她的头脑更加敏锐，工作也更得心应手了。实际上，在参加课程期间，她的公司刚刚做成了一个 100 万美元的大单。玛丽说，其中一部分原因是她的大脑功能得到了改善。“如果我的头脑没有变得清晰敏锐，那么我可能会错过这笔生意。”自从参与了大脑健康计划后，她变得更加专注，比较不容易分心，对发生的事情较少产生情绪化的反应，这也促使她的员工对工作更加负责了。

玛丽的习惯对她的孩子也产生了影响。接着，她开始着手改变企业环境。玛丽希望员工们也能从大脑健康计划中获益，并且采取了一些措施，以创建有利于员工大脑健康的公司。

像玛丽这样的女性不仅能改变她们的大脑，改变她们的生活，还能改变她们周围的世界。

第1个小时的练习——鼓励大脑妒羡

释放女性脑的力量始于大脑妒羡，你必须渴望拥有更好的大脑。当我在演讲中提到这个概念的时候，人们会大笑起来。这是一个奇怪而滑稽的概念，但由于你的大脑控制着你所做的一切，因此让它发挥最好的功能将改善你生活的各个方面，从人际关系、工作、财务到健康。

为了不断做出有益于大脑的正确决定，你必须怀有强烈的渴望之情，渴望大脑变得更健康。为什么要关心大脑呢？请把动机写下来，每天都看一看吧。至少要写出5条重要的动机，写下来之后，将它们贴在每天你都能看到的地方。了解自己的动机非常重要，它们能让你做出有利于大脑的事情。

- 长寿。
- 看起来年轻。
- 更快乐。
- 更平静、更放松。
- 能够做出更好的决定。
- 精力更充沛。
- 头脑更清晰、敏锐。
- 成为孩子的好榜样。
- 提高自尊。
- 穿牛仔裤或泳衣的时候身材看起来更棒。
- 能够参加体育运动及其他以前喜欢的活动。
- 与配偶的关系更亲密。
- 降低患糖尿病、心脏病或出现其他健康问题的风险。
- 降低患阿尔茨海默病及其他与衰老有关的疾病的风险。
- 有信心应聘理想的工作。

你为什么要关心大脑健康?

1. ____________________

2. ____________________

3. ____________________

4. ____________________

5. ____________________

“锚”图像

50% 的大脑与产生视觉有关，因此有关大脑妒羡的视觉线索或提醒物是帮助你坚持下去的有效工具。我用一些照片来提醒自己，我为什么需要、想要很棒的大脑，那就是我妻子、孩子和外孙女的照片。我把它们摆放在家里、办公室的各个地方。另外，我还有特殊的“锚”图像（见图 1-6），它能让我立即想到自己为什么要拥有更好的大脑。

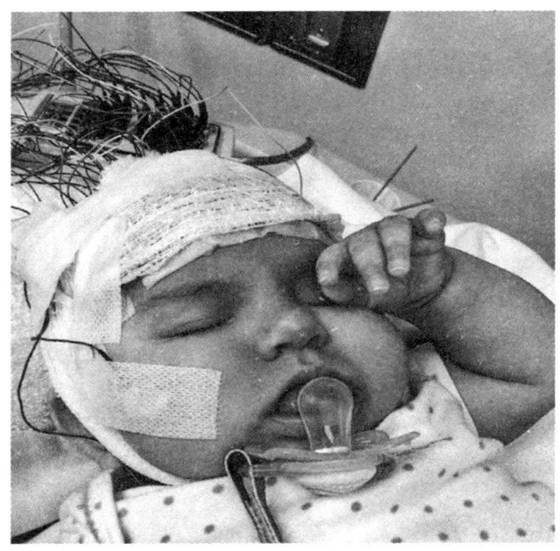

图 1-6　我的“锚”图像是艾米的照片

我的外孙女艾米患有非常罕见的基因缺陷综合征，由此导致了严重的癫痫和发育迟缓。我需要保持健康，尽可能长时间地帮助艾米和我的女儿布里安娜。如果我不够健康，我就无法为需要我的人保持最佳状态。我不想成为孩子的负担。我想成为家庭的领头人，但唯一可能的途径是，我拥有良好的大脑。我将“锚”图像贴在每天都能看到的地方，提醒自己，我为什么需要保持健康。我建议你也这样做。

岔路练习

我最喜欢让病人做的练习之一是岔路练习。我希望你也来想象一下有两条岔路的路。

左边的岔路通往痛苦的未来。如果你不在乎自己的大脑，不做出任何改变，那么 1 年后、5 年后、10 年后，你的生活会是什么样子的呢？请想象你的大脑在持续老化，你变得稀里糊涂，总是感到疲劳、抑郁，记忆力减退，疾病缠身。

右边的岔路通往健康的未来。如果你关爱自己的大脑，完成我推荐的练习，那么 1 年后、5 年后、10 年后，你的生活会是什么样子的呢？请想象你的大脑变得更加年轻、更加健康，头脑清晰、敏锐，充满活力，心情欢快，记忆力很好，身体健康而苗条，皮肤看起来光彩照人。

Unleash the Power of the Female Brain

利用女性脑的独特优势

直觉、共情、合作、自控和适度的担忧让你具有了巨大的优势

释放女性脑力量的**第 2 步：培养优势，避免脆弱性**

假如你想要的是空谈，找男人；假如你想要做实事，找女人。

——撒切尔夫人

女性的大脑与男性的大脑非常不同。我知道有些人读到这里时会很生气，因为他们希望男女完全是一样的。在过去的 20 多年里，我看过近 8 万份 SPECT 扫描图像，事实证明男女大脑有别。

在一项研究中，我们对比了 2.6 万份健康的、年龄相符的男性与女性的大脑 SPECT 扫描图像。结果显示，在被检查的 80 个脑区中，女性有 70 个脑区的活动性普遍高于男性。在图 2-1 中，白色区域表示相对于男性来说，女性脑中活动性增强的部分。这与我们的临床经验是一致的。女性的大脑更忙碌，男性的大脑比较安静。两种模式无所谓谁优谁劣，它们只是不相同而已。

当然，男性和女性的大脑活动模式并非完全不同，但两者之间微妙的不同会造成巨大的影响。这些差异往往体现在两性之间的互动方式上，这就是我们常常会误解对方、很容易让对方心烦意乱的原因。

在此提醒一下，男女之间大脑的活动模式存在重叠的部分，这些差异仍处在他们共同的大脑活动范围内。显然，并非所有的女性都一样，也并非所有的男性都一样。有些女性的大脑活动性比较低，而有些男性（比如我）的大脑活动性则比较高。有些女性脑的行为更像普通男性的大脑，而有些男性脑的行为更像普通女性的大脑。有证据显示，同性恋者或双性恋者的大脑介于两性之间。无论男性还是女性，都可以成为伟大的数学家、工程师、医生、律师、宇航员、厨师、房地产经纪人、家长以及看护人。

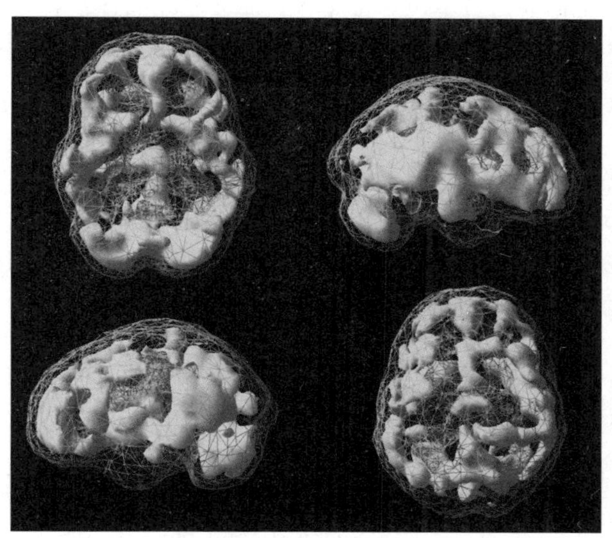

图 2-1　从 2.6 万份图像中得出的两性大脑比较图

但总的来说，两性大脑之间存在着显著的不同，我们可以在实验室中测量出这些差异，可以在大脑扫描图上看到这些差异，也可以在日常生活中观察到这些差异。即使当男性和女性在相同的任务中都取得成功时，他们发挥的可能是不同的优势，使用的也是不同的脑区。

两性大脑的差异是什么

在生命之初，你看不出男性脑和女性脑存在任何差异。实际上，在子宫中的早期发育阶段，无论是男性胎儿还是女性胎儿都具有女性特征的大脑。不过这种情况不会持续很久，所有的差异都是因为 Y 染色体。

我们生来都带着发育蓝图。它为我们的发展提供了指导。我们的基因中存在着个性化的指导，而基因都聚集在染色体上。人类拥有 23 对染色体，每对染色体中有一条来自妈妈，另一条来自爸爸。

婴儿的性别取决于一对特殊的染色体，它们是 XX 染色体或者 XY 染色体。如果来自父母的两条染色体都是 X，那么婴儿的性别就是女；如果一条是 X 染色体，另一条是 Y 染色体，那么婴儿的性别就是男。妈妈提供的都是 X 染色体，爸爸可能提供 X 染色体或 Y 染色体，因此是爸爸决定了婴儿的性别。

男性胎儿的 Y 染色体非常重要，因为除了其他作用外，它能够唤醒男性的睾丸，使它在孕期中间开始分泌大量的睾酮。因此在 18 ~ 26 周时，胎儿的大脑结构会发生不可逆转的改变，即标志着男性脑的出现。

与此同时，女性胎儿的大脑会受到雌激素的影响，向着女性化的方向发展。到孕期 26 周时，两性大脑的差异已经非常明显，研究者甚至可以用超声波区分出男性脑和女性脑。

心理学家西蒙·巴伦 - 科恩（Simon Baron-Cohen）曾研究过，胎儿的睾酮水平对其大脑和儿童发展具有怎样的影响。在 20 世纪 90 年代末，他启动了剑桥胎儿睾酮纵向研究项目（Cambridge Longitudinal Fetal Testosterone Project）。该项目追踪研究了妈妈在孕期接受过羊膜穿刺术的孩子，以探究胎儿睾酮水平对其成长的长期影响。研究揭示，较高的胎儿睾酮水平与社会和语言发展存在负相关。

> “随着胎儿睾酮水平的提高，长大后其眼神交流会减少，
> 共情力和理解他人心理的能力也会降低。”

在青春期时，激素再一次发挥作用，睾酮的第二次爆发让男孩变成了男人。差不多就在这个时候，女孩的大脑会通知她们的卵巢分泌大量的雌激素和其他女性激素，开始把女孩转变为女人。随着激素在他们身体中涌动，青春期的男孩和女孩开始对异性产生浓厚的兴趣。

就像男孩一样，女性体内太多的睾酮会导致社交问题。在巴伦 - 科恩博士及其同事给一组 16 岁的女孩注射睾酮之后，她们的共情力受到了严重损害，体

内的睾酮水平越高，损害就越大。在第 4 章探讨多囊卵巢综合征时，我会告诉你更多与高睾酮水平有关的不良影响。

人类大脑的共性

了解一些基本的大脑解剖结构有助于我们认识大脑，理解它的一些特性。

人类大脑的重量一般为 1.36 公斤，像柔软的黄油一样浓稠。大脑中最引人注目的结构是大脑皮层，那是覆盖在大脑最外层的褶皱物质。皮层包括大脑两侧 4 个主要的区域：额叶、顶叶、颞叶和枕叶（见图 2-2）。

额叶中有运动皮层（负责运动）、初级运动皮层（计划运动）和前额叶皮层（大脑负责管理的部分）。前额叶是人类大脑中进化得最高级的部分，是负责专注、深谋远虑、判断、组织、计划、控制冲动和产生共情的中心。它使你能够从错误中学习。前额叶占大脑体积的 30%（见图 2-3）。与人类相比，我们的近亲黑猩猩的前额叶只占它大脑的 11%；狗的前额叶占它大脑的 7%；猫的前额叶只占到了 3.5%。谢天谢地，猫之所以有 9 条命，可能是因为它的前额叶不能很好地替它规避麻烦。

正如我们将要看到的，女性的前额叶通常更大，因此她们的共情力、专注力、控制冲动和自我控制的能力都更强。

颞叶位于太阳穴的下面和眼睛的后面，它负责听觉加工、命名事物、储存长期记忆和产生情绪反应。它们是大脑中解决有关“是什么”这类问题的神经通路。顶叶在大脑上部靠后的位置，是加工感觉和产生方向感的中心。它们是大脑中解决有关“在哪里”这类问题的神经通路，因为它们会帮我们记住东西在什么地方。枕叶位于大脑皮层的后部，主要与视觉有关。外部世界的信息进入大脑的后部（颞叶和顶叶）并被加工，然后被传递到大脑的前部，以供做出决策。

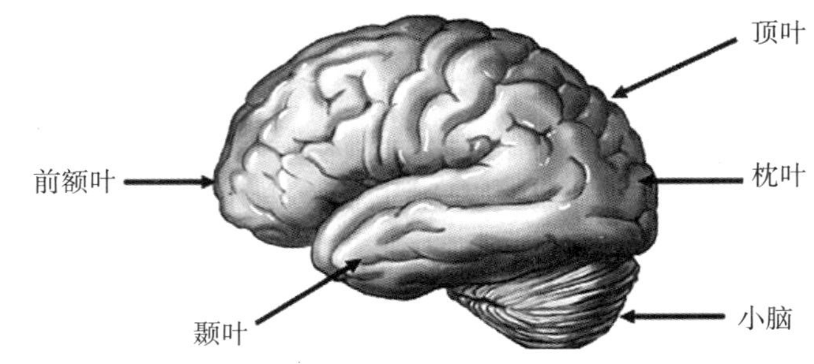

图 2-2　大脑外观图

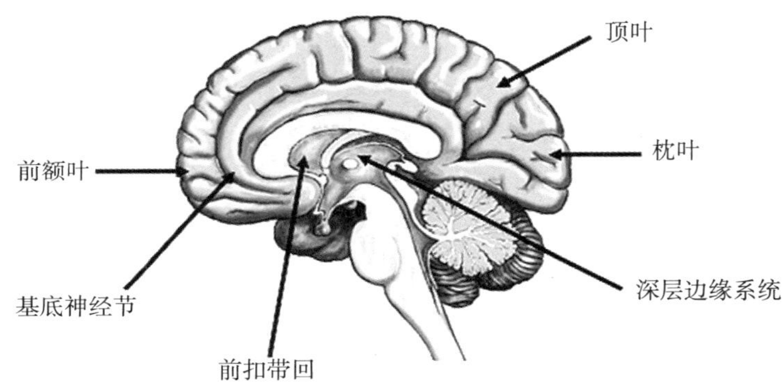

图 2-3　大脑内部图

在大脑皮层下面的是深层边缘系统，也可以称之为情绪系统。这部分大脑会影响我们的情绪，并与建立亲密关系、筑巢行为和嗅觉有关。据估计，女性的深层边缘系统会比较大。

大脑分为两个半球，左脑半球和右脑半球。虽然两个半球在功能上有重叠，但右利手者的左脑主要具有语言功能，这就是左脑被认为是人类的主导脑半球的原因。左脑具有分析、逻辑、以细节为导向的倾向，能够构想并执行计划。

右脑里住着我们身体里的诗人，它能看到全局。左脑看到的是树木，右脑看到的是森林。右脑能够看出模式，因而产生直觉和预感。它使人们认识到需要解决的问题。右脑的特点是，它与较远的脑区存在着连接，因此可以利用许多不同的输入来产生自己的结论。

埃尔克诺恩·戈尔德贝格（Elkhonon Goldberg）在他的书《大脑总指挥》（*The New Executive Brain*）中写道，右脑会优先加工新奇的活动，当该活动变成常规性的活动后，便会转为由左脑管理。

与左脑相比，右脑具有更多担忧、焦虑和悲观的倾向。右脑比左脑发育得更早，而且发育得更快。这就可以解释为什么人类默认的情绪状态似乎是消极的，比如具有许多自动的消极想法。在年幼无助的时候，我们倾向于用比较消极的右脑来体验世界。

研究显示，右脑受损会让人们获得更多的主观幸福感（通过降低焦虑程度），甚至有些右脑受损的人会对严重的问题采取否认态度。我认为这就可以解释为什么在亚蒙诊所，左脑出问题的病人比右脑出问题的病人更多。

就好像人类具有两种人格，每个大脑半球代表一种人格。不过值得庆幸的是，在健康的大脑中，两个半球并非各行其是。相反，它们协调地工作，让我们具有稳定的人格。大脑中有 3 条可以使左右脑分享信息的神经束，这让它们的合作成为可能，其中最重要的神经束是胼胝体。

不同的大脑结构

男性脑与女性脑最明显的不同是，男性脑体积更大，平均比女性的大 8%～10%。这也不足为奇，因为男性的身体本来就比女性的更庞大。不过即使对体重进行校正后，估计男性的神经元依然比女性多 4%。我在达拉斯和卡罗琳·戴维森（Carolyn Davidson）一起做广播节目的时候，她问我："既然男性和女性做的事情并没有什么不同，那为什么男性需要额外的 100 克脑组织呢？"这种大小的差异在整个大脑中并不是一致的，女性脑的有些部分比男性脑中相应的部分更大，反之亦然。

哈佛医学院的吉尔·戈尔茨坦（Jill Goldstein）博士利用功能性磁共振成像技术对男性脑和女性脑进行了比较。她发现，相对于男性，女性的额叶皮层和边缘系统更大。记住，额叶涉及许多更高层次的认知功能，其中包括语言、判断、计划、控制冲动和责任感。而边缘系统涉及情绪反应。这或许可以解释为什么女性较少冲动，比男性更在意情绪，以及为什么她们忙碌的大脑总会不停地担心。这或许也可以解释为什么女性脑具有那些关键性的优势，比如直觉、合作、自控、共情和适度的担忧。

大脑成像同样显示，女性的海马比男性的大。海马是大脑中重要的记忆中枢之一。而男性具有更大的杏仁核，那是大脑中加工恐惧和愤怒的脑区。这可以解释为什么男性在遇到危机时常常会非常惊恐或勃然大怒。与女性相比，男性具有较大的顶叶，它与空间感有关。女性通过询问别人来搞清楚方向，男性则利用顶叶来找到方向。男性的下丘脑也比较大，下丘脑与性行为有关。难怪男性对性有那么大的兴趣呢。

男性和女性一样，都很聪明，但他们各自倾向于用不同的脑区来解决问题或实现目标。例如，肯尼迪·克里格研究所（Kennedy Krieger Institute）的研究人员发现，男性脑和女性脑表现出不同的偏侧性。他们研究了男性在完成不同类型的任务时会使用哪一侧大脑。在完成语言任务时，男性似乎完全依赖左脑，左脑显得更活跃；然而在完成视觉空间任务时，比如用砖修建东西的时候，男性脑的两个半球都会活跃起来。

与男性相比，在完成语言任务时，女性的左脑和右脑都会变得更活跃；而在完成视觉空间任务时，女性会偏向使用右脑。这可以解释为什么女性更擅长语言，而男性更擅长判断距离，进而能够把车顺利地停到车位里。

不同的灰质、白质比例

灰质与白质在大脑中的比例是男性脑与女性脑的另一个重要的不同之处。灰质主要由脑细胞体组成，而白质主要由脑细胞的突起组成，白质使细胞之间可以进行交流。白质之所以是白色的，是因为它们被一种脂肪物质包裹着，这种物质被称为髓鞘。髓鞘就像铜线外面的绝缘层，有助于神经系统更快、更有效地工作。

许多研究一致发现，女性脑中灰质所占的比例比男性的高，而男性脑中白质所占的比例比女性的高。不过这些数据并不适用于整个大脑。实际上，大脑中的白质和灰质比表面上看起来的更复杂。事实证明，在参与智力活动的脑区中，灰质和白质比例关系被颠倒了过来。在该脑区中，男性具有更多的灰质，是女性的 6.5 倍；而女性具有更多的白质，是男性的 10 倍。这意味着，男性更有可能对信息进行局部化加工，也就是只利用很少的关键脑区来解决问题或完成任务，而女性会同时利用多个脑区。

这意味着什么呢？加州大学欧文分校的理查德·海尔（Richard Haier）认为："这些发现说明，大自然创造出了两种不同的大脑，它们具有相同的智力活动。"你看，进行思考的是灰质，但正是白质将不同的脑区联系起来，使得思考可以受益于更广泛的信息以及信息之间的关联。

海尔博士的研究还显示，两性存在差异的脑区大多与智力有关。在女性的大脑中，与智力有关的脑区主要集中在额叶，其中包含 84% 的灰质和 86% 的白质。额叶是大脑的最高管理中心，除了其他功能之外，它主要负责计划、控制冲动、产生共情和适度担忧。男性参与智力活动的脑区中仅有 45% 的灰质和 0% 的白质位于额叶。对于男性来说，与智力最相关的脑区主要分布在大脑左半球。

直觉：为什么女性就是知道

像所有的生物一样，我们人类具有天生的防御机制。人类奔跑的速度不是最快的，人类也不是最凶狠的，但人类拥有相当大的大脑。直觉就是你知道一些事情，但不知道自己是如何知道的，它是我们最有力的优势之一。不知道信息来自哪里，不知道背后的推理过程，但直觉能将结论呈现给有意识的思维。女性脑独特的结构和功能或许让她们在这方面颇具优势。

女性倾向于使用大脑中更广泛的联系，而男性脑则倾向于更局部化。与智力相关的脑区中分布着大量的白质，这意味着，女性的不同脑区之间会进行更多的联络。与男性相比，女性会更多地利用右脑。人们通常认为右脑是情绪和精神世界的家园，是超感智慧的来源。女性会在不知不觉中注意到更多的线索，并将它们联系起来。

女性在直觉的基础上感知信息。当朋友或同事情绪低落时，当孩子感到不知所措时，当会议变得剑拔弩张时，她们都能够感觉到。大脑成像研究显示，女性用于追踪直觉的脑区比较大，尤其是在额叶深处，被称为脑岛和前扣带回的脑区。女性脑通常能够基于有限的信息，基于直觉和预感，更快地对他人的想法做出预判。

对许多人来说，直觉是一个很难接受的概念。怀疑论者常常认为它是情绪化的、不理性的、不科学的。爱因斯坦更了解直觉，他写道：

> 直觉性思维是神圣的天赋，理性思维是忠实的仆人。我们创造了一个尊敬仆人而忘记天赋的社会。

直觉与理性思维相结合，使我们能够做出惊人的预测。“我就是知道！”当直觉应验之后，我们常会这样说。

综观人类历史与不同的文化，人们普遍相信女性能够挖掘出知识的特殊来源，有时这似乎具有神秘的色彩。我妈妈好像后脑勺上长了眼睛，凭直觉就能知道我什么时候没有说实话。

科学研究证实了这种文化中的智慧。研究显示，女性能够注意到更多非语言线索，这使她们更有直觉，也更有共情力。研究还显示，女性比男性更擅长识别面部差异，更擅长改变语调。宾夕法尼亚大学心理学家兼神经学家鲁宾·古尔（Ruben Gur）称：“在辨别情绪方面，女性比男性更准确、更迅速。”

为什么女性比男性更关注事物相互之间的联系，因此具有更强烈的直觉呢？研究者推测，女性之所以培养出了这种能力，是因为她们面临着特殊的情况，尤其是在家庭中，她们承担着独特的责任。首先，作为宝宝的照顾者，她们必须能够弄懂不会说话、不会表达自己的宝宝的需求。直觉强的女性能够更好地照料宝宝，帮助他们长大成人。与此同时，她们还必须读懂更强大（或许更危险）的男性传递出来的信息，并做出适当的回应。女性的直觉能力是她们生存下来的必要条件。

并非所有的研究者都发现了女性比男性更富有直觉力。在一项有趣的研究中，研究者发现，如果付钱给男性，让他们注意自己的直觉，那么他们可以像女性一样很好地用直觉完成任务。问题在于，直觉可能发生在任何时候，不只是当别人付钱让你去注意它的时候。

像所有的天赋一样，直觉也具有不利的一面。有时凭直觉“知道”的事情并不是真实的。直觉强的女性可能不会用其他方法来检验自己的感知，而是坚持自己最初的信念，这可能会给她们自己及她们所爱之人带来严重的问题。

最好的方法是，在决策时，左、右大脑都要用到。如果你用直觉做决策，你会因此而受到伤害。我曾看到有些女性嫁给了有虐待倾向的丈夫，她们一厢情愿地认为不会再发生伤害，还称这是直觉告诉她的。一旦你产生了一个直觉，你要问问自己：“它的证据是什么？”

女性比男性更容易担忧，这使她们更有可能察觉到潜在的问题，但也使她们更容易受到不真实的消极想法的伤害。当自动的消极想法变得毫无节制时，它们会扰乱你的思维，并有可能发展为焦虑和抑郁。如果你感觉到了什么，一定要去检验它。

Unleash the Power of the Female Brain 释放女性脑 凭直觉做事的女性 CEO

我的好朋友辛西娅·格拉夫（Cynthia Graff）是专业医疗减肥机构林多拉诊所（Lindora Clinics）的 CEO。林多拉诊所是南加州一个非常成功的减肥诊所集团，主要面向女性。辛西娅非常重视直觉，她相信直觉为她的公司提供了竞争优势。她说：“如果充分利用直觉，你就能比辛苦地看完所有的数据更快地获得解决方案。”

“当然，验证女性的直觉也很重要。”辛西娅警告道，因为有时女性的直觉会失控。一位女性可能在经过一个同事工位旁的时候注意到这位同事低着头，一脸的冷酷，心事重重。这位女性可能很容易得出结论，认为同事正在生她的气。这种直觉不一定是对的，或许她的同事那天过得很不开心，正在为家里的事情担心，或者刚好肚子胀气。凭直觉做事的女性，如果感知到糟糕的事情，且不去检验自己的直觉的话，她们便会承受不必要的痛苦。

在生活中，当与女性交往时，我当然也遇到过这样的问题。我常常不得不对我的妻子、女儿和姐妹们说:“请不要推测我的心理。我自己的推测已经够给我添乱了。”

直觉会受到一些生物因素的影响，比如睡眠时长、月经周期的时间以及血糖水平的高低。当你吃得好、睡得好，很放松的时候，直觉会更可靠。当你并不知道饥饿、疲劳或月经问题何时会扭曲你的判断时，请让你的左、右脑都参与决策。如果你轻视自己的直觉，你就丧失了一种特殊的天赋，但是如果你高估了直觉的价值，你便会犯严重的错误。

扭曲直觉的因素

Unleash the Power of the Female Brain

- 饥饿（低血糖）
- 缺乏睡眠
- 承受较大的压力
- 特定的应激事件（孩子生病、与丈夫吵架、担心父母、任务的最后期限）
- 疾病或疼痛（流感、头疼、消化不良）
- 月经周期
- 连续不断的或令人不快的噪声
- 拥挤或个人空间受到侵犯
- 感到不被理解或不被倾听，这往往会演变成一种需要，需要“证明”自己的直觉是对的，而不是保持开放的心态

共情与合作：为什么女性更适合当老板

女性脑的另一个主要优势是共情，即识别并分享他人感受的能力，也就是将自己放在别人的位置上，感他人之所感。无论是在男性脑中还是在女性脑中，当我们与他人感同身受时都会激活镜像神经元。镜像神经元让我们能够体会到他人的感受，这就可以解释我们为什么在看恐怖电影的时候会感到害怕，在看到令人难过的场景时会感到悲伤，甚至流下眼泪。研究显示，女性的共情力比男性的高，这可能是因为女性的额叶更大的缘故。这部分大脑受损会损害共情力。

发表在 2009 年《神经科学杂志》（*The Journal of Neuroscience*）上的研究报告指出，与男性相比，女性镜像神经系统中的灰质显然更多。

2011 年 6 月《哈佛商业评论》上的一篇文章的标题很有趣。《什么样的团队更聪明？——更多女性》这篇文章报道了一项研究，研究者给几个团队分配了一些任务，这些任务涉及头脑风暴、决策和解决问题。研究者基于他们的表现对团队智慧进行打分。

请猜猜哪个团队的分数更高？如果你猜高智商者组成的团队分数更高的话，那你就错了。“集体智商”较高的团队是具有更多女性的团队。

我们可以在巴伦 - 科恩博士的研究中找到这一结论的原因。男性脑依靠系统化思维来搞清楚事情的运作方式。“为什么系统会这样运作呢？”男性倾向于找出背后的规则。他们的目标是了解系统，这样就能预测接下来会发生什么。而女性脑的显著特点是共情倾向，这驱使女性去搞清楚另一个人在想什么，有怎样的感受，从而做出适当的回应。在这种情况下，女性的目标是了解另一个人，以预测出对方的行为，并形成适当的情感联系。

这些差异可能在很早的时候就显露出来了。巴伦 - 科恩博士对婴儿的研究支持了其他研究者较早的发现，即女性更以人为中心。巴伦 - 科恩博士在医院妇产科研究了只有 1 天大的婴儿，他让婴儿们要么看到一个友善的女学生的面孔，要么看到一个机械活动的物体。活动物体的颜色、大小和形状与学生的脸是一致的，并且具有被打乱的面部特征。在不知道婴儿性别的情况下，实验者发现，女婴看女学生的时间更长，而男婴看机械活动物体的时间更长。男性和女性的社会兴趣存在着显著差异，从出生的第一天起，这种差异就显露了出来。

睾酮水平对婴儿的影响

Unleash the Power of the Female Brain

巴伦 - 科恩博士的研究显示，较高的睾酮水平会导致婴儿：

- 眼神交流减少
- 较少说话
- 共情力比较低
- 较高的系统化思维倾向或收集事物的倾向
- 对构建物体比较有兴趣
- 与语言相关的颞平面较小
- 与控制冲动相关的前额叶较小

男性更专注于问题解决，较少在意群体的情感凝聚力。他们较少去了解彼此，更倾向于把自己和别人隔绝开。女性对情感氛围更敏感，更不排斥他人。然而另一方面，当消极情绪突然爆发时，她们会变得过于情绪化，失去采取行动的能力。

女性较高的共情力使她们更能在团队中达成共识。许多女性领导者鼓励合作，而不是单打独斗。所有这些因素加起来，可能会使她们成为优秀的领导者。

就像女性必须小心直觉的缺点一样，她们也必须提防共情不利的一面，即过于互相依赖或为别人做得太多。另一个不利的方面被称为共情疲劳（compassion fatigue），这在治疗师和看护人中是比较普遍的现象。无论是在相关职业中（社会工作者、护士、家庭医生），还是在个人生活中（比如孩子身体有残疾、有学习障碍、自闭症或注意力缺陷障碍的妈妈），女性所占的比例都更高。

在每天花费很长时间照顾身心痛苦的人之后，再富有同情心的人也会感到难以招架，因此可能变得焦虑或抑郁。给自己恢复的时间很重要，因为只有这样，你才能继续照顾他人和你自己。

当然，很多男性也具有较强的直觉力，也很有同情心、共情力与合作精神。只是需要对男性做更多的工作，有时需要给他们更多的激励，他们才能发挥这些优势。

在林多拉诊所，99% 的员工以及 85% 的病人是女性，因此辛西娅非常清楚女性脑在职场中是如何发挥作用的。我问辛西娅女性在职场中有什么优势，会面临怎样的挑战，以下就是她的回答：

> 我们公司的文化非常有助于员工成长。我们互相鼓励、慰藉，这对员工和病人都很有帮助。当我和其他健康服务公司的男性 CEO 说起我们公司的文化时，他们用奇怪的眼神看着我，好像我来自另一个星球。我谈的是鼓励员工以实现目标，他们谈的是财务数据，以及如果员工完不成目标会有什么样的后果。我说应该采取积极的方式，这样工作效率就不会受到消极神经化学反应的影响。而他们告诉员工，必须完成任务，否则就会被解雇。他们不明白的是，如果以这种方式对护理人员说话，那么他们在接下来的几个小时里就会以相同的方式对待他们的客户。
>
> 在林多拉诊所，我们知道每个人的努力对于诊所的成功都是必不可少的。因此，每个诊所都是一个团队。我们都知道木桶原理，最薄弱的成员决定了团队的力量。今天我是强大的，另外一天其他人是强大的，这样我们总会尽量帮助彼此。

辛西娅的公司文化非常具有合作性和共情性，团队成员会时刻留心谁需要帮助。或许某天一位女士的孩子生病了，其他人便会伸出援手，帮她完成工作，以便让她有些空闲。另外一天，某人年迈的父母可能需要额外的照顾，此时这位员工便会得到其他同事的支持。辛西娅告诉我："我们的员工形成了一个非正式的支持网络，即使没有上司的要求，她们也会主动支持其他员工。男性完全搞不清楚我们的组织是怎么回事。”

不过，辛西娅也承认共情疲劳是一个挑战。她说：“天生乐于照料他人的人，如果从事护理职业，那么他们很容易在设置界限方面出现问题。”

与之类似，对于管理者来说，共情也是一个挑战，他们会不想要求员工做他们自己都不想做的事情。“它与自上而下的指令相反。自上而下的指令是：那些人必须去做，我不在乎他们想什么，或者这件事对他们接下来有什么影响。”辛西娅补充道。

另外，辛西娅还会从合作的角度来看待自己的成功。她说：“我希望成功，但我想要的是人人都成功。你可以从成功中、从帮助他人获得成功中获得快乐。”

女性更适合当老板的特征

Unleash the Power of the Female Brain

- 更高的共情力
- 合作
- 关注群体的社会凝聚力
- 较少的冒险行为
- 更大的前额叶（前额叶是负责判断、计划、共情和控制冲动的大脑中心）

自控：活得更聪明、更长寿

像其他许多研究者一样，鲁宾·古尔发现，女性脑中用于控制愤怒和攻击性的前额叶比男性的大。研究显示，女性更善于抑制强烈的消极情绪。或许这是因为女性能够从他人的警告信息中领悟到情绪线索，从而缓和事态，避免消极情绪继续升级。同时，女性更富共情力的大脑会希望自己能够慰藉他人的不幸。而咄咄逼人、争强好胜则需要她们削弱天生的共情力。当女性变得咄咄逼人时，她们更有可能进行语言攻击，而不是身体攻击。到2004年年末，在美国所有的服刑人员中，女性仅占7%，这说明女性对自己的行为具有更好的自控力。

在一系列有趣的实验中，阿德里安娜·雷纳（Adrienne Raine）及其同事们研究了反社会型人格障碍者的大脑功能。反社会型人格障碍者指那些长期破坏社会规则的人。正如犯罪统计数据所显示的，这种人格障碍在男性中的发生率比较高。反社会型人格障碍者的前额叶平均比健康群体的小9%～18%。具有反社会行为或反社会倾向的女性的前额叶也比较小。

另外，较大的前额叶还是健康长寿的秘密。追溯到20世纪20年代，美国心理学家路易斯·特曼（Lewis Terman）发起了一项对1 548名天资聪颖的孩子的纵向研究。虽然特曼在1956年离开了人世，但他的学生、学生的学生继续追踪研究这些孩子，直到今天这些孩子都已经暮暮垂老了。研究者对诸如哪些生活因素会让人更成功、更健康、更长寿等问题提出了引人入胜的见解。

这个实验当前的两位研究者霍华德·弗里德曼（Howard Friedman）和莱斯利·马丁（Leslie Martin）在他们出版的著作《人格决定寿命》（*The Longevity Project*）中更新了研究结论。其中最惊人的发现是什么呢？生活幸福，没有压力，不用辛勤地工作与长寿都没有关系！他们发现，长寿的秘密在于活得谨慎尽责，对生活的各个方面都深谋远虑、有所计划并坚持不懈。谨慎和尽责是长寿的首要预测因素。

对于为什么谨慎和尽责的人更长寿，弗里德曼提出了几个理由。其中的一个理由是，这样的人不太可能抽烟，喝酒也很有节制，不会滥用药物，也不会干超速驾驶这样危险的事情。他们更有可能服用维生素、系好安全带、遵照医嘱。弗里德曼还说，谨慎尽责的人更有可能待在比较健康的环境中，更有可能保持健康有益的人际关系。至于人际关系，研究还发现，丰富的人际关系以及关心并帮助他人比被人爱更重要。事实证明，“给予”比“得到”对长寿更有益。

拥有强大的前额叶有助于长寿，因为它涉及严谨性，也涉及决策和控制冲动。你应该不惜一切代价保护好你的前额叶，保证你的决策质量。

适度的担忧：让女性保持警惕

由于女性的大脑更忙碌，因此她们常常会自寻烦恼。她们担心自己吃的东西、给别人的印象、将要发生的事情，可担心的事情简直无穷无尽。这种情况是可以理解的，因为她们的大脑不断地将可怕的情景呈现给她们。在研究中我们还发现，女性脑中一个被称为前扣带回的脑区比较活跃。这是帮助你变换注意力、觉察到错误的脑区。当它过度活跃时，人们倾向于陷入消极思维或消极行为，倾向于查看哪里出错了，而不是哪里做对了。

我们的大脑成像研究以及加拿大麦吉尔大学（McGill University）的米尔科·迪克斯科（Mirko Diksic）博士都发现，男性产生的5-羟色胺比女性多52%。5-羟色胺是最具镇静作用的神经递质，它与情绪、睡眠、疼痛和食欲有关。在亚蒙诊所，我们发现，在SPECT扫描图像上，较低的5-羟色胺水平与大脑中担忧和情绪中枢的过度活跃存在着相关性。女性产生的5-羟色胺比较少，这有助于解释为什么女性患焦虑症、抑郁症的比例较高，且女性更容易忧心忡忡。研究显示，与男性相比，女性对提高5-羟色胺的药物会产生更好的反应。我会在后面的章节中进行更多的介绍。

当然，这并不意味着男性不会担忧或者看不到问题所在，但是男性和女性的担忧是不同的。当女性担忧时，她们忙碌的大脑会启动，开始进行联想。这意味着一个令人担忧的想法会迅速与其他想法联系起来，像滚雪球一样变得势不可当，失去控制。有焦虑倾向的女性更有可能看到未来的消极结果，而不是积极结果。而男性的担忧比较有限度，他们会把自己的问题隔离开来。

女性的大脑似乎永不停歇，哪怕是在她们睡觉的时候。对于许多女性来说，当有了第一个孩子后，她们的睡眠模式会发生根本性的改变。女性知道现在她要为另一个人负责了，因此典型的女性脑会变得对责任高度警觉。她必须时刻关注宝宝和自己的安全。这使她对周围发生的事情更机警，她接收信息，评估这些信息对自己和孩子的生存意味着什么。

然而，女性不应该只受担忧的折磨。她们可以利用担忧，使她们自己和他人受益。她们对问题的觉察以及对保证家人安全的渴望，会让她们具有更强的健康意识。如果女性将担忧转化为行动,那么她们可以成为所爱之人的健康指导，营造一个安全的家。担忧还使她们在有需要时，更有可能去寻求帮助。男性往往过于乐观，可能看不到眼前的问题。这就是为什么男性一般不问路的原因之一。他们不知道自己已经迷路了！这不仅是开车中会发生的问题，他们在人际关系上也存在类似的情况。男性常常意识不到人际关系出了问题，这或许就是为什么女性更有可能比男性先提出离婚或分手的原因。

承认自己迷路了，或者承认自己的人际关系出现了问题，就等于承认自己的失败。承认自己迷路了意味着你需要寻求帮助，这是女性擅长做的事，对自己和对她们所关心的人都有益。

较低的 5- 羟色胺水平也并不全是坏事。太多的 5- 羟色胺则意味着动机不足，凡事都不急不慌。1988 年，当百忧解刚出现在美国市场上的时候，我就开始给病人开出提升 5- 羟色胺的药物（选择性 5- 羟色胺再摄取抑制剂）了。在一些病人身上，尤其是在男性病人身上，我最初注意到的副作用之一是动机水平的显著下降，他们促进事情完成的能力降低了。一位企业主告诉我，他的焦虑感减轻了，现在不愿及时处理文件，而这会给他的工作造成大麻烦。在 SPECT 扫描图像上，我们还看到选择性 5- 羟色胺再摄取抑制剂降低了前额叶的功能，有可能无法对行为产生抑制作用，而这有时会引发冲动的性行为或攻击性行为。

男性的忧虑较少，因此他们比较容易陷入更多的麻烦之中。在演讲中，我常常谈到人需要有“适度的”忧虑。例如，如果有人在想“我要抢劫便利店”，下一个念头应该是“这主意太糟糕了！你会在监狱里蹲上 20 年”。忧虑能让你避免麻烦。当然，太多的忧虑也是不利于健康的。

女性脑的优势和挑战 Unleash the Power of the Female Brain

优势

- 长寿
- 更在意身心健康
- 更快地承认问题
- 更快地寻求帮助，寻求群体支持
- 更关心自己的健康
- 较少出现没心没肺的情况，什么都不担心会让她们陷入麻烦
- 不太会成为“无所顾忌的及时行乐”一族
- 较少从事高风险的活动，因此较少导致大脑受损
- 具有更强大的前额叶，因此判断力、共情力和自控力更强
- 患注意力缺陷障碍和自闭症的概率较低，也较少出现物质滥用、反社会行为和违法犯罪的情况

挑战

- 5- 羟色胺水平较低
- 比较爱担心
- 比较难以让大脑停下来
- 总是不停地想啊想啊
- 反复思考相同的问题
- 注意力过于集中在问题上，即使根本不存在问题时也是如此
- 更容易出现睡眠问题，痛感更强烈
- 患焦虑症、抑郁症、躯体应激症的比例较高，更有可能出现体象问题、进食障碍和完美主义倾向

第 2 个小时的练习——招募你的团队，让担忧为你所用

招募你的团队

善于合作是女性的一个显著优势。为了充分利用大脑，你需要一群志同道合的女性的帮助。在前半个小时里，你的任务是找到另外两名女性，并说服她们和你一起完成这个计划。如果你可以和一小群志趣相投的女性一起做这个练习，那么你将显著提高自己大脑的力量。在医学院里，我们常说："看一次，做一次，然后教给别人。"在教别人的时候，你往往会收获最大。

让担忧为你所用

研究显示，写日记是控制担忧、排解忧虑的有力工具。我教给病人的一个最重要练习方法是用写日记来管理他们的忧虑。这是一个非常简单、有效的练习。

每当你感到忧虑时，比如有萦绕不去的消极想法，把它写下来。写的行为有助于明确忧虑并把它从脑子里"赶"出去，让它们存在于纸上、表格里、电脑上或电话里。把忧虑写下来之后，你要评估它的准确性。它真实吗？如果不真实，那么一笑了之，让它留在纸上，不再让它出现在你的脑海里。如果忧虑是有价值的，那么写出来你可以做什么来解决它，同样重要的是，你要把自己无能为力的方面也写出来。

例如，詹妮有一个女儿，名叫妮娜。妮娜存在发育迟缓的问题，还存在许多健康问题。把忧虑写出来并仔细研究它们，对詹妮就很有帮助。詹妮的忧虑是："我担心妮娜不能正常发育，她会生病，还可能会死掉。我不是一个好妈妈。"

- 问题：我对这些担忧可以做些什么？
  - 让妮娜获得良好的医疗帮助；
  - 留心网络上的最新治疗信息，并尽可能地爱她、照顾她；
  - 列出我的支持团队（丈夫、家人和朋友）。

- 问题：什么是我无能为力的？
  - 我治不好她；
  - 我的主观意愿无法使她恢复健康；
  - 我无法替妮娜生病。

Unleash the Power of the Female Brain

优化女性脑的方法

了解你的大脑，了解重要的健康指标数据和“4 个圆”

释放女性脑力量的**第 3 步：清晰的“4 个圆”**

真理令你自由，但首先它会激怒你。

——格洛丽亚·斯泰纳姆

安妮特给亚蒙诊所打来电话咨询，因为她 23 岁的女儿卡蒂在法学院的入学考试中成绩不理想。卡蒂希望像姐姐一样成为一名律师，但因为她太焦虑了，所以没有考好。每当卡蒂面临重大的挑战时，比如参加考试或应聘工作时，她都会预感失败。在学习的时候，担忧常常令卡蒂失控，这让她无法掌握本可以学会的知识。卡蒂时常感到紧张，为许多压力引起的症状所苦，压力让她头痛、背痛和胃部不适。

卡蒂的这些症状让安妮特很担心，她从一位朋友那里知道了亚蒙诊所。安妮特朋友的女儿因为突然大发脾气，被篮球队解雇了。通过我们的帮助，安妮特朋友的女儿学会了控制自己的脾气，并带领她的球队获得了州冠军。

安妮特希望我们能够帮助卡蒂，之前她已经带卡蒂看过 3 个精神科医生、几位心理医生，也找过学校的咨询师了，都没有用。没有人能显著减轻卡蒂的焦虑感。卡蒂对未来感到有些绝望。我们运用亚蒙诊所的方法，改善了卡蒂的大脑功能，由此改善了她生活的各个方面。最终，她在法学院入学考试中的表现大为改观，并进入法学院。你也可以运用相同的方法来提升大脑，即使你从未感到过焦虑、没有心理健康问题也可以试试，因为亚蒙诊所的方法将改变你的大脑和你的生活。

为了真正释放出女性脑的力量，你需要确保自己的大脑尽可能处于最佳状态。

亚蒙诊所的方法

亚蒙诊所的来访者大多是由我们之前的病人和他们的家人介绍来的。在过去 20 多年里，我们接诊过来自美国 50 个州、90 个国家的数以万计的病人。来自世界各地的人之所以到亚蒙诊所寻求帮助，是因为我们的治疗方法与其他心理健康同行的治疗方法非常不同。我们相信，在试图改变大脑之前应该全面地评估大脑。“除非你看到了，否则你怎么知道”，这是 20 多年来我们反复说的一句话。

我们曾对亚蒙诊所的病人进行了为期 6 个月的大型研究。结果显示，83% 的病人说自己接受治疗后生活质量得到了显著提升，他们在抑郁和焦虑测试上的得分情况也得到了很大改善。越按照我们的要求去做的病人，情况改善得也越多。

我们经营诊所的目的，是研究怎么做才能够持续改善我们帮助病人的能力。当然，并不是每个来到亚蒙诊所的病人情况都得到了改善。我们还需要学习很多东西，但是与已经发表的有关心理健康的研究结果相比，我们的成功率还是很令人振奋的。

我从研究中获得的知识既能帮助亚蒙诊所的病人，也能帮助你做到最好。无论你或你所爱的人是存在心理健康问题、大脑遭受过损伤、患有创伤后应激障碍，还是你只想让自己的大脑达到最健康的状态。从我们提出的“4 个圆”的方法开始，你便可以释放出女性脑的全部力量（见图 3-1）。

- 运用“4 个圆”来评估你的生理健康、心理健康、社会关系和精神追求，对你目前的状态有一个深层的理解。
- 通过大脑 SPECT 扫描或计算机化的测试和问卷，收集有关你大脑功能现状的信息。
- 了解有关你健康情况的重要健康指标数据，其中包括实验室检查数据，以确保你的身体功能正常（身体与大脑是相互联系的）。
- 针对比较脆弱的脑区寻求具体的帮助。
- 养成有利于大脑健康的习惯。

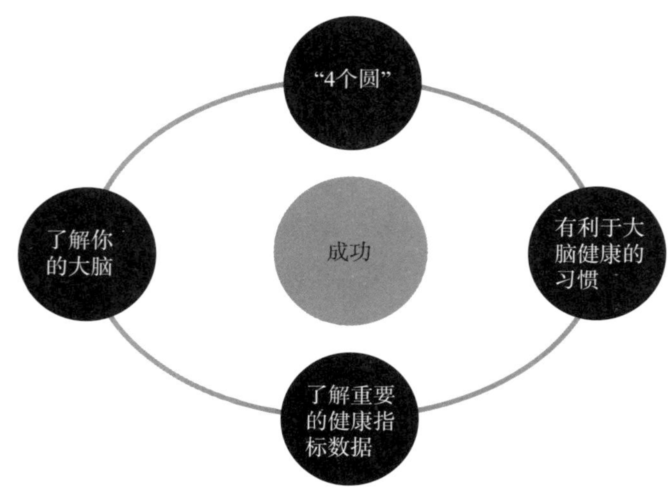

图 3-1　亚蒙诊所的方法示意图

下面让我们以卡蒂为例，对这种方法进行分解，看如何将它运用到生活中。

"4 个圆"：生理健康、心理健康、社会关系和精神追求

当我在俄克拉何马州塔尔萨县的奥罗尔罗伯茨大学（Oral Roberts University）读医学院一年级的时候，系主任锡德·加勒特（Sid Garrett）博士给我们上的第一堂课就是如何帮助各个年龄段具有各种问题的人。那堂课一直在我的心头萦绕了 35 年。加勒特博士对我们说："把病人看作一个完整的生命体，不要只看到症状。"他认为，我们对任何人做出评估时都应该考虑"4 个圆"。

- 生理健康：身体的功能如何。
- 心理健康：成长的问题和思维模式。
- 社会关系：社会支持和当前的生活状态。
- 精神追求：生命的意义是什么。

在亚蒙诊所，我们会根据"4 个圆"（见图 3-2），采取平衡、全面的治疗方法。这些原则影响了我的生活和事业。一旦你真正地理解了它们，它们会帮助你以尽可能平衡的方式获得并保持力量。

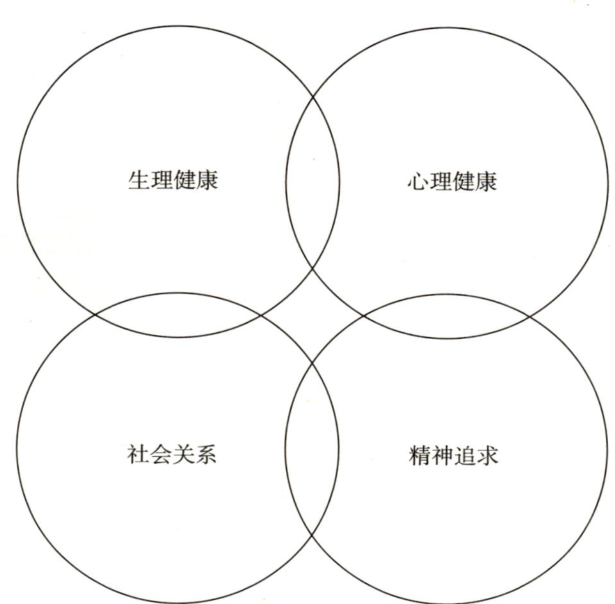

1. 生理健康：大脑健康、身体的整体健康状况、营养、锻炼、睡眠、水合作用、激素、血糖水平、营养补充剂、遗传因素（家族史）、创伤 / 损伤、过敏（食物、霉菌等）、有毒物质（环境、药物、酒精、过量的咖啡因、抽烟）、感染、疾病、用药情况

2. 心理健康：我们如何与自己对话、自我概念、体象、受到的教养、发展问题、过去的情感创伤、以往的成功和失败、悲伤、家族历史（例如移民、创伤幸存者、酗酒者的后代）、希望、价值观、个人能力或控制感

3. 社会关系：当前社交环境的质量，与家人、朋友和社区的联结感，家人和朋友的健康习惯，人际关系，压力，健康，财务状况，工作，学校，当下的成功，信息，宠物

4. 精神追求：意义感和目标感、与高级精神力量的联结（我对谁负有责任，我死后会发生什么）、与先辈和后辈的联系、与这个星球的联系、道德、价值观

图 3-2 “4 个圆”

生理健康

第 1 个圆是生理健康，它涉及身体的健康与疾病，其中包括大脑与身体是否健康，以及它们是否具有良好的协同功能。为了让你的身体和大脑功能达到最高效率，必须保证生物机制的正常运作（细胞、关节、激素、活力、血流、废物的处理）。大脑就像一台超级计算机，有硬件和软件。把你的生理看成是硬件。在生理健康的圆中有诸如遗传、身体的整体健康状况、营养、锻

炼、睡眠和激素等因素，还包括有毒物质等环境问题。如果大脑在生理方面是健康的，那么所有这些因素会以积极的方式协同工作，最大化地保证你的成功。如果创伤、毒素、疾病或缺乏某些营养影响了你的生理，那么你会感到一团糟。

例如，当你睡眠不足时，流向大脑的血液就会减少，这会破坏大脑的思考能力、记忆力和注意力。与之类似，大脑损伤会危害大脑的机制，引发抑郁、记忆问题和坏脾气。当你吃了高糖食物或简单的碳水化合物后，你的血糖常常会水平调节异常，让你怠惰，感到稀里糊涂的。

卡蒂的焦虑感和因此在法学院入学考试中的糟糕表现，都与她的生物学因素存在着很大的关系。她具有惊恐障碍的家族史。惊恐障碍具有高度的遗传性，与焦虑倾向密切相关。卡蒂的母亲和外祖父都存在焦虑问题，她的一个姨母患有广场恐惧症，10 多年里从来没有离开过家。

其他生理因素进一步恶化了卡蒂的焦虑问题。晚上，卡蒂的睡眠很少会超过 6 小时。许多研究显示，睡眠不足会影响人的学习能力和情绪。另外，像许多 23 岁的年轻女孩一样，卡蒂的饮食中包含很多垃圾食品和含咖啡因的饮品，因为她想让自己保持清醒。卡蒂很少锻炼，饮酒量比她告诉妈妈的多，而且她的肠道也不够健康。

卡蒂 5 岁时，妈妈开车出了车祸，汽车翻了 5 圈。当时卡蒂也在车里，她的大脑因此而受伤，并影响了卡蒂的发育。值得注意的是，她表现出众的姐姐没有遭遇这次车祸。

我向卡蒂和她的妈妈解释，让这些生理因素恢复到平衡状态是多么重要。应该对卡蒂过去的大脑损伤进行治疗，避免让她的大脑再受到损伤。她还要保证良好的睡眠，避开有毒物质，比如药物或过量的酒精；还要保证饮食健康、平衡，多锻炼，服用鱼油和复合维生素，服用必要的补充剂或药物。我告诉她们，如果不进行生物学干预，卡蒂永远都无法表现卓越。当然，如果只进行生物学干预，尤其是，如果我们只让卡蒂服用治疗焦虑的药物，那么她整体的改善情况绝不会像兼顾“4个圆”那样显著。

心理健康

第2个圆包含的是心理学因素。其中包括我们如何看待自己，如何与自己对话，我们脑海里什么想法，我们的自我概念、体象、过去的情感创伤、成长经历、重要的发展事件等。如果你在幸福的家庭中长大，能够获得积极的信息，能够坦然接受自己的能力和身体，那么你就会拥有健康的心理。当我们为某一方面感到痛苦时，心理便不可能完全健康，也不太可能获得真正的成功。如果与周围人相比，我们觉得自己不够有魅力或者不够有能力，那么问题就会悄悄滋生。如果我们的思维模式过于消极、过于苛刻或过于挑剔，那么它便会对我们的情绪和焦虑水平产生影响，最终影响我们能力的发挥。

发展问题，比如儿童被收养，童年时失去了亲人或有过情感创伤经历，也会对其心理产生很大影响。儿童往往相信自己是宇宙的中心，如果发生了糟糕的事情，比如妈妈得了癌症，儿童会认为是自己的错，在余生中会受到内疚感的折磨。以往的成功和失败、希望、价值观、个人能力或控制感也是这个圆的一部分。

家族历史对大脑的发育来说也是非常重要的。与那些祖辈们世世代代安居乐业的孩子相比，移民的后代或大屠杀幸存者的孩子往往得到的是非常不同的心理信息。例如，许多大屠杀幸存者从来不跟自己的孩子或孙辈诉说曾经发生的事情。然而，无声的恐惧会通过非语言的方式传递给后代，后代虽然没有听到那些可怕的故事，但他们也会出现焦虑和创伤后应激障碍等。给先辈带来创伤的信息，会通过眼神和手势无意识地传递给后代。

卡蒂的思维总是混乱无序。注定失败的消极想法控制了她，时常让她感到害怕。就好像她的脑袋里住了一群恶棍，时常用最糟糕的预测来讥讽她。

卡蒂总是会产生自动的消极想法。另外，她对学习还具有消极的自我概念，因为学习对她来说曾经是很困难的事情。由于卡蒂不了解焦虑症和潜在的大脑创伤问题，因此她觉得自己既不聪明又懒惰，尽管她比兄弟姐妹们更努力。由于卡蒂的父母不了解她的这种状况，所以认为是卡蒂努力得不够。他们常常告诉卡蒂要更努力，当然，这毫无帮助。

实际上，卡蒂承受的压力越大，她的表现就越糟糕。与姐姐的竞争令卡蒂感到很痛苦，她一直认为自己不可能像姐姐那样成功。

像我们所有人一样，了解自己的心理问题，学会不去相信那些愚蠢的想法是卡蒂康复的关键法则，也是我为她设计的治疗方案的重要一环。

社会关系

社会关系构成了第 3 个圆，它强调的是当前的人际关系和生活中的事件。当我们拥有良好的人际关系，身体健康，拥有我们喜欢的工作，或者在我们喜欢的学校里读书，有足够的金钱时，我们的大脑就能运转良好。压力对大脑功能会产生消极的影响，时时需要面对棘手的事件很容易让人患病。抑郁往往是由充满压力的事件触发的，比如婚姻问题、家庭功能失调、经济困境、健康问题、与工作和学习有关的竞争，或者失去亲友。另外，与你一起生活的人的健康状况及生活习惯对你也会产生巨大的影响。

法学院入学考试对卡蒂来说始终是一种重压。另外，她和男朋友一直争吵，觉得男友不理解自己。卡蒂的父母试图安慰她，但似乎效果不佳。事实上，他们越是努力地安慰卡蒂，卡蒂就会变得越发焦虑和恐惧。

有时，卡蒂会觉得每一件事情都在压迫着她，比如她的家人、男朋友、法学院入学考试以及进入法学院后的前景，都让她喘不过气来。为了积攒学费，卡蒂在从事行政助理的工作，不过工作也让她感到很有压力，因为她常常要加班。于是，卡蒂的社交生活和学习时间常常被侵占。卡蒂还担心自己会被解雇，找不到另外一份工作。卡蒂问我："如果老板不推荐我，我怎么能找到其他工作呢？"卡蒂很难将自己的忧虑（我会被解雇，老板不会给我写推荐信）与现实（有时老板会生我的气，但总的来说，她欣赏我的工作，所以她不会解雇我或者给我恶劣的评价）区分开来。

像大多数有焦虑问题的人一样，卡蒂无休无止的焦虑似乎是无解的。在与父母、男朋友或女性朋友倾心诉说后，情况会有一点改善，但通常一两个小时后就会故态复萌。

让卡蒂目前的生活达到最佳状态，包括帮助她管理压力、有效地处理人际关系，是我们采取的治疗计划的关键部分。由于减少日常生活中的压力能够改善大脑功能，因此我告诉卡蒂，常规的减压法对大脑的整体健康、对释放大脑的力量非常重要。

精神追求

我们的生活中除了有生理健康、心理健康和社会关系这三个方面之外，还包括精神追求。人类是精神的存在体。为了实现全面的治疗和康复，我们必须意识到除了身体、心理和社会关系之外，我们还必须问自己一些深层的与精神有关的问题，比如：

我生活的意义是什么？
我的人生目标是什么？
我为什么要活在这个世界上？
我的价值是什么？
我与祖辈、后辈以及与这个星球有什么样的联系？

目标感以及想到与过去和未来各代人的联系，会促使我们超越自我，相信自己的存在非常有价值。如果没有精神上的联结，很多人会产生绝望。道德、价值观、与其他人及与宇宙的精神联系，对很多人的完整感和社会联结感具有至关重要的作用。它们是我们每天早晨起床，并好好照顾自己的动力。

卡蒂从来没有认真地问过自己，为什么要活在这个世上，或者为什么自己的存在很重要。她甚至没有想过 5 年、10 年、15 年后，自己的生活会是什么样的。像很多年轻人一样，对卡蒂来说，重要的是此时此刻，而不是未来。引导她超越当下，思考她的目标感和意义感，是释放卡蒂女性脑力量的关键。这一点对你来说也很重要。

评估你的大脑

你现在可以很好地评估你自己的“4 个圆”了，但还没有掌握全面优化你的大脑的方法。你需要了解大脑是如何发挥功能的。在亚蒙诊所，我们有 3 种评估大脑功能的方法。

1. SPECT 扫描成像；
2. 大脑类型问卷；
3. 在线大脑评估。

SPECT 扫描成像

正如前文提到的，大脑 SPECT 扫描成像能够显示大脑的血流情况和活动模式。它能够直接查看大脑的运转情况。大脑 SPECT 扫描其实很容易理解，因为从根本上说，我们查看的是 3 个方面：

- 运转良好的脑区（正常的活动性）；
- 运转过度的脑区（较高的活动性）；
- 运转不足的脑区（较低的活动性）。

健康大脑的扫描结果呈现出来的是完整、均衡、对称的活动，其中小脑的活动性最高。小脑位于大脑的后部和底部。在演讲中展示大脑 SPECT 扫描图像时，我通常会展示两种视图：一种是大脑表面图，另一种是大脑活动图。表面图有助于我们看到大脑活动性低的区域，而大脑活动图可以显示出运转过度的脑区。正如我所提到的，女性的大脑一般比男性的更繁忙。

大脑 SPECT 扫描能够在问题真正显现出来的若干年前，帮我们找到需要优化其功能的薄弱脑区。目前研究者认为，类似 SPECT 扫描的成像技术能够在病人出现症状的若干年前就发现阿尔茨海默病的迹象，而不只是帮助我们确认疾病及相关记忆问题。我们发表过一篇研究文章，提到 SPECT 扫描改变了 80% 的病人的诊断结果和治疗计划。扫描让我们能够更清楚地看到大脑中发生的情况，这些情况可能是诱发某些情绪或认知问题的原因，比如未被诊断出来的脑损伤（22%）或暴露在有毒物质中（22%）。

SPECT 扫描还帮助我们看到了一些人大脑的优势和脆弱性。例如，如果某人在控制冲动上存在问题，那么我们很可能看到其前额叶的活动性偏低。如果某人比较刻板，缺乏灵活性，那么我们往往会看到他大脑前扣带回的活动性比较高。

> “日本有项研究发现，大脑中某个区域的血流情况与人的智力和创造力呈正相关关系。维持大脑的血流正常是拥有健康头脑的关键。”

除了帮助我们做出更全面的诊断之外，SPECT 扫描还能引导我们的治疗方向。如果没有 SPECT 扫描或其他评估大脑功能的方法，治疗就像是在黑暗中朝某人的大脑扔飞镖。访问亚蒙诊所的网站（www.amenclinics.com），你会看到数百幅 SPECT 扫描图像，读到 2 600 份扫描报告摘要，报告涉及各种各样的行为问题、情绪问题、学习和心理健康问题。以下是 SPECT 扫描成像对你的 9 个改变。

1. 你会形成大脑妒羡。45 岁的贝琪在看到自己的大脑扫描图像时（见图 3-3），立刻下定决心要变得更健康。在经历了情感创伤后，她开始酗酒、滥用药物。然而在看到自己的大脑扫描图像后，她开始嫉妒健康的大脑，因此完全改变了自己的习惯。一年后，她的大脑看起来好多了。

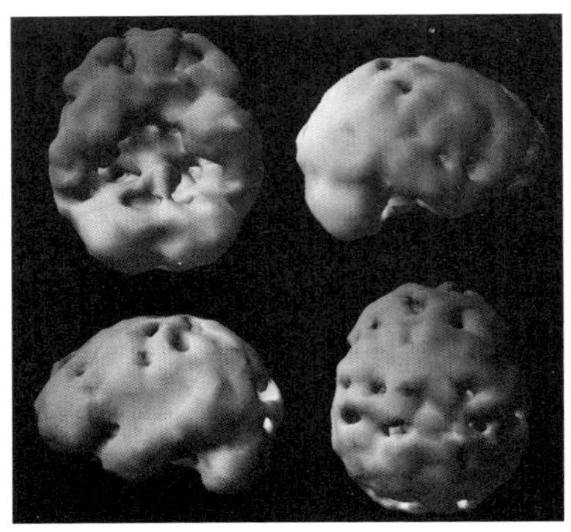
治疗前的大脑扫描图

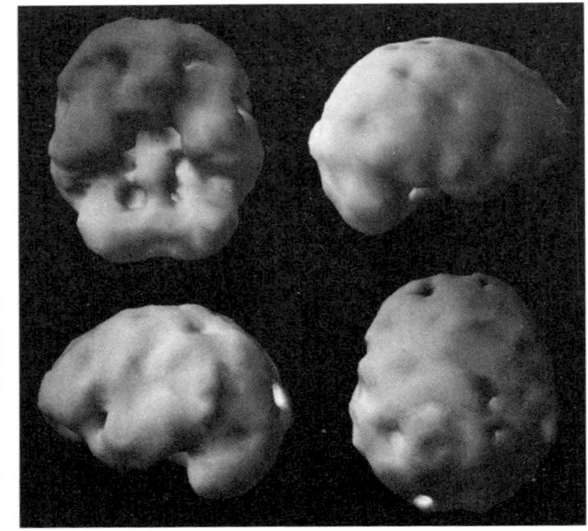
治疗后的大脑扫描图

图 3-3　贝琪的大脑扫描图

2. 你会对服用许多精神类药物更谨慎。我是一个受过专业训练的精神科医生，多年来一直对病人进行药物治疗。然而，当我开始使用 SPECT 扫描技术时，看到了某些类型的药物对大脑的影响，比如服用了苯二氮平类药物（抗焦虑的药物）和阿片类止痛药,会让大脑看起来好像中了毒,就像酗酒者的大脑似的（见图 3-4）。就是在那时，我开始寻找治疗大脑的自然疗法。

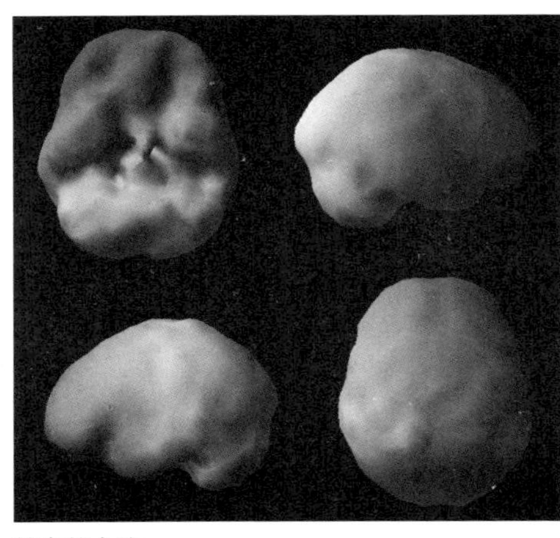
健康的大脑

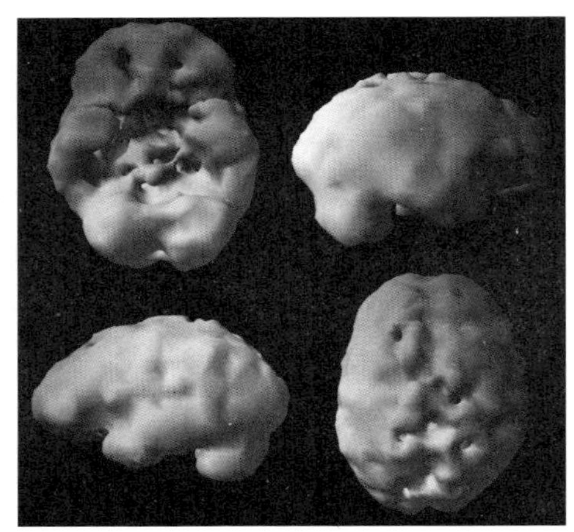
长期服用苯二氮平类药物者的大脑

图 3-4　健康大脑与服用精神类药物者的大脑比较

3. 你不会再让自己的孩子用头去顶球。大脑是柔软的，但颅骨很坚硬、有许多尖锐的脊状突起。大脑损伤会造成严重的问题，有可能毁掉一个人的一生（见图 3-5）。

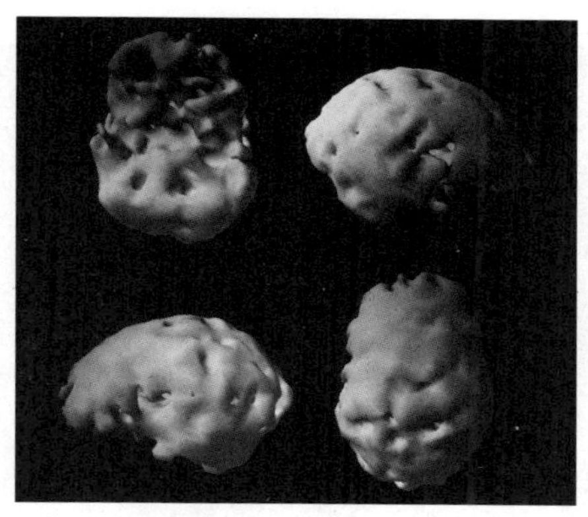

整体活动性偏低

图 3-5　美国职业橄榄球球员的大脑扫描图

4. 你会更认真地对待呼吸暂停综合征。患有呼吸暂停综合征的人打呼噜时声音很响，在睡觉时会呼吸暂停，而白天常常感到疲劳。这种疾病会造成大脑的活动性非常低（见图 3-6）。患有呼吸暂停综合征的人得阿尔茨海默病的可能是普通人的两倍。如果你有相关症状，一定要找医生做进一步的检查。

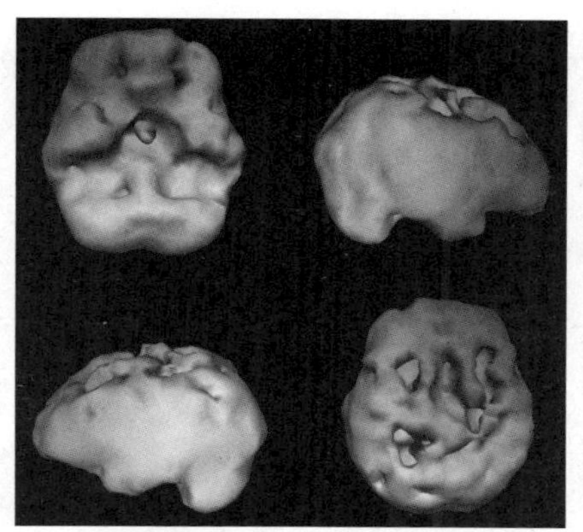

整体活动性偏低，特别是大脑后部与阿尔茨海默病有关的区域尤为明显

图 3-6　呼吸暂停综合征患者的大脑扫描图

5. 你会更认真地对待体重问题。目前有 18 项研究显示，随着人体重的增加，其大脑体积会变小，功能也会降低。这足以让胖子们吓得赶紧去减肥！图 3-7 是一位病态肥胖者的大脑扫描图。

整体血流减少，活动性降低

图 3-7 病态肥胖者的大脑扫描图

6. 你会认识到，对于抑郁症和其他疾病来说，没有一种适合所有人的治疗方法。我们基于大脑成像研究发现，诸如注意力缺陷障碍、焦虑症、抑郁症和成瘾等问题，在不同的大脑中并不是单一的类型或简单的疾病（见图 3-8）。它们的类型多种多样，因此治疗方法也千变万化。

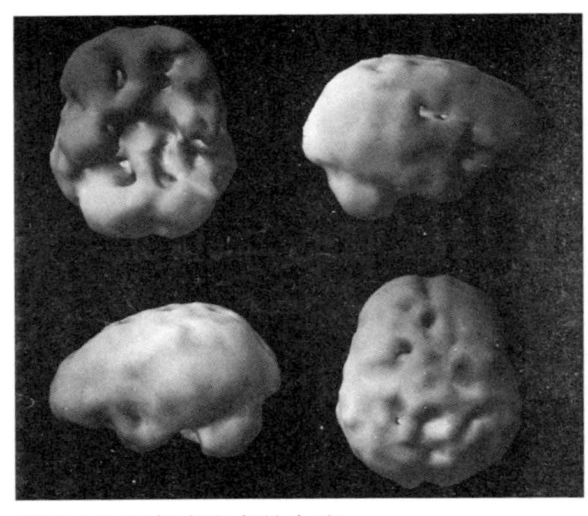

低活动性抑郁症患者的大脑

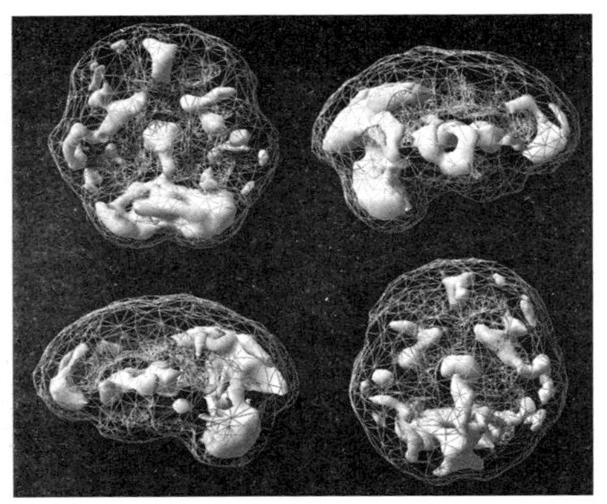

高活动性抑郁症患者的大脑

图 3-8 不同类型抑郁症患者的大脑扫描图

7. 你会开始考虑如何能早些发现阿尔茨海默病，并开始预防。在人们出现记忆力问题的若干年之前，SPECT 扫描就能发现相关迹象（见图 3-9）。当问题在你大脑中悄然滋生、慢慢孕育的时候，SPECT 扫描能对你发出警报。

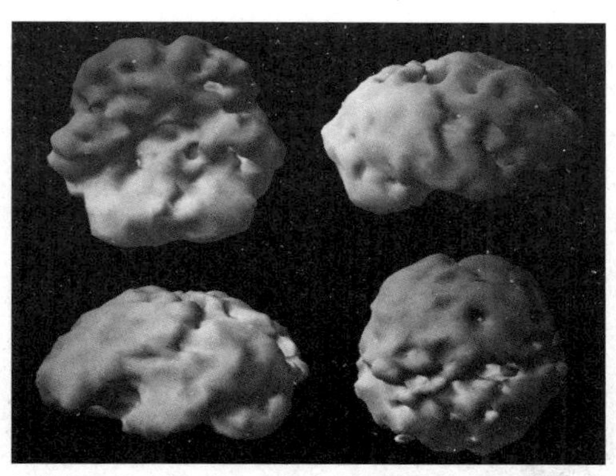

整体呈现出低活动性，大脑的后部尤其明显

图 3-9　早期阿尔茨海默病患者的大脑

8. 你会尽量不咒骂、不贬损他人。当别人有了糟糕的行为表现时，我们很想咒骂或贬损他们。但是当你看到他们的大脑扫描图像时，你便会意识到他们可能有一个受损的或中毒的大脑。这能让你更理解并同情他们。图 3-10 是一个被诊断患有人格障碍的女性的大脑扫描图。家中地板上的霉菌让她的大脑出现了明显的中毒迹象。是的，她有人格问题，但产生人格问题的器官是什么？是大脑。

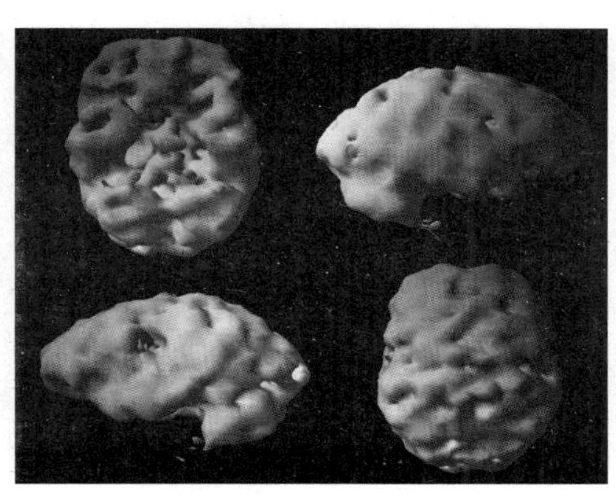

图 3-10　中毒大脑的扫描图

9. 如果你的人际关系出现了问题，你就会想到是大脑出了问题。我曾看过1 000多份感情出现严重问题的夫妻的大脑扫描图像。他们常常一方或双方的大脑出现了问题，但他们之前对此一无所知。治疗并优化他们的大脑有助于夫妻更好地与对方相处。图3-11所示的大脑扫描图来自一位大脑受损的丈夫。要知道，婚姻对于拥有健康大脑的人来说也都是一件费力的事情。

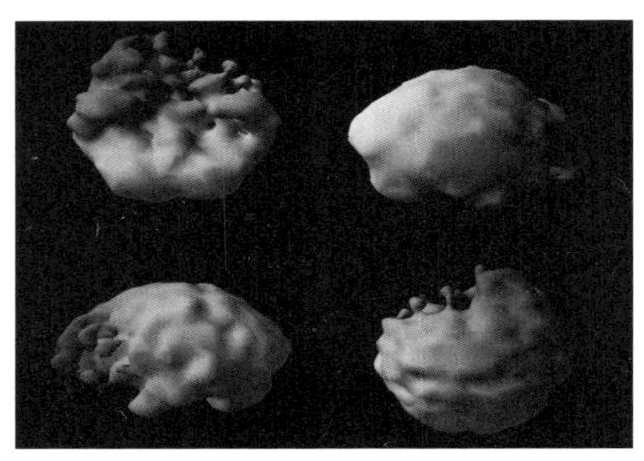

图 3-11 大脑受损后的扫描图

卡蒂的大脑扫描图像呈现出了一些重要特征（见图3-12），其中包括大脑左侧表现出轻微的脑损伤，这可能是那次车祸造成的。她大脑中的焦虑和担忧中心表现出较高活动性，这与她自己诉说的焦虑问题是相一致的。这些发现使我们更加明确，我们应该治疗卡蒂过去的大脑损伤，并治疗她的焦虑症。

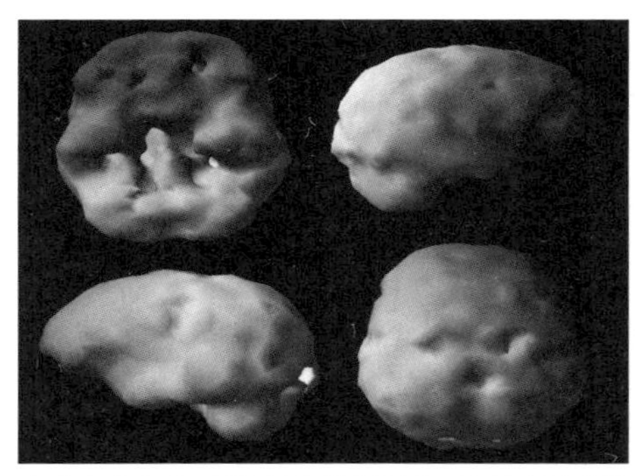

大脑左前部和后部的活动性偏低，呈现出了创伤模式

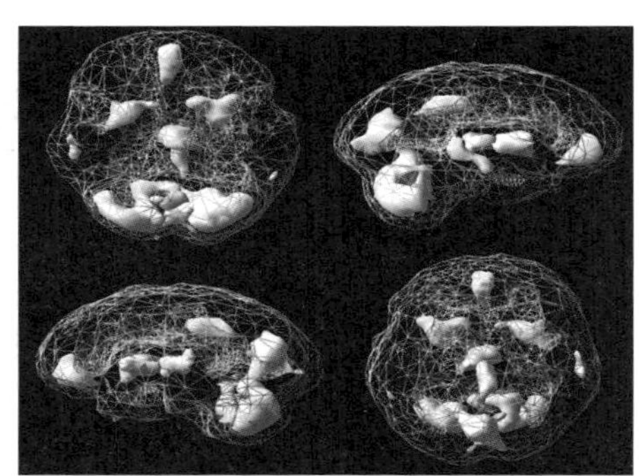

焦虑和担忧中心的活动性偏高

图 3-12 卡蒂的大脑 SPECT 扫描图

大脑类型问卷

让人感到遗憾的是，不是每个人都能接受大脑扫描的，一方面是因为扫描的费用比较高，另一方面是因为不是每个地区都有这种设备。我的书被翻译成30种语言，但并不是在每个国家或地区都能找到亚蒙诊所，并接受大脑扫描和评估。基于数千份扫描数据，我设计出了一系列大脑健康问卷。当人们无法接受扫描时，这些问卷可以帮助他们预测自己的扫描图像会是什么样。问卷结果肯定不像大脑扫描那样精确，尤其是当大脑的问题比较复杂时。但许多人称问卷对他们很有帮助。全球有数千名心理健康专业人士都在使用这些问卷[①]。问卷有助于你从以下几个方面来评估大脑功能：

- 灵活的思维
- 专注 / 控制冲动
- 情绪
- 压力和焦虑
- 记忆
- 睡眠
- 欲望
- 有利于大脑健康的习惯

根据你的回答，我们会提供有针对性的建议，其中包括有科学基础的自然疗法。当然，你最好跟你的医生讨论一下这些建议。

在线大脑评估

在我们的网站（www.amenclinics.com）上，还有7×24小时的“大脑健身房”。在那里，你可以随时对大脑进行评估和训练。一开始你要完成30分钟的计算机评估，以确定你大脑的健康状况。它会测量你的情绪、注意力持续时间、对冲动的控制能力、记忆力、反应时等。根据你获得的分数，程序会为你制订一个训练计划，以改善你的大脑功能。每天在7×24小时“大脑健身房”里花上10分钟，是释放女性脑力量的好方法。

卡蒂的大脑类型问卷显示出她很可能存在压力过大、焦虑及思维不够灵活的问题。她的大脑评估结果同样显示出存在焦虑和压力的迹象，这与卡蒂的大

① 亚蒙诊所脑系统问卷可通过扫描第Ⅷ页的二维码下载“湛庐阅读”APP，搜索“女性脑”获得。——编者注

脑扫描结果是一致的。程序为她提供了非常具体的训练法，可以帮助她平复焦虑感，纠正消极的思维模式。例如，其中包括一个我非常喜欢的游戏“抓住电子情感”。在这个训练中，带有积极字眼和消极字眼的气泡被射到空中，积极的词汇包括快乐、幸福、成功、放松等，消极的词汇包括绝望、愤怒、沮丧、悲伤等。练习者的任务是点击积极的词汇，忽视消极的词汇。这个游戏能够帮助人们将思维集中在更积极的方向上。评估程序还提供了另一个游戏“我的平静节拍”，它会教卡蒂控制呼吸以获得放松感和幸福感。

我知道“4 个圆”的方法、大脑评估及其他工具肯定能够帮助卡蒂的生活回归正轨。

了解重要的健康指标数据

优化大脑的另一个重要方法是知道与自己身体健康有关的指标。我常常说，你无法改变你不能测量的东西。以下是你需要了解的健康指标清单：

1. 体重指数；
2. 腰围与身高的比值；
3. 每晚平均睡眠时间，以及对你是否患有呼吸暂停综合征的评估；
4. 血压值。

体重指数。体重指数测量的是体重相对于身高的比值。正常的体重指数介于 18.5 和 24.9 之间。超重的体重指数为 25 ~ 30。肥胖的体重指数为 30 以上。你可以在网上轻而易举地找到体重指数的计算方法。

知道自己的体重指数很重要，因为超重或肥胖会使你的脑组织减少，肥胖与大脑活动性降低有关。肥胖者患阿尔茨海默病和抑郁症的可能性是体重正常者的两倍。导致这种结果的身体机制有若干种，其中一种是脂肪细胞会产生促炎性化学物质，使得有毒物质堆积在身体中。我希望你知道自己的体重指数，因为这样你就不能再自欺欺人了。

腰围与身高的比值。这是另一种衡量你的体重是否健康的指标。有些研究者认为这个数字比体重指数更准确。它的计算方法是用腰围除以身高。例如，一位女士的腰围是 81 厘米，身高是 177 厘米，那么用 81 除以 177，就得到了腰围与身高的比值为 45.7%。健康的腰围与身高的关系应该是腰围小于身高的一半。所以如果你的身高是 168 厘米，那么你的腰围就不能超过 84 厘米；如果你的身高是 182 厘米，那么你的腰围就不能超过 91 厘米。

腰围与身高的比值被认为是更准确的健康评估指标，因为堆积在腹部的脂肪是最危险的。腹部脂肪会导致腰围增大，腹部的脂肪新陈代谢活跃就会产生各种对身体有害的激素，进而引发糖尿病、高血压，甚至使人体胆固醇和甘油三脂的水平升高。

注意，你一定要用软尺实际测量你的腰围。裤子的尺码不能算数，因为很多制衣商为了哄顾客开心，他们生产的衣服的实际尺寸比标牌上的尺寸大。以我的经验来看，90% 的人会低估自己的腰围，所以不要骗自己。

每晚平均睡眠时间。造成大脑受损最快的方式之一，就是每晚睡眠时间不足 7 小时或 8 小时。只睡 6 小时或更少的人，大脑中的血流会减少，大脑功能会因此受损。沃尔特·里德陆军医疗中心（Walter Reed Army Institute of Research）和宾夕法尼亚大学的研究者发现，长期睡眠不足 8 小时与个体的认知能力衰退存在相关性。请每晚尽量保证 7 ~ 8 小时的睡眠时间。

> “长期失眠会让你因各种疾病而死亡的风险增加两倍。”

血压值。为了保持大脑健康，了解自己的血压值非常重要。高血压可能导致大脑整体功能下降，这意味着你会做出更多糟糕的决定。以下是你应该知道的一些重要数字。

- 理想的血压值：低于 120/80 毫米汞柱。
- 高血压前期：120/80 ~ 139/89 毫米汞柱。
- 高血压：140/90 毫米汞柱（或以上）。

自己定期测量血压，或者让医生定期为你测量血压。如果你的血压值偏高，一定要认真对待它。减肥、每天锻炼、服用鱼油补充剂有助于降低血压，如果有必要的话，还应服用药物。

卡蒂的体重正常，血压也很好，但她的睡眠不好。焦虑感使她无法入睡，缺乏睡眠让她变得更加焦虑。我们需要中止这种恶性循环。

进行重要的实验室检查

实验室检查结果也是你需要知道的重要健康指标数据之一。以下是你应该知道的重要检查项目：

1. 完整的血细胞计数；
2. 代谢功能全套检查，包括空腹血糖检查和血脂检查；
3. 糖化血红蛋白检查；
4. 维生素 D 水平检测；
5. 甲状腺检查；
6. C 反应蛋白检查；
7. 同型半胱氨酸水平检测；
8. 铁蛋白水平检测；
9. 检查血清中的游离睾酮和总睾酮水平；
10. 检查皮质醇和硫酸脱氢表雄酮水平；
11. 检查雌激素和孕激素水平。

1. 完整的血细胞计数。这项检查查看的是血液的健康情况，其中包括红细胞和白细胞计数。血细胞计数偏低的人会感到焦虑、疲劳，还会出现严重的记忆问题。

2. 代谢功能全套检查，包括空腹血糖检查和血脂检查。这项检查查看的是肝脏、肾脏的健康状况，还能了解你的空腹血糖、胆固醇和甘油三脂水平。空腹血糖检查尤其重要，其正常值为 70 ~ 90mg/dL[①]，前驱糖尿病患者的空腹血糖

① 血糖值的旧制单位是毫克/分升（mg/dL），新制单位是毫摩尔/升（mmol/L），1mg/dL ÷ 18=1mmol/L。——编者注

值为 91～125mg/dL，糖尿病患者的空腹血糖值为 126mg/dL 或更高。凯撒医疗集团（Kaiser Permanente）进行的一项大型研究显示，血糖水平超过 85mg/dL 后，每升高一个点，病人在未来 10 年中患上糖尿病的风险会增加 6%（87mg/dL= 风险增长 12%，88mg/dL= 风险增加 18%，等等）。血糖水平超过 90mg/dL 说明已经出现了血管损伤，病人的肾脏和眼睛很可能会因此受到伤害。

为什么空腹血糖水平偏高不好呢？高血糖会导致人体中的血管出现问题，包括大脑中的血管。一段时间后，血管会变脆，很容易破损。高血糖不仅会导致糖尿病，还会导致心脏病、中风、视觉损伤，伤口愈合变慢，皮肤变皱，甚至导致认知问题。糖尿病病人患阿尔茨海默病的可能性是普通人的两倍。

胆固醇和甘油三脂水平检查也很重要。大脑 60% 的固体质量源自脂肪。高胆固醇显然对大脑有害，但胆固醇水平过低同样是有害的，因为某些胆固醇对制造性激素，保持大脑功能正常极其重要。根据美国心脏学会（American Heart Association）公布的数据，最佳的胆固醇水平如下：

- 总胆固醇（135～200mg/dL，低于 135mg/dL 的胆固醇水平与抑郁症存在相关性）；
- 高密度脂蛋白（HDL）（≥ 60mg/dL）；
- 低密度脂蛋白（LDL）（<100 mg/dL）；
- 甘油三脂（<100 mg/dL）。

如果你体内的脂类水平不符合标准，那么一定要控制饮食，服用鱼油并定期锻炼。当然，你应该事先拜访医生。了解你体内低密度脂蛋白的颗粒大小也很重要，大颗粒比小颗粒的危害性要小。

3. 糖化血红蛋白检查。这项血液检查能够显示过去两到三个月中你身体的平均血糖水平，它被用于诊断糖尿病和前驱糖尿病。正常水平为 4%～5.6%。如果检查结果达到 5.7%～6.4%，则说明病人可能患有前驱糖尿病。更高的水平则表示病人患有糖尿病。

4. 维生素 D 水平检测。维生素 D 水平偏低与肥胖、抑郁、认知损伤、心脏病、免疫力下降、癌症、精神疾病以及各种原因引起的死亡存在着相关性。检查你的维生素 D 水平，如果偏低，那么尽量多晒太阳，也可以服用维生素 D 补充剂。人体健康的维生素 D 水平为 30 ~ 100ng/dL[①]。最佳水平为 50 ~ 100ng/dL。我不想让我任何类别的身体指标数据处于最低水平。美国有 2/3 的人口存在维生素 D 水平偏低的状况，这也是美国超重者或肥胖者占总人口的比例。一项研究发现，当人体的维生素 D 水平偏低时，瘦素就会失效，瘦素是告诉我们应该停止进食的激素。这些年来，之所以维生素 D 缺乏的人数大幅度增加，原因可能有：人们使用了更多的防晒霜，更多地从事室内工作，在电脑和电视机前消磨的时间更长了。

5. 甲状腺检查。不正常的甲状腺激素水平是导致焦虑、抑郁、健忘、混乱和嗜睡的常见原因。甲状腺功能低下会降低大脑的活动性，从而损害你的思考能力、判断力和自控力，让你很难拥有良好的感觉。如果甲状腺功能低下，那么有效地管理体重几乎是不可能的事情。要了解自己的甲状腺功能，你需要知道以下重要数字：

- 促甲状腺激素；
- 游离 T3 指数；
- 游离 T4 指数；
- 甲状腺抗体（甲状腺过氧化物酶和甲状腺球蛋白抗体）。

没有一种完美的方法，也没有一种症状或一项检查能够准确地诊断出甲状腺功能低下。关键在于查看你的症状和血液检查结果，然后才能做出决定。甲状腺功能低下的症状包括疲劳、抑郁、脑雾[②]、皮肤干燥、掉头发，眉毛靠外侧的三分之一尤其容易脱落，容易觉得冷，便秘，声音嘶哑，体重增加。除非促甲状腺激素水平偏高，否则大多数医生不会检查你的甲状腺抗体。这真是大错特错。很多人存在甲状腺自身免疫的问题，在这种情况下，他们的甲状腺功能

① 常见的分子生物学质量计量单位有毫克（mg）、微克（μg）、纳克（ng）、皮克（pg），采用千进制；体积计量单位有升（L）、厘升（cL）、毫升（mL），采用十进制。——编者注

② 脑雾：一般指大脑难以形成清晰思维和记忆的现象。——编者注

很糟糕，但促甲状腺激素水平是“正常的”。所以我认为测量甲状腺抗体也应该是常规筛查的一部分。

6. C 反应蛋白检查。这是测量炎症的一项检查。有若干疾病与身体发炎存在关系，这些疾病会导致情绪问题、衰老和大脑认知功能受损。脂肪细胞产生的化学物质会加重炎症。健康的身体炎症水平为 0.0 ~ 0.1mg/dL。检查 C 反应蛋白是及时发现炎症的好方法，它能够测量出人体整体的炎症水平，尽管它不能告诉你是什么导致了这种情况。

引起 C 反应蛋白水平增加的最常见原因是代谢综合征或胰岛素抵抗综合征；次要原因是人体对食物的某种反应，可能是对食物过敏，也可能是一种自身免疫反应，比如谷蛋白就会引起人体的自身免疫反应。高水平的 C 反应蛋白可能还说明身体存在着隐藏的感染。在第 5 章中你将了解到有关如何察觉并克服食物反应的更多内容。

7. 同型半胱氨酸水平检测。血液中的同型半胱氨酸水平升高（>10mmol/L）与动脉内壁受损、动脉粥样硬化有关，这会增加心脏病发作、中风、血栓形成及患阿尔茨海默病的风险。同型半胱氨酸的水平能够灵敏地反应出人体缺乏 B 族维生素，尤其是叶酸缺乏的情况。补充这些维生素往往有助于让同型半胱氨酸恢复到正常水平。

8. 铁蛋白水平检测。这是测量体内铁元素水平的检查项目。炎症和胰岛素抵抗会使铁蛋白增加。对于女性来说，理想的数值是 15 ~ 200ng/mL。女性身体中的铁元素会比男性的少，因为月经会导致血液流失，而血细胞中含有铁元素。有些理论认为，这就是女性的寿命比男性长的原因之一。

不过你肯定不希望自己身体中铁蛋白的水平太低，因为这会造成贫血、不宁腿综合征、注意力缺陷障碍、缺乏动机和活力。铁元素含量偏高与血管硬化、血管疾病存在着相关性。有些研究发现，献血能够降低人体偏高的铁蛋白水平，从而提高血管的弹性，有助于减少患心脏病的风险。另外，献血也是一种利他行为，这对你的身心都有好处。

9. 检查血清中的游离睾酮和总睾酮水平。无论对于男性还是女性来说，睾酮水平较低都与活力差、心血管疾病、肥胖、性欲低、抑郁和阿尔茨海默病存在一定的关系。成年女性的正常水平如下：

- 女性的总睾酮水平为 30～95ng/dL；
- 女性的游离睾酮水平为 0.4～1.9 ng/dL。

10. 检查皮质醇和硫酸脱氢表雄酮水平。这些肾上腺激素与压力有关，脱氢表雄酮是其他激素的前体。我们会测量病人唾液中的皮质醇水平（最佳水平为 11～14 μg/dL）和硫酸脱氢表雄酮水平。大多数实验室检查的皮质醇水平正常值为 5～25 μg/dL，但你在这里争取的不该只是正常值，而是最佳水平。如果你想对自己的皮质醇水平有更多的了解，你可以每天测量 4 次自己唾液中的皮质醇（早晨、中午、晚餐时间和睡觉前）。

11. 检查雌激素和孕激素水平。根据不同的情况，我们可以测量血液或唾液中的雌激素和孕激素。在围绝经期，这种检查往往在月经周期的第 21 天进行；绝经后，什么时候进行检查都可以。雌激素负责阴道润滑，有助于提升性欲，对记忆力也有帮助。孕激素能够平复情绪，让睡眠更安稳，还具有利尿作用。在下一章中我们将更多地探讨这些激素。

如果你的各项检查结果中有一项没有达到最佳水平，那么请遵循本书的建议，也可以向医生寻求具体的解决方法。

了解 12 个可以改变的风险因素

以下介绍的 12 个最重要的风险因素中，你占了几个？知道了自己的风险因素后，接下来你要尽量降低它们的危险性。以下是哈佛大学公共卫生学院编辑的风险因素清单，可以将你已有的因素圈出来。

1. 抽烟
2. 高血压
3. 超重或肥胖
4. 不爱运动
5. 空腹血糖偏高
6. 低密度脂蛋白偏高

7. 酗酒
8. Ω-3 脂肪酸水平较低
9. 饱和脂肪的摄入较多
10. 多元不饱和脂肪酸的摄入较少
11. 摄取的盐较多
12. 水果、蔬菜吃得较少

卡蒂的检查结果显示，她的饮食习惯和生活方式是造成她目前大脑问题的主要原因。尽管她的体重在正常范围内，但她通常无法保证每天 8 小时的睡眠。她体内的维生素 D 水平偏低，也很少吃水果、蔬菜。由于经常吃快餐，因此她的盐和饱和脂肪的摄入量偏高，几乎没有摄入 Ω-3 脂肪酸。另外，她几乎不参加任何运动。

我知道，改善卡蒂的饮食习惯和睡眠情况能够缓解她的焦虑，改善她的情绪。改变这些生物学上的因素对改善卡蒂的大脑，释放出她大脑的力量很有帮助。

有针对性地强化

一旦你完成了“4 个圆”，分析了大脑系统的健康状况，知道了自己的重要健康指标数据，并做了必要的身体检查，那么你就为变得更健康做好了准备。你可以由此制订一个有针对性的个人健康计划，改善自己的生理健康、心理健康、社会关系及精神追求。当你透过大脑成像的透镜来审视大家的时候，就会意识到用一种治疗方法来治疗所有人是多么不合理。医生应该根据具体的身体和大脑情况定制治疗方案，使之具有个体针对性。

亚蒙诊所整合性的治疗方法对卡蒂特别有帮助。基于卡蒂的大脑扫描图、评估、问卷，以及重要健康指标数据和实验室检查结果，我们为她设计了个性化的“4 个圆”。

生理健康。我们专注于改善卡蒂的睡眠、饮食和锻炼习惯。卡蒂同意少喝酒，少喝含咖啡因的碳酸饮料，不再吃垃圾食品，只吃有利于大脑健康的食物，只喝过滤后的水和不含咖啡因的绿茶。对于改善大脑功能来说，这些都是绝佳的做法。

我们还发现卡蒂对两种食物特别敏感，一种是奶制品，另一种是谷蛋白（存在于小麦和其他谷物中）。因此，她要戒掉乳制品、小麦、大麦、意大利面、面包以及其他谷物制品。正如你将在第 5 章中看到的，肠道其实是第二个大脑，肠道制造的神经递质比大脑还多。神经递质是调节情绪和精力的重要生物化学物质。

接受治疗两周后，卡蒂说这么多年来从未这么放松过，她的肠道问题也在逐渐好转。她变得更加专注、更加机敏了。

我们还想修复卡蒂的大脑损伤。第一步是帮助卡蒂形成大脑妒羡。一旦将自己的大脑与健康的大脑成像图进行比较后，卡蒂就会像其他许多人一样，希望尽可能地照顾好自己的大脑。她准备遵守我们提出的有利于大脑健康的各种原则了。这些原则归纳起来就是：避免任何可能伤害大脑的事物（不健康的食物、睡眠不足、长期压力），并坚持做对大脑有益的事情（饮食健康、良好的睡眠、纠正消极思维模式）。

我还给卡蒂开了一些膳食补充剂。我相信每个人都需要服用维生素（因为大多数人每天吃不到 5 份蔬菜和水果）和大约 2 000 毫克鱼油补充剂。卡蒂的检查结果显示她的维生素 D 水平偏低（大多数人也是这样），因此我建议她服用维生素 D 补充剂。我还建议卡蒂服用益生菌，它能够补充健康的肠道细菌，帮助消化。我给卡蒂开了一种特殊的补充剂，它有助于维持健康的 5- 羟色胺水平，减轻她的忧虑。我还给她开了另一种对大脑整体功能有帮助的补充剂。

心理健康。卡蒂在测量压力和焦虑的问卷上得分很高，而且她的思维非常不灵活。因此很重要的一件事情是教会她亚蒙诊所的疗法，帮助她赶走不断自动出现在她脑海里的消极想法。在第 6 章中我们会教你如何赶走自动的消极想法。

我还想让卡蒂进行冥想，听一听催眠音乐。自我催眠和冥想对缓解焦虑非常有帮助。卡蒂发现，运用这些有利于大脑健康的工具能够让她变得更平静，让她立即专注起来。当感到焦虑时，卡蒂学会了用 10 个又慢又深的呼吸来安抚自己。

最后，我和卡蒂谈到了如何做出良好的决策。人们常常问我："我应该做什么来改善我的大脑？"从今天起，你就要开始做出更好的决策了。怎样才能做到呢？请在脑子里牢牢记住一个简单的问题："然后会怎样？"

"我今晚想熬夜回复邮件。然后会怎样？""如果我那样做了，第二天我会很疲惫、很暴躁，不能好好地享受我精心准备的家庭聚餐。不行，我得好好地睡一觉。"

"我想从自助餐台上拿块巧克力蛋糕吃。然后会怎样？""此后的 20 分钟里，我会感到内疚、羞耻，觉得自己很愚蠢。我不想那样！我想我还是拿个苹果就走开吧，以免受到诱惑。"无论走到哪里，请始终在所有想法后加上这个简单的问题："然后会怎样？"

社会关系。像许多压力很大、很焦虑的人一样，卡蒂在遇到麻烦的时候，倾向于将自己隔绝起来。我鼓励她在感到心烦意乱的时候，找自己信任的人聊一聊，散散步。卡蒂的父母、男朋友和女性朋友都成了她的社会支持群体。

精神追求。在前面介绍精神追求时，我列出了一些让你自问的问题。我鼓励卡蒂认真地想一想这些问题，问一问自己：我的人生意义是什么？为什么我在意的事情对我来说很重要？在之前写的书里我提到过"一页纸的奇迹"练习，你可以借此思考你对人际关系、工作、金钱的在意程度，以及你自己真正的希冀是什么。卡蒂完成了"一页纸的奇迹"练习后，开始了一些思考。她开始思考自己的人生有什么意义，她希望自己的人生有什么样的意义。她开始每天回顾"一页纸的奇迹"，这样她便能将注意力集中在真正重要的事情上。

精神追求的本质是：知道你想要什么，然后能够始终如一地努力获得它。例如，我会问自己："如果我希望和妻子相濡以沫，那么我为此应该做些什么？"卡蒂会问自己："如果我想进入法学院，那么我为此应该做些什么？"

这个问题让卡蒂意识到，进入法学院的关键是通过法学院入学考试，而对她来说，通过考试的关键是保持健康。现在她对提升大脑变得更积极了。

养成有益大脑健康的习惯

培养有益大脑健康的习惯是提升大脑，释放大脑力量的关键之一。你必须认真对待你的习惯，让习惯为你服务，而不是对你造成伤害。通过这么多年的实践，我逐渐形成了一个提升大脑的非常简单的方法。它只需要采取 3 个策略。

1. 培养大脑妒羡。你必须真的非常想拥有一个更好的大脑。
2. 避免任何有可能伤害到大脑的事情。其中包括药品、酒精、环境毒素、肥胖、高血压、糖尿病、心脏病、呼吸暂停综合征、抑郁症、消极思维模式、过度的压力、缺乏锻炼、不学习新东西。
3. 始终坚持做对大脑有帮助的事情。饮食健康、学习新事物、锻炼、形成积极的思维模式、管理压力、服用一些简单的补充剂补充大脑所需的营养。

为了让大脑达到最佳状态，很重要的一点是要兼顾各个方面。用整合的方法来提升大脑，一定会让你感觉很棒、看起来很棒，并达到自己理想的体重。

第 3 个小时的练习——评估自己

1. 你可以将图 3-2 中“4 个圆”的方法复制一份，在每一个圆里标记出适用于你的项目，查看自己的优势和薄弱的部分。

2. 进行亚蒙大脑健康测试，测试你的大脑可能需要哪种帮助，什么补充剂对你会有益。

3. 接受 7 × 24 小时“大脑健身房”的健康评估，你可以制订一套个性化的练习，以有趣的游戏形式来帮助你的大脑达到最佳状态。

4. 了解你的重要健康指标数据，把它们写在你能看到的地方，努力改善它们。如果你的数据不全，那么让医生对你做本章讲的那些实验室检查项目。你应该去成立一个自己的健康团队，并领导它。

Unleash the Power of the Female Brain

平衡激素，改善大脑

平衡性激素、甲状腺激素、皮质醇、脱氢表雄酮和胰岛素

释放女性脑力量的**第 4 步：让重要的激素达到最佳水平**

我知道自己有问题。如果有人在高速路上惹毛了我，我会幻想把他撞飞。谢天谢地，我不住在洛杉矶或纽约，否则我可能早死掉了。

——一位经前期综合征患者

以下是女性病人常常对我诉说的抱怨，这些问题都与激素不平衡有关。为了释放女性脑的力量，了解如何检测、平衡和优化你的激素水平非常重要。

> “我就是觉得不对劲儿。”
> “我脑袋昏昏沉沉的。”
> “我的记忆力大不如以前。”
> “我全身都疼。”
> “我睡不着觉。”
> “我没有性欲。”
> “我会毫无原因地对女儿大吼大叫，我恨自己。”
> “我觉得自己渐渐变得不像自己了。”
> “我比以前更容易感到饥饿。”

当然，激素不平衡的问题不只会影响女性，看一看那些青春期的男孩子你就知道了。科学家目前正在探讨中年男性的改变，即男性更年期。不过，因为我有 5 个姐妹、3 个女儿和 1 个处在青春期的外孙女，所以我知道男性的激素波动完全不能和女性相比。对许多男性来说，睾酮在 18 岁左右达到最高水平，然后随着年龄的增长会经历一个漫长而稳定的下滑过程。而对于女性来说，激素的改变就像过山车，一会儿升到最高，一会儿跌入谷底，时而来个急转弯，时而骤然停止。

女性进入青春期时往往会让周围的人大吃一惊，每个女人或许都会记得自己的初潮。激素周期让女性每个月都来月经，并持续很多年。激素周期会影响女性的感情、思维模式，让她们长出青春痘。接下来在怀孕、分娩和产后，女性的激素都会发生海啸般的变化。最后，经历多年的激素周期后，你将面临围绝经期和更年期的终极风暴，有些激素过多，有些激素又不够，一切都“乱套”了。

那么你可以做些什么呢？

事实证明你有很多事情可以做。最新的研究和临床实践针对这些问题，为女性提供了可行的解决方案，使她们能够重新掌控自己的激素和生活。

激素让大脑动起来

人类的身体是不可思议的器官混合物。当所有的器官协同工作时，你的身体就像是一个非常默契的管弦乐队。你的大脑、卵巢、肾上腺、胰腺和甲状腺都会在恰当的时间做该做的事情。你的大脑该活跃的时候活跃，该平静的时候平静。器官们共同演奏出甜美、流畅的音符，你的幸福感反映出了这种内在的和谐。你感到快乐，充满活力。你睡得香，消化功能良好，能够控制压力。演奏中没有刺耳的音符。瞧，生活是那么美好。

为了保持这种和谐，管弦乐队中的各个部分需要相互沟通，这样它们才知道何时应该演奏得响亮些，何时应该轻柔些，何时应该停止。这就是激素的作用。激素是特定器官产生的化学信使，它们随着血液流动，让细胞和其他器官知道正在发生的事情，这样每个部分便可以根据线索发挥作用了。

激素是一个非常敏感的系统，许多体内和体外的因素都会对它造成影响。当激素不平衡时，问题就“冒头”了。有可能甲状腺产生的激素太多，也有可能太少。于是，所有的事情都陷入混乱。女性比男性更容易出现这类问题。

值得庆幸的是，我们对激素以及如何让激素恢复平衡的了解正在增加。你可以运用很多工具来应对激素的挑战，让自己重新获得控制权。

当然，我们必须从问题开始着手。因此，先让我们看看当事情出现偏差时，大脑发生了什么。

女性的激素不平衡会导致两类主要问题：令人不适的症状会改变你的思想、行为和感受，影响你的生活质量；另外，它会增加你患病的风险，比如容易患上抑郁症、阿尔茨海默病、心脏病、骨硬化病、糖尿病及某些癌症。

你对以下情况是否有似曾相识感？

1. 你的体重在增加，但你不知道为什么会增加。你猜想可能是因为你每晚都吃一袋薯条，喝几杯小酒。然而，你不知道自己为什么这么想吃、想喝，为什么无法抑制自己的欲望。
2. 你感到抑郁、焦虑，或毫无缘由地发脾气。你很容易因此而抱怨孩子不懂礼貌、老公不负责任、婆婆实在烦人。但他们真的是诱因吗？为什么在每个月特定的时间里他们会变得如此令人讨厌？
3. 你在半夜时分醒来，脑袋里充满了担忧，消极的想法像潮水一般，不断地涌向你。老公却在旁边睡得酣畅淋漓，还时不时发出鼾声。为什么他不像你那样对坏掉的热水器耿耿于怀呢？

激素与大脑之间会产生强烈的相互影响。大脑产生的信号会触发激素的分泌，而身体其他部位产生的激素也会影响大脑。例如，当甲状腺的活动性偏低时，大脑的活动性通常也会降低。这就是为什么甲状腺功能低下常常伴随着抑郁、烦躁和稀里糊涂。激素平衡对大脑健康非常重要。

身体中影响大脑的激素有几百种。为了具有针对性，我将告诉你如何优化 7 种最重要的激素。

- 雌激素
- 睾酮
- 皮质醇
- 胰岛素
- 孕酮
- 甲状腺激素
- 脱氢表雄酮

平衡雌激素、孕酮和睾酮

当你体内缺乏孕酮，激素不平衡时，可以说你是失去了大脑中“做决策”的部分。这种感觉就像在眼睁睁看着自己愤怒而沮丧地处理事情，就好像自己变成了另外一个人。

——塔米·梅拉利亚（Tami Meraglia）
整合医学医生

“雌激素有助于你保持思维清晰，孕酮能帮助你放松。”

推动你月经周期的两种重要激素是雌激素和孕酮。它们不仅具有生殖作用，还对你的很多身体部位都有影响，这些身体部位包括骨骼、心脑血管系统、生殖系统和大脑。并非只有女性的身体中才有这些激素，男性体内也存在雌激素和孕酮，只是数量比较少，除非他们变得肥胖或患上了其他导致雌激素分泌过多的疾病。

女性的月经周期体现了雌激素和孕酮水平自然的起起落落过程。如果一切运转良好，那么在 28 天的月经周期里，雌激素水平会起落两次，而孕酮的水平会起落一次。图 4-1 显示了雌二醇和孕酮的周期，雌二醇是一种重要的雌激素形式。下面我们会更多地探讨各种不同形式的雌激素。

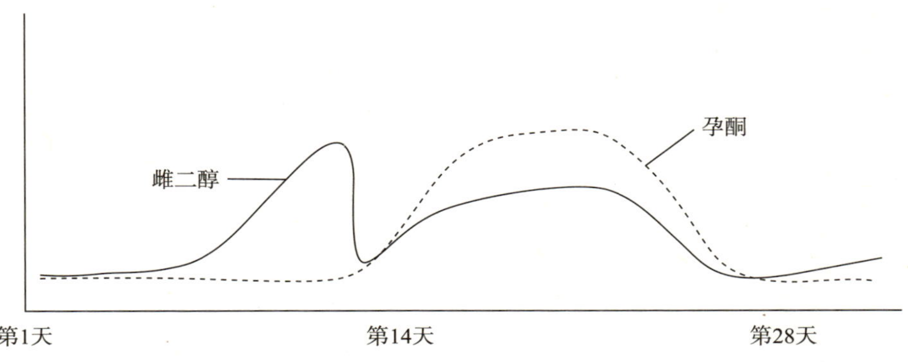

图 4-1 女性月经周期内的雌激素变化图

雌激素

健康的雌激素水平会让你感觉良好；过多的雌激素会让你感到焦虑、烦躁，就像一只湿淋淋的小猫。雌激素不足会让你感到抑郁和颠三倒四。雌激素水平的升降对你的情绪具有显著影响。雌激素水平的波动越不规则，你就会变得越心烦意乱。这些问题在围绝经期和更年期会更加严重，你体内的雌激素水平将逐渐降低。

雌激素有 3 种不同的形式：雌激素酮、雌二醇和雌三醇。按照《新陈代谢的密码》(*Metabolic Code*) 一书的作者詹姆斯·拉瓦勒 (James LaValle) 的观点，雌激素酮是一种应该让你担心的雌激素，它会让你更容易患癌症。

肝脏、肠道和肾上腺的健康状况决定了身体会产生什么类型的激素。你把身体照顾得好不好决定了身体会产生健康的还是不健康的雌激素。所以保持健康对所有的身体部位都非常重要，尤其是你的大脑。随着女性年龄的增长，她们的雌二醇和雌三醇水平会逐渐降低，雌激素酮的水平会升高。

雌激素酮是女性绝经后产生的一种主要的雌激素，意味着这时女性患乳腺癌和子宫癌的风险会增加。在绝经前，女性的身体会分泌三种雌激素和孕酮。大部分雌激素酮是在肝脏、肾上腺和脂肪组织中产生的。绝经后，雌二醇、雌三醇和孕酮的水平会大幅下降，女性便失去了这些激素的保护作用。难怪大多数乳腺癌发生在绝经后女性的身上。肥胖女性的患癌风险更高。喝酒也会使雌激素酮增加，所以喝酒也与乳腺癌的发生存在关联。食用过量的糖、抗酸剂甲氰咪胍 (商标名为泰胃美)、避孕药，甲状腺功能减退，抽烟和过多接触杀虫剂，都会增加雌激素酮的分泌。

雌二醇是最强有力的一种雌激素，它有助于你保持清晰的思维。雌二醇由卵巢分泌，具有很多保护作用，比如：保持骨密度，改善生长激素的分泌，改善心血管功能，避免血液黏稠，有助于保持正常的认知功能与稳定的情绪，有助于生长激素的释放，改善血脂状况。过量的雌二醇可能导致与雌激素相关的癌症，但雌二醇不足会导致骨质疏松症、心脏病、阿尔茨海默病以及其他老年疾病。雌二醇让你看起来显年轻，让你觉得自己既年轻又充满活力。它可以保护皮肤、延缓衰老，甚至有助于保持身材苗条。耶鲁大学的研究者发现，雌二醇能够抑制食欲，它在大脑中的作用路径与瘦素相同，而瘦素是调节食欲的激素之一。在围绝经期和更年期，雌二醇开始减少，所以更年期的女性觉得很难控制体重，因为她们总会感到饥饿。

雌三醇是这三种雌激素中对人体影响力最小的激素。它对乳房组织具有保护作用。据说，它对引导组织也有保护作用。雌三醇有助于减少女性潮红，保护尿路，在保持骨密度上也具有一定的作用。它还有助于增加人体中有益的高密度脂蛋白，减少有害的低密度脂蛋白。一项引人注目的研究发现，服用雌三醇补充剂能够逆转患有多发性硬化症的女性的大脑损伤。

雌激素对于让女性脑中的 5- 羟色胺发挥最佳作用尤其有帮助。5- 羟色胺是大脑中令人感觉良好的激素之一。如果没有雌激素，你的情绪就会变得焦虑和抑郁。认知功能，比如批判性思维和短时记忆能力，也会随着雌激素的减少而出现衰退。

雌激素偏低的症状

Unleash the
Power of the Female Brain

- 体重增加
- 情绪改变 / 抑郁
- 性欲低
- 骨硬化症
- 头脑不清醒
- 疲劳
- 潮红
- 尿失禁和尿路感染
- 失眠
- 心悸
- 性交痛
- 烦躁易怒
- 爱哭
- 疼痛

雌激素过多的症状

Unleash the
Power of the Female Brain

- 虚胖
- 乳房纤维囊肿
- 嗜爱碳水化合物
- 月经过多
- 性欲低
- 臀部脂肪堆积

- 情绪波动 / 很容易情绪激动
- 乳房敏感
- 头痛或偏头痛
- 阴道酵母菌感染或口腔念珠菌感染（鹅口疮）

对于健康的年轻女性来说，其体内雌激素的平均比例如下：60% ~ 80% 的雌三醇，10% ~ 20% 的雌二醇，10% ~ 20% 的雌激素酮。每个人的雌激素比例都会有所不同。生物同质性激素替代疗法（BHRT）的目的就是结合其他激素，让患者重新达到自然的雌激素平衡状态（下文会进一步探讨这种疗法）。

雌激素会转化为几种代谢物，例如雌激素酮会转化为 3 种形式：

1. 2- 羟雌甾酮，可以保护女性不患癌症；
2. 4- 羟雌甾酮，具有促癌作用；
3. 16-α- 羟雌甾酮，具有促癌作用。

2-羟雌甾酮被认为是好的雌激素代谢物，而 4-羟雌甾酮和 16-α-羟雌甾酮都与某种类型的癌症，比如与乳腺癌和卵巢癌有关。这些“坏的雌激素”还与子宫纤维瘤、卵巢囊肿和乳房纤维囊肿存在一定的关系。

雌激素主要在肝脏和胃肠道中被分解。高糖、低纤维的饮食会促进肠道内有害细菌的生长，这些细菌会干扰雌激素的新陈代谢。它们的一个副作用就是导致雌激素的代谢物无法被排出，长期堆积在你的身体里，导致身体出问题。

2-羟雌甾酮（好雌激素）和 16-α-羟雌甾酮（坏雌激素）之间的关系可以用 2 : 16 的比率来表示。这个比率越高越好。关于 2-羟雌甾酮可接受的最低数值为 2，理想的数值是大于 4。这一比率较低的女性患乳腺癌、卵巢癌的风险较大。你可以在家通过检查尿液代谢物来了解自己的比率。

改变饮食能够改善激素水平

一些食物能够让雌激素更多地转化为好的代谢物，而不是坏的代谢物。这些食物包括不可溶解的膳食纤维，比如青豆、豌豆、胡萝卜、种子和巴西坚果中含有的木质素。膳食纤维，尤其是木质素之所以非常有益，是因为它们可以在消化道内与有害的雌激素结合，这样有害的雌激素便会通过粪便被排出体外，而不是被人体吸收。膳食纤维还能改善肠道菌群，让有害的雌激素排出体外。它还能减缓睾酮向雌激素的转化，维持健康的雌激素水平。

糖和简单的碳水化合物会使胃肠道内产生有害的菌群，破坏雌激素的新陈代谢。这些食物会引起血糖和胰岛素水平升高，对性激素的平衡造成不利影响。太多的简单碳水化合物摄入，与绝经后肥胖的女性和腰围偏大的女性患乳腺癌的风险较高相关。

只要有可能，请尽量避免食用含有较多激素或抗生素的肉类来获取蛋白质。欧洲之所以拒绝进口美国含有激素的牛肉，是因为这会导致健康风险。要吃不含激素、不含抗生素的有机牛肉和鸡肉，这些肉类中含有更丰富的 Ω-3 脂肪酸，因此能减少炎症，有助于激素受体发挥正常的功能。同样，你应该吃有机蔬菜、有机水果、有机坚果、有机种子、有机豆类和有机谷物。

我们已经知道，杀虫剂会导致人体激素不平衡，有些杀虫剂的作用就像“内分泌干扰物”，会干扰身体的激素系统，导致一系列健康问题。虽然 1999 年美国环境保护局（Environmental Protection Agency）开始重视这个问题了，但时至今日市场上仍没有出现改变。了解这个重要的问题，对女性会很有帮助（我会在下文对此进行更多的探讨）。

改变生活方式能够改善激素水平

你的生活方式可能会使你暴露在环境雌激素中，由此干扰了身体自然的平衡或干扰了治疗。以下是拉瓦勒博士的一些建议。

1. 减少用塑料容器喝水的频率，即使用塑料容器喝水，也只用不含 BPA 的塑料容器。
2. 用微波炉加热食物的时候，不要用塑料容器或有塑料盖的容器装食物。
3. 避免用含有雌激素，尤其是含有邻苯二甲酸酯的个人护理用品，比如面霜、化妆品、洗发水、卫生棉条和洗漱用品。邻苯二甲酸酯是一种人工合成物质，存在于许多塑料用品中，具有雌激素的性质。在欧洲，邻苯二甲酸酯是被禁止使用的有毒物质。

膳食补充剂能够改善激素水平

二吲哚甲烷（DIM）。十字花科植物，比如西兰花和菜花中就含有这种植物化学物质。它可以改变激素的新陈代谢能力，使之有利于好的激素代谢物。只需服用 4 周二吲哚甲烷，随尿液排出的坏的雌激素就会显著增加。二吲哚甲烷的常用剂量是每天 75 ~ 300 毫克。

Ω-3 脂肪酸（鱼油）。Ω-3 脂肪酸中含有二十碳五烯酸（以下简称 EPA）。实验室的研究显示，EPA 有助于控制雌激素的新陈代谢，减少女性患乳腺癌的风险。草饲有机牛肉中含有这种脂肪酸。推荐用量为每天 2 000 毫克。

葡萄糖二酸钙，比如 Calcium 钙片。水果和蔬菜，比如苹果、球芽甘蓝、西兰花和卷心菜中含有这种天然的化合物。葡萄糖二酸钙能够抑制人体内的酵素，而酵素是诱发乳腺癌、前列腺癌和结肠癌的因素之一。排毒保健钙还能减少消化道对雌激素的再吸收。建议服用剂量为每天 500 ~ 1 500 毫克。

益生菌。益生菌有助于保持肠道中健康的菌群，有助于保持健康的雌激素水平。请一定要保证你服用的益生菌中含有活菌。建议每天服用 100 亿 ~ 600 亿个国际单位。

植物雌激素。这些植物性的化合物具有类似雌激素的作用，有助于治疗各种疾病，比如更年期综合征、经前期综合征和子宫内膜异位。大豆、野葛、红三叶草和石榴中都含有植物雌激素。白藜芦醇是一种生物类黄酮抗氧化剂，葡萄和红酒中含有这种物质。实验室的研究发现，白藜芦醇能抑制乳腺癌细胞的生长。

黑升麻。从几个世纪前开始，美洲原住民就已经使用这种草药来平衡女性体内的激素了。在过去 30 年里，欧洲的医生广泛使用黑升麻来帮助女性度过更年期。在对人类进行的研究中，研究者发现黑升麻能够减少更年期潮热。传统的雌激素治疗有引发乳腺癌的风险，而研究显示，黑升麻能够抑制癌细胞。大多数研究使用的剂量为一次服用 20 ~ 80 毫克，每天两次，黑升麻便能为人体提供 4 ~ 8 毫克三萜烯皂苷类化合物。需要坚持服用 6 个月。

褪黑素。它是由松果体产生的激素，除了其他功能之外，褪黑素还能改善睡眠。随着年龄的增长，人体分泌的褪黑素会减少，由此导致更年期时的睡眠障碍。实验室的研究显示，褪黑素能够抑制乳腺癌细胞的生长。在大脑和其他组织中，比如在肠道内，褪黑素具有抗炎和抗氧化的作用。研究发现，较低的褪黑素水平会导致女性患乳腺癌的风险升高。如果你存在睡眠问题，那么可以考虑睡前服用 3 ~ 6 毫克褪黑素。它会提升你的免疫力，对你的睡眠也很有帮助。

《神经科学杂志》报道过一项研究，研究测试了女性在月经周期中不同时间（月经周期中雌二醇第一次处于最低水平时和接下来雌二醇水平达到最高水平时）对疼痛的敏感性。研究者让被试女性接受程度可以控制的疼痛，然后对自己的疼痛感进行评级。当体内雌二醇水平最低时，女性的痛感比雌二醇水平最高时强烈得多。这说明当雌激素水平较低时，比如在更年期、经前期或月经期时，女性的痛感会更强烈，情绪上的痛苦也会更明显。聪明的男人在这些时候应当特别敏感和体贴。

孕酮

> 孕酮能够有助于支持 γ- 氨基丁酸（大脑中具有镇静作用的激素）水平和髓鞘的功能，它不仅仅是一种性激素。

另一种在月经周期中发挥重要作用的激素是孕酮。它可以让子宫为受精卵的着床做好准备，并对怀孕具有支持作用。如果没有发生着床，孕酮的水平会下降，又一个月经周期就此开始。

孕酮受体主要集中在大脑中。孕酮能够维持 γ- 氨基丁酸的水平，γ- 氨基丁酸是大脑的放松神经递质，具有保护神经细胞的作用。孕酮对包裹着神经元的髓鞘也具有支持作用。我喜欢把孕酮看成“让感觉良好的激素”。它让你感到平静安详，有利于促进睡眠。孕酮就像天然的镇静剂，不过比镇静剂更好，因为它不会让你头脑糊涂，而是让你的思维更敏锐。它还具有消炎和抗损伤的作用，因此有助于修复大脑损伤。孕酮不仅仅是一种性激素。

在女性怀孕期间，孕酮会增加。所以，许多孕期的女性感觉非常棒。事实上，有一些存在激素问题的女性因为在孕期感觉非常好，所以会故意一次又一次怀孕。除了怀孕期间，女性体内的孕酮很少会保持较高的水平。不过，补充太多的黄体酮会导致抑郁，就像在怀孕最初几周女性常常会有的那种感觉，早晨起来恶心想吐，总觉得困乏，后背有钝痛感。

在月经周期的前两周，女性的孕酮水平比较低。在后面一半的月经周期中，孕酮的水平就像波浪状起伏的山丘，它和雌激素水平一起升高，然后降低。孕酮水平的降低意味着女性失去了令人感觉良好的激素。焦虑和烦躁取代了平静，睡眠受到破坏，头脑变得有点糊涂。就在月经开始前，女性的孕酮和雌激素的水平都已经下降了很多。对有些女性来说，这时候的状况最糟糕，因为她们失去了激素的支持作用。

孕酮水平低下的常见症状

Unleash the Power of the Female Brain

- 焦虑 / 抑郁
- 乳房纤维囊肿
- 经前期头痛
- 骨质疏松
- 睡眠问题
- 经前期综合征
- 产后抑郁症

对于 40 岁左右的女性来说，其体内的孕酮水平会出现巨大波动。这使她们变得既焦虑又暴躁易怒。在有经验的医疗人员的指导下使用黄体酮乳膏对这些女性会很有帮助。

甲状腺激素水平偏低，服用抗抑郁剂，长期处于压力之下，缺乏维生素 A、维生素 B_6、维生素 C 或锌元素，摄入过多精制糖，这些都会使女性孕酮的分泌减少。研究发现，圣洁莓有助于女性保持健康的孕酮水平。服用圣洁莓还能减轻经前期综合征和子宫内膜异位的症状。建议每天服用剂量为 20 ~ 40 毫克。

激素与经前期综合征

女性确实存在经前期综合征。由于我身边的女性很多，所以我对经前期综合征有着切身的感受。我的妹妹或女儿可能这周会觉得我像超人一样无所不能，下周就会朝我扔袜子。不过看到经前期综合征体现在大脑扫描中依然让我感到很兴奋。经前期综合征不仅是激素问题，它还是一种大脑功能失调的表现，从杰西和其他许多女性的大脑扫描图像中，我看到了经前期综合征。

杰西

我第一次见到杰西时，她刚刚和丈夫分居。在一次争吵中，杰西向丈夫挥舞刀子，不让他睡觉。那天晚上丈夫便离开了她。事实证明，杰西的脾气长期有问题，这与她的月经周期是一致的。通常在月经开始前的一周，她会变得情绪化、焦虑、具有攻击性。大量饮酒使问题变得更加严重。那次动刀子事件就发生在月经周期的这个阶段。

当杰西来找我的时候，我知道查看她的大脑图像会对治疗有帮助。在她处于月经周期中状态最差的时候，我对杰西的大脑进行了扫描（见图 4-2），两周后当她感觉最好的时候再次进行大脑扫描（见图 4-3）。结果非常惊人。两份扫描结果好像不是出自同一个人。当杰西处在月经周期中最糟糕的阶段时，她大脑中负责忧虑的部分过度活跃，这使她对一些事情久久不能释怀，而负责判断和控制冲动的脑区则活动性过低。酒精进一步降低了她控制自己行为的能力。这就是为什么丈夫会令她发狂，为什么拿起刀子的想法没有被过滤掉的原因。当处在月经周期中状态最好的阶段时，杰西的大脑变得更平衡了。解决女性的这类问题不能只靠愤怒管理疗法。我们应该控制她们体内激素的波动。

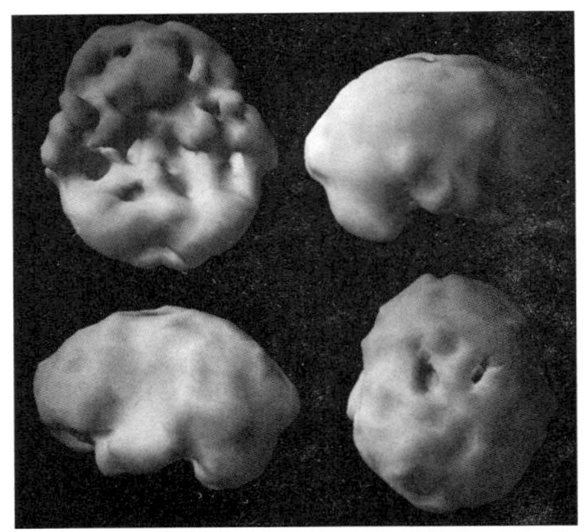

前额叶的活动性偏低：冲动，判断力差

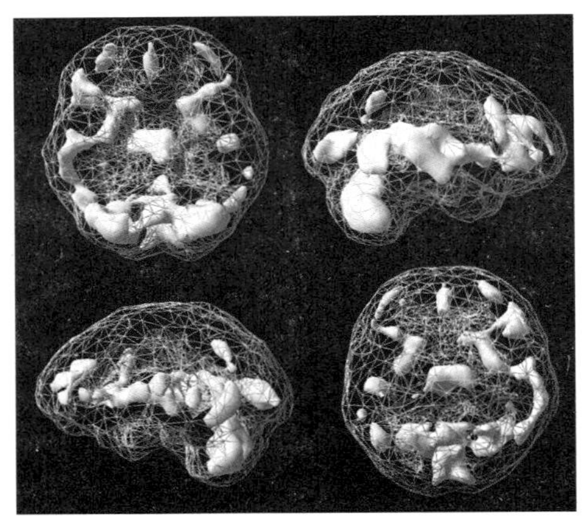

前扣带回很活跃：难以转移注意力，刻板，无法摆脱消极思维

图 4-2 杰西在月经周期中最糟糕阶段的大脑扫描图

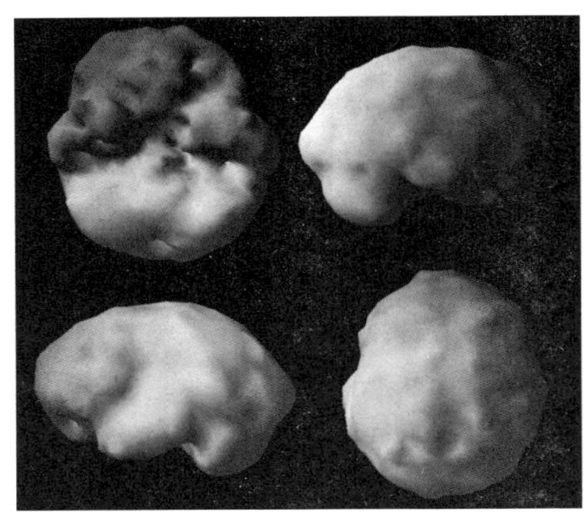

大脑整体活动性得到改善

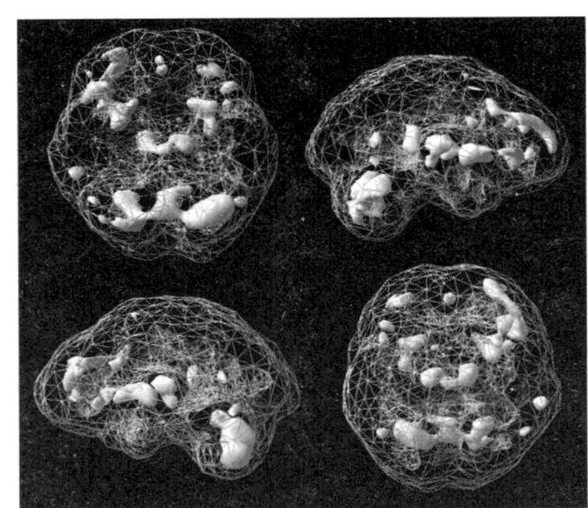

前扣带回看起来比较平静

图 4-3 杰西在月经周期中最好阶段的大脑扫描图

在月经开始前的那几天里，女性的雌激素和孕酮水平跌入谷底。在大脑扫描图像上，我看到女性脑中的忧虑中心（前扣带回）开始活跃起来，因此女性很容易陷入消极思维，放纵自己做出以为会令她们感觉好一些的行为，比如喝酒、吃曲奇饼干。这是可以理解的，因为前扣带回是大脑中帮助你转移注意力，让你的思维变得更灵活的脑区，它会让你跟着感觉走。

前扣带回被激活是一系列事件导致的最终结果：首先，雌激素水平下降；其次，令人感觉良好的神经递质 5- 羟色胺也会减少。5- 羟色胺缺乏会引起前扣带回放电。让情况变得更糟糕的是，大约就在这个时候，前额叶的活动性会降低，这就是为什么女性此时很难集中注意力、很难控制冲动的原因。因此我们看到女性会出现情绪障碍，变得更加抑郁，睡眠质量变差。

每个月都要应付这样的激素波动已经够困难的了，但当女性临近 40 岁的时候，身体分泌孕酮的能力开始下降。当女性进入 40 岁之后，体现孕酮分泌水平的曲线将不再出现漂亮的小山峰，而更像是微微的凸起。研究显示，女性在进入更年期的 8 年之前，孕酮水平便开始下降。就是在这个时候，孕酮减少的症状开始变得更明显了。这时女性的记忆力下降，很难集中注意力，情绪出现波动。大脑失去了天然的安眠药和抗抑郁药。这有可能会导致婚姻问题，有时甚至导致成瘾问题。

经前期综合征的众多症状

Unleash the Power of the Female Brain

- 痤疮
- 分心
- 焦虑
- 头痛或偏头痛
- 带状疱疹
- 困惑
- 暴躁易怒
- 渴望吃很甜或很咸的食物
- 爱哭
- 抑郁
- 愤怒
- 健忘
- 乳房胀痛
- 笨拙
- 失眠
- 容易抽筋
- 惊恐发作
- 性欲减退
- 对酒精敏感
- 疲劳
- 食欲改变
- 乳房敏感
- 冲动
- 便秘
- 情绪波动
- 多疑
- 体重增加

口服避孕药、怀孕、流产、输卵管结扎、子宫部分切除、衰老以及镁元素缺乏都会促发经前期综合征的症状，而低血糖、摄入咖啡因、营养不良以及不规律饮食，都会加剧经前期综合征的症状。这些症状常常被误诊为精神疾病，比如焦虑、抑郁、惊恐发作、广场恐惧症、进食障碍和人格障碍。

孕酮偏低往往是经前期综合征的罪魁祸首之一。在月经周期最后一周使用黄体酮乳膏往往会有助益。同时我推荐服用一些补充剂以恢复大脑平衡，尤其建议服用 400 ~ 500 毫克柠檬酸钙，每天 2 次；加上 200 ~ 300 毫克螯合镁，每天 2 次；维生素 A、复合维生素 B 一片；500 毫克月见草油，每天 2 次。我还建议服用 50 ~ 100 毫克 5- 羟基色氨酸，每天 2 次，可提高 5- 羟色胺水平，减少焦虑和担忧。如果你的主要问题是无法集中注意力，那么试一试绿茶或 500 毫克酪氨酸，每天 2 ~ 3 次。每天服用 20 ~ 40 毫克圣洁莓也有助于缓解经前期综合征的症状，尤其是乳房的胀痛或敏感、便秘、暴躁易怒、抑郁或情绪波动、愤怒以及疼痛。在月经周期的最后一周应该增加锻炼强度，控制糖和酒精的摄入。

睾酮

大多数人认为睾酮是男性激素。在胎儿发育的关键时期，正是睾酮促成了男性脑的形成。青春期时又是睾酮让男孩的声音变得低沉起来，嘴边冒出了胡须，还产生了许多与男性相关的特征。然而，就像男性体内也存在一些雌激素一样，女性的身体中也存在睾酮，而且睾酮对女性会产生奇妙的作用。它能够保护女性的神经系统，避免认知受损，避免女性患上抑郁症和阿尔茨海默病。它似乎还能避免细胞发炎，有些研究者认为，这就是为什么男性比较不容易患炎性疾病，比如风湿性关节炎、牛皮癣和哮喘的原因，甚至这也是男性为什么比较不容易得抑郁症的原因。睾酮水平低的男性更有可能承受慢性疼痛之苦，而慢性疼痛在女性中更为常见。

大约 20% 的女性存在睾酮水平偏低的情况，她们对性快感的敏感性会降低，性欲也会降低。另外，睾酮水平低下还会造成记忆力不佳和抑郁。睾酮水平的波动可能意味着女性在生活中会遇到大麻烦，比如会影响她们人际关系的质量、与伴侣在身体和情感上保持亲密的能力、在个人生活和工作中的效率等。

保持平衡的睾酮水平对女性的健康和幸福非常重要。睾酮太多会引起严重的健康问题，但太少会造成抑郁、记忆力差和性欲低下。对于亲密关系来说，这不是一件好事。很多夫妻就是在体内激素处于平衡状态或达到最高水平时爱上对方的。当女性的睾酮水平下降时，她们对性爱的敏感也会下降（睾酮会影响乳头和阴蒂的敏感性），由此可能造成夫妻感情出现严重问题。

治疗睾酮水平低下

睾酮还能为女性带来其他一些益处，其中包括保持肌肉和骨密度处于稳定状态，改善情绪，降低患心血管疾病的风险。在服用任何生物同质性睾酮，甚至在服用某些膳食补充剂，比如脱氢表雄酮（它能够提高睾酮水平）之前，你应该先检查自己的睾酮水平是否偏低。

在让医生给你注射睾酮或服用提升睾酮水平的药物之前，你应该尝试一些提升睾酮水平的天然疗法，比如大幅减少或完全避免摄入糖、小麦制品和精加工食品。研究发现，大量摄入糖会降低人体的睾酮水平，降低幅度甚至达 25%。

> **“如果你和老公在饭店里分享了一块乳酪蛋糕，那么当你们回到家时，可能会享受不到甜甜蜜蜜的性爱。”**

另一种提升睾酮水平的天然疗法是开始举重训练，增加肌肉有助于提高身体中的睾酮水平。补充脱氢表雄酮和锌元素也会有帮助。对于维持正常的睾酮水平，锌元素是必需的。缺锌会阻止脑垂体产生能够刺激睾酮分泌的激素。锌还对酵素具有抑制作用，而酵素能够将睾酮转化为雌激素。如果这些方法都不管用，你可能就需要补充睾酮了。

检查你的睾酮水平，当你的睾酮水平低下时，先尝试用天然的疗法让它恢复正常。

什么降低了你的睾酮水平

Unleash the Power of the Female Brain

- 腹部肥胖
- 压力
- 摄入过多的糖、精加工食品和胰岛素
- 缺锌
- 酒精

多囊卵巢综合征

睾酮太多往往与多囊卵巢综合征存在一定的关联。患有这种疾病的女性，卵巢中会出现多个囊肿。症状包括月经周期不规律，痤疮，面部和身体毛发过多，有时还会出现攻击性行为。睾酮过多还与一些严重的健康问题存在关联，比如肥胖、高胆固醇、高血压、糖尿病、不孕和性欲亢进。腹部肥胖、患有前驱糖尿病、面部有毛发、秃顶、患有间质性膀胱炎、患有肠易激综合征和具有高炎症标志物的女性常常被怀疑患有多囊卵巢综合征。检查结果往往会显示，她们的二氢睾酮水平偏高、血糖偏高、与雌激素有关的孕酮水平低下，而且促滤泡激素水平偏高。

诊断多囊卵巢综合征的最佳检查方法之一是卵巢 B 超，你可以看到卵巢上有多少囊肿。

有时多囊卵巢综合征会愚弄你。我的妻子看过很多医生，没有一位医生提出她可能患有多囊卵巢综合征，虽然她抱怨自己的月经不规律。因为她看起来不像患有多囊卵巢综合征的典型患者。塔娜非常苗条健康，有着浓密闪亮的红色头发。大约在 38 岁时，她不再服用避孕药，并很快意识到有些怪异的事情正在发生。她的脸开始长疹子，月经周期变得非常不规律。尽管她还很年轻，但她以为自己开始经历准更年期了。塔娜决定去看医生，结果令人吃惊。塔娜发现自己的胆固醇和甘油三脂指标很高，而且患有前驱糖尿病。这怎么可能呢？塔娜身高 168 厘米，体重 51 公斤，体脂含量仅为 15%。她狂热地锻炼身体，吃的食物也很健康。她想："这太愚蠢了。我是我所知道的最健康的人。"

我们俩都很担心，这时一位朋友给我们介绍了一位整合妇科医生。她为塔娜做了卵巢 B 超，发现塔娜的两侧卵巢都有几十个囊肿。她诊断塔娜患有多囊卵巢综合征。这与塔娜的其他症状也存在联系，包括月经不规律、皮肤长疹子、高胆固醇以及胰岛素抵抗。我们很幸运，找到了一位明智的医生，她想到了要为塔娜检查卵巢，要知道塔娜并不符合多囊卵巢综合征患者的典型身体特征。

塔娜的治疗方法很简单，但疗效非常显著。医生给她开了二甲双胍，这是一种用于平衡胰岛素的药物，它会降低睾酮的水平。另外，医生让她使用生物同质性黄体酮乳膏，这使她偏高的双氢睾酮水平降了下来，医生还给她制订了全面的减压计划。几个月后，塔娜的胆固醇水平下降了 50 个点，胰岛素水平恢复了正常，皮肤变得清爽了，月经周期也变得规律起来。她不再那么焦虑，希望有更多的拥抱。"对我来说这是好事。"我心里想。

你对避孕药有多了解

数千万名女性每天以口服避孕药的形式摄入激素。仅在美国，有 4 300 万育龄女性不想怀孕，其中 28% 靠服用避孕药避孕。

多年以来，口服避孕药可谓毁誉参半，它既是现代女性的福音，也给女性带来了潜在的健康威胁。当然，它让女性对自己的命运有了很大的控制权，可以延迟生育，限制孩子的数量，安排怀孕的时机。不过也有证据显示，口服避孕药并非完全无害。避孕药会导致血压问题，导致血栓，增加中风的可能性，尤其会增加抽烟或有偏头痛病史的女性的中风风险。在服用口服避孕药期间，抽烟是非常危险的。

一般来说，避孕药是由人工合成的雌激素和黄体酮构成的。它们组合起来具有阻止排卵的功能。看起来似乎什么都没发生，但这种激素的混合物会对身体产生额外的影响。如果你正在服用避孕药，就应该知道这些影响，以便日后采取相应的措施。

其中一个影响就是，口服避孕药会耗尽身体中一些必要的维生素和矿物质，引起维生素和矿物质缺乏症。如果你在服用避孕药，那么你应该补充叶酸、维生素 B_6、维生素 B_{12} 和维生素 E。你还应该注意镁元素缺乏的迹象，这会引发各种症状。

缺乏镁的症状

Unleash the Power of the Female Brain

- 焦虑、紧张和失眠
- 抑郁、偏头痛和丧失活力
- 肌肉痉挛和抽筋
- 心律不齐和心悸
- 便秘
- 血糖异常
- 高血压

如果你发现自己存在以上症状，那么你应该服用镁元素补充剂。常规剂量是每天服用 300 ~ 800 毫克镁元素。判断剂量是否合适的一个好方法是服用后大便会变软，但没有达到腹泻的程度。市场上有各种各样的镁盐可供选择。你应该根据自己的需求选择一种适合的。

- 苹果酸镁对纤维肌痛、腿抽筋，以及与锻炼有关的问题，比如乳酸堆积有帮助。
- 牛磺酸镁对焦虑和心律不齐有帮助。
- 甘氨酸镁的吸收效果最好。
- 如果考虑性价比，那么选择柠檬酸镁吧，它比较便宜。
- 碳酸镁和氧化镁不是最好的选择，因为它们的吸收效果不好。

美国 16% ~ 56% 服用避孕药的女性会提到的另一个症状是间歇性抑郁发作。科学家们对避孕药在导致抑郁的作用方面已经争论了很多年。在一篇文献综述中，有作者指出了“抑郁”这个词的用法不一致问题，以及避孕药配方的多样性会使得研究者很难得出严格的结论。不过，有些研究得到了清晰的结果。例如，澳大利亚莫纳什大学（Monash University）的贾亚什里·库尔卡尼（Jayashri Kulkarni）发现，服用避孕药的女性抑郁的可能性几乎是不服避孕药的女性的两倍。不服药女性的抑郁测试得分为9.8，而服药女性的抑郁测试得分为17.6。出现这种结果的原因之一可能是，孕酮会让大脑中的5-羟色胺水平降低得更多。5-羟色胺是一种调节情绪的重要神经递质。另一个作用因素是，服用避孕药会使女性体内的铜元素水平升高。

就像你服用的任何一种药物一样，药物的影响会很长远。请留心你的身体发生了什么变化。正如我们已经看到的，激素对女性的情绪和身体中的化学物质具有显著的影响。在女性体内本就混杂的激素中再加入避孕药，必然会带来一些改变。如果你开始感觉到抑郁症的症状，而且它们干扰了你的生活，那么可以考虑服用补充剂来抵消这些负面作用，还可以和医生聊一聊这种情况。

进入准更年期

到三四十岁的时候，女性体内的激素会开始发生改变。身体在准备脱离生儿育女的任务，那意味着激素的平衡会再一次被搅乱。

这不会在一夜之间发生。在进入更年期之前的8～10年中，女性会经历一个调整阶段，被称为准更年期。多数女性意识不到自己进入了准更年期，直到雌激素水平持续下降，她们出现了潮红和盗汗现象。这是更年期最常见的症状。到出现潮红症状时，这个女性可能已经经历了近10年的准更年期。

这个调整阶段是比较难应对的时期。女性激素系统的工作效率不像以前那么高了，曾经激素水平的起起落落相对比较和缓，现在雌激素水平会突然升到很高，然后在月经开始前猛然跌落。这种大起大伏的结果就是经前期综合征，虽然你可能以前从来都没有过这些症状。当在月经周期、准更年期或更年期中，你的雌激素水平下降时，你还会遇到短期记忆力下降的问题，而且你会变得更容易哭泣、抑郁。你会发现自己忘了把钥匙放在了哪儿，或者忘了你要去杂货店买什么。雌激素水平降低还会让你对疼痛变得更加敏感。你在准更年期时激素水平会变得更加不稳定，这会加剧所有这些症状。雌激素剧烈波动会产生像跷跷板一样更加明显的影响作用。对你或你周围的人来说，这一点儿都不好玩，它会让你觉得自己好像失去了理智。

了解你的身体发生了什么变化，有助于你在这个时期经受住激素波动的狂风骤雨，甚至活得生机勃勃。在这些年里，你可以在个人成长方面取得长足的进步，加深人际关系，在事业上取得进展。你肯定不想让激素的改变妨碍你充分发挥自己的潜能。为了帮助身体处于最佳状态，你最好在 35 岁时检查一下自己的激素水平，以获得基线数据，然后每隔两到三年检查一次。这比等到 10 年后，你的体重已经增加了十几公斤，不得不服用抗抑郁剂、抗焦虑剂时才去关注它好得多。来我诊所看病的很多女性就是这样干等着，才出现这些问题的。较早干预，有助于你避免大量的健康问题。

保持有利于大脑健康的生活方式将会全面改善你的激素水平。为了平稳地度过这段时期，你应该锻炼、冥想，吃健康的食物，同时避免摄入尼古丁、过多的酒精、咖啡因和不健康食品。如果医生和你都决定用药物来帮助你平衡激素，那么可以选择的生物同质性激素替代疗法有乳膏形式的、药丸形式的以及阴道栓剂。如果你出现了潮红现象，那么用雌二醇和雌三醇进行联合治疗会很有效。你也可以采取自然的疗法，服用某些补充剂，比如 B 族维生素、鱼油、月见草油和亚麻籽油。

打破对更年期的传统认知

现在女性的更年期已经与以往不同了。我很敬爱的祖母马塞拉在五六十岁的时候已经是一个老妇了。她看起来很疲惫，常常喘不上来气。她很胖，穿着很朴素的衣服。在 62 岁时就离开了人世。与马塞拉不同的是，我妈妈 81 岁时仍充满了活力。她依然在打高尔夫球，衣着时尚。我常看到妈妈和我的姐妹、女儿或外甥女在购物中心逛街。在更年期时，很多女性的事业和社交生活正处于巅峰阶段。

如果你正在经历更年期，你要意识到，它并不代表那些对你来说非常重要的事情都会终结。如果说有什么不同的话，那就是，你会有机会在未来几十年中获得新的自由。不过，伴随着更年期到来身体发生的改变，你将面对一些挑战。理解自己身体的改变，能帮助你把这段时期变成生命中最好的阶段。

更年期意味着月经周期永远结束了。一般来说，它就是你最后一次月经结束之后的那一年。再之后你就会被称为绝经后的女性。当然，这是一个非常武断的截止时间，准更年期时的许多症状可能依然会出现在你身上。另外，由于雌激素和孕酮降到了非常低的水平，因此你无法再受益于它们的保护。现在的你将变得更容易患某些疾病，比如心脏病、中风和阿尔茨海默病，你的骨质也会减少。你可能还要应对激素变化对认知能力的负面影响。更年期往往伴随着大脑活动性降低，因此它与抑郁、焦虑、失眠、体重增加，以及注意力和记忆力问题都存在着关联。

> **在更年期认真对待大脑健康尤为重要，因为你的大脑储备正在减少。**

在为一次电视节目做准备的时候，我给妈妈打电话，让她帮我找一位观众，这样我可以练习脚本。后来，她的一位 60 多岁的朋友发表评论说：在目前这个年纪，我不想再为应该吃什么或应该如何锻炼操心了。如果那也是你的态度，那么你一定要想好自己能够承担大脑变老的后果，比如没精打采、稀里糊涂、抑郁、常常做出糟糕的决定。随着年龄的增长，容许我们犯错误的空间越来越小。为了保持更好的状态，你必须始终警惕自己的健康，不要让其他人偷走它。

目前有证据显示，性激素对大脑健康非常重要。有研究显示，对于实施完整的子宫切除术（卵巢也会被切除）的女性来说，由于她们的激素无法得到补充，这些女性患阿尔茨海默病的风险会增加 1 倍。研究者对一些接受激素替代疗法和未接受激素替代疗法的女性进行了大脑扫描。在两年时间里，未接受激素替代疗法的女性脑前扣带回的活动性有所降低。这一发现具有非常重要的意义，因为前扣带回是阿尔茨海默病患者大脑中最先衰亡的脑区。对于那些接受激素替代疗法的女性，这个脑区没有出现活动性降低的情况。

激素替代疗法

激素之间相互存在衍生关系，就像一棵激素树，如图 4-4 所示。这棵“树”中的第一种激素是胆固醇。我们都听说过有关胆固醇的许多坏话，但事实上它并不是我们的敌人。是的，当体内胆固醇水平太高的时候，有可能引发心脏病。但是过低的胆固醇水平与他杀、自杀及严重的抑郁存在相关性。你的大脑和身体都需要胆固醇。大脑大约 60% 的固态质量来自脂肪。大脑和身体需要健康的胆固醇水平，才能发挥最佳功能。

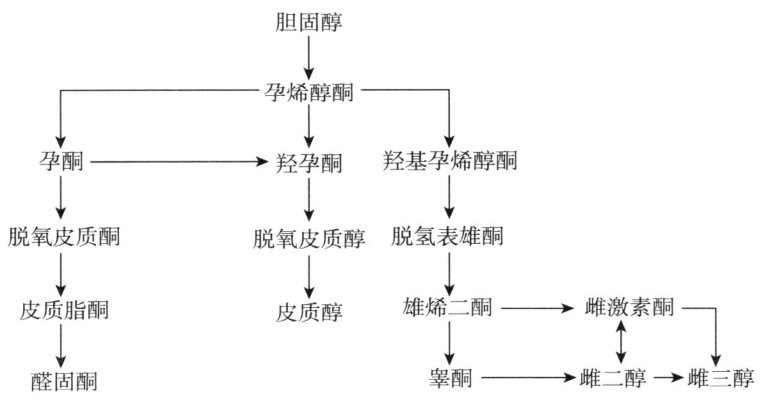

图 4-4　激素级联

你的身体利用胆固醇制造出了母激素，被称为孕烯醇酮。从它又派生出其他许多激素。医生可以根据你的需要从激素树的任何节点上介入，干预你的激素平衡。例如，如果你服用孕烯醇酮，身体会选择将它加工成你所缺乏的激素；或者医生会给你开出睾酮、黄体酮或任何一种雌激素补充剂。随着我们对激素相互作用和安全药物（包括生物同质性激素替代疗法和自然疗法）越来越了解，如今我们已经能准确地找到有助于你获得大脑和身体最佳功能的治疗方法了。

在我们探讨激素替代疗法之前，很重要的一点是要记住，简单地补充某种激素，而不改进它们发挥作用的方法，会带来很大的问题。为了从激素替代疗法中获得最大益处，你需要在生活中做出有利于大脑健康的改变。吃得更健康、服用必要的补充剂、保证充足的睡眠，再加上锻炼，便能产生协同作用。

在准更年期和更年期时性激素减少，会导致一些令女性烦恼的症状。过去，科学家致力于用天然的或人工合成的激素来替代这些激素。许多女性感到症状在很大程度上有所减轻，看起来激素替代疗法好像会成为一种未来的潮流。然而又有另外一些健康问题开始出现了。2002 年，世界健康计划研究项目（World Health Initiative Study）发现，当时最受欢迎的合成激素替代药物之一倍美安（Prempro）会增加女性患乳腺癌、心脏病、中风和血栓的危险。这样看来，激素治疗所导致的问题比它要纠正的问题还严重。数百万名女性因此变得惊慌失措，立即扔掉了所有的激素替代药物。这或许有点操之过急了。以下是帮助理解世界健康计划研究项目的一些关键点。

- 研究人员没有对研究参与者的基因需求进行个性化的测试，他们采取的是一刀切的方法。在精神病学领域，这就像给所有的抑郁症患者都开百忧解一样。
- 人工合成激素的循环过程与身体自然产生的激素不同。
- 在激素替代疗法的配方中，雌激素酮（与乳腺癌的高发病率有关）的浓度很高。
- 倍美安的配方含有马萘雌酮，即母马的雌激素。你的身体很难识别出这种激素，它的代谢物会对 DNA 造成严重损害。
- 研究发现，口服雌激素酮会增加 C 反应蛋白，这是一种炎症标志物，与癌症和心脏病的高发病率有关。通过皮肤渗透的方式使用生物同质性雌二醇则不会引发这种风险。
- 人工合成的孕激素副作用非常多。孕激素对身体所起的作用与生物同质性黄体酮不同。例如，孕激素会增加女性患乳腺癌的风险，而生物同质性黄体酮则会降低患乳腺癌的风险。

在查看世界健康计划研究项目报告中强调的问题时，我发现它们是具体针对某些类型的激素（人工合成的），并针对某些给药方式的。但是研究结果却导致所有的激素替代药物都受到了声讨。媒体报道引发了女性的恐惧，她们担心这些药物潜在的危害比益处更大。

使用人工合成性激素的另一个问题是，药物会耗尽身体的营养。合成性激素替代疗法会消耗一些体内关键的营养素，比如维生素 B_6 和镁元素。镁元素有助于平衡葡萄糖水平，有助于胰岛素的调节。维生素 B_6 与 5- 羟色胺的分泌有关，5- 羟色胺则有利于控制情绪和食欲。人工合成的孕激素会导致很多营养素的损耗，其中包括 B 族维生素、酪氨酸、辅酶 Q10、维生素 E 和叶酸。口服人工合成的激素替代药物还会破坏肠道菌群的平衡，增加假丝酵母菌的数量。这不仅会导致阴道念珠菌感染，还会给人体免疫系统造成巨大的压力。

只要正确给药，那么用生物同质性激素来替代雌激素、黄体酮和睾酮是非常有价值的疗法。生物同质性激素替代疗法就是使用源自植物的雌激素（通常来自大豆和野山药），或者使用经药剂师加工的、基于植物的性激素化合物。生物同质性激素与你身体中的激素完全相同，你的身体会像自己生成的激素那样去代谢它们，像天然激素一样产生相同的生理反应。如果使用恰当，生物同质性激素替代疗法能让激素水平恢复正常，缓解激素缺乏引起的不适症状。女性在血液检查、验尿或检查唾液后，如果医生发现她们存在激素缺乏的问题，通常会给她们开生物同质性雌激素。研究发现，生物同质性激素替代疗法能够有效地降低潮红的次数和严重程度，有效地改善睡眠质量及其他准更年期和更年期的不适症状。

使用激素替代药物有风险吗？对于使用激素替代药物的女性来说，令人担心的主要是患乳腺癌的风险。如果黄体酮与雌激素的比值小些，那么女性患乳腺癌的风险就会增加。准更年期女性患乳腺癌的风险会增加 4 倍，这与较低的孕酮水平有关。人们已经发现，黄体酮乳膏能够减少乳房细胞的过度增殖。人工合成的孕激素并不具有生物同质性黄体酮所具有的抗恶性细胞增生的保护作用。

与人工合成的激素相比，黄体酮非但不会导致认知能力下降，反而能够促进大脑修复，有助于降低焦虑，改善睡眠，保持认知功能。

到目前为止，针对生物同质性激素替代疗法的研究还很有限，但它们的前景看起来很光明。法国的一项研究查看了 3 000 多名使用黄体酮和雌二醇的女性，没有发现这种疗法存在健康风险。法国的另一项大型研究比较了采用激素替代疗法和采用生物同质性激素替代疗法的女性，研究发现，采用激素替代疗法的女性患乳腺癌的风险远远高于采用生物同质性激素替代疗法的女性。

在正确运用生物同质性激素替代疗法的前提下，它的益处有：

- 减少或消除潮红
- 减轻阴道干涩
- 增加皮肤弹性
- 增加活力，改善血流
- 加快脂肪燃烧，有助于减肥
- 减轻乳房问题（乳房敏感、纤维瘤等）
- 性欲得到改善
- 减少尿失禁
- 头脑变得更敏锐（缓解记忆力衰退、头脑糊涂、难以集中注意力等）
- 减轻睡眠障碍（失眠和盗汗）
- 减轻情绪障碍（情绪波动、抑郁、紧张、烦躁易怒、焦虑）

如果不通过身体检查了解自己的激素情况，你的激素便不可能达到最佳的平衡状态。生物同质性激素替代疗法对某些人无效的原因可能在于她们的健康习惯，也或者她们体内全部激素的最终状态是不平衡的。如果你长期处于压力中，你的身体分泌了过多的皮质醇，那么只是平衡性激素是不会有效的。过量的皮质醇会破坏你的新陈代谢功能，进一步加深性激素与其他激素（比如甲状腺激素）的不平衡。

北美更年期协会（North American Menopause Society）推荐居民用膳食中的异黄酮（存在于大豆和亚麻籽产品中）、黑升麻和维生素 E 来缓解更年期症状。在所有这些补充剂中，黑升麻是唯一一种始终被认为能够缓解潮热的补充剂。虽然长期服用它的安全性还没有得到确认，但短期服用的效果非常好。许多食物中都含有植物雌激素，它们对缓解更年期症状似乎也有帮助。较好的植物雌激素来源是坚果和含油的种子（比如亚麻籽）。另外，最新研究发现脱氢表雄酮能够显著改善更年期女性的性功能。

平衡甲状腺激素、皮质醇、脱氢表雄酮和胰岛素

甲状腺激素低下不会要你的命，它只是会让你生不如死。

——《甲亢者思维的力量》（*Thyroid Mind Power*）

甲状腺激素

安妮是一名难得的优秀教师。她果断、善良、富有创造力、聪明而有条理。每年她都能赢得学生和家长们的喜爱和敬佩。我在儿童与成人精神病学领域内有多年的实践经验，见过许多杰出的教师以及很多不那么杰出的教师。安妮属于我见过的最棒的一类。她是我女儿上二年级时的老师。

安妮对我妻子说，她想找我给她诊治，因为她总觉得疲乏，头脑昏昏沉沉的，好像得了注意力缺陷障碍，尽管之前她从来没有这些症状。我很乐意帮助她。她是一位素食主义者，对很多食物很敏感，比如每次喝酒都会令她疼得直不起腰来。如果某件事在早上激怒了她，那么一整天她都会觉得烦躁，容易发火。另外，她对噪声很敏感，常常感到焦虑。焦虑感以及一遍遍在头脑中重播事件的倾向让她不得安宁，有时她会连续发愁好几天。

我首先查看了她的重要健康指标数据。事实证明她的甲状腺抗体水平非常高。她的甲状腺过氧化物酶抗体接近 1 000，而正常值应该为小于 35。如此高的甲状腺抗体水平意味着安妮存在自身免疫问题，她的身体在攻击自己的甲状腺组织。安妮体内的维生素 D 水平非常低，而维生素 D 对许多器官的健康至关重要，其中包括甲状腺。

运用亚蒙诊所“4 个圆”的方法，同时改善安妮体内的维生素 D 水平，并对她的甲状腺进行适当治疗，这些对她的专注力和活力产生了显著的改善作用。她并没有患上注意力缺陷障碍或其他什么疾病。像许多女性一样，安妮只是需要全面地让激素恢复平衡。

“当甲状腺出问题时，大脑会受连累。”

影响你外貌、思维和感受的不只是与生殖有关的激素。一些最有影响力的激素是由你的甲状腺分泌的。

甲状腺激素太少，你会感到怠惰。甲状腺功能低下会让你只想手里拿着一袋薯片，一整天都躺在沙发上。好像身体所有的部分都减慢了运作速度，包括心脏、肠胃和大脑。如果给甲状腺功能低下者做 SPECT 扫描，你会看到其大脑的活动性降低了。其他许多研究证实，甲状腺功能低下造成的大脑功能降低会导致抑郁、认知损害、焦虑和头脑糊涂的感觉。甲状腺能够促使身体分泌出很多种神经递质，比如 5- 羟色胺、多巴胺、肾上腺素和去甲肾上腺素。甲状腺激素低下会造成肾上腺素补偿性升高，这会让你感到极度兴奋，还会造成压力激素皮质醇的升高。因此人们会同时感到疲劳、极度兴奋、紧张、有压力。在一组双相障碍频繁交替发作的病人中，50% 的病人患有甲状腺功能低下。据专家保守的估计，1/3 的抑郁症病例与甲状腺激素不平衡存在直接关系。80% 的甲状腺功能低下程度不太严重的人会出现记忆力受损。

与甲状腺激素水平低下有关的症状和问题有以下这些。

- 胃寒
- 体重增加
- 便秘
- 疲劳
- 高胆固醇
- 高血压
- 皮肤干
- 眼干
- 指甲变薄、开裂，失去光泽
- 月经不规律
- 子宫内膜异位
- 不孕
- 反复流产
- 出生缺陷
- 严重的更年期症状
- 毛发干枯、变细或脱落，尤其是眉毛外侧的三分之一常常会掉光

即使你的甲状腺激素水平只比正常值偏低一点，你仍会出现亚临床甲状腺功能低下的一些症状。如果你总是感到疲劳，体重增加，皮肤干燥，神情呆滞，情绪抑郁，并且总觉得冷，体温低于 37℃，那么你甲状腺的活动性一定比较低。

不过，过度活跃的甲状腺，即甲状腺功能亢进，也会带来健康问题。因为此时身体中的各个部位，其中包括你的心脏、内脏和消化系统若运转速度太快。

你就会神经过敏、急躁易怒，就像喝了太多咖啡一样。如果你睡不着觉、焦虑、烦躁，脑子一刻不停地高速运转，脉搏变快，呼吸急促，虽然吃得很多，但体重有所减轻，毫无缘由地觉得热，总以为有人把空调温度调得太高了，那么你的甲状腺可能过于活跃了。在极端的情况下，病人会出现甲状腺肿、体重减轻、眼球突出、目光呆滞、很少眨眼等症状。

甲状腺是位于脖子下方形状类似小蝴蝶的腺体。医生会沿着喉咙的基部进行抚摸检查，看一看甲状腺的大小是否出现了问题。不过，如果不进行血液检查，医生也很难判断甲状腺的健康状况。要想让甲状腺达到最佳状态，你需要做出一些调整。主要的甲状腺激素包括促甲状腺激素、T3 和 T4，所有激素都必须保持相对平衡的状态。据估计，全球有数千万人（世界人口的 5% ~ 25%）存在甲状腺问题。随着这批人逐渐变老，甲状腺问题会变得更加常见，而且存在这种问题的人口似乎还在逐渐增加。在《甲亢者思维的力量》一书中，作者写道:“在过去 40 年里，人工合成的化学物质对激素的干扰越来越严重。空气中、水中、食物中，到处都是这些化学物质……事实证明，最敏感、最容易受到影响的人体组织是甲状腺。”

大多数甲状腺问题都是自身免疫问题，这意味着身体在对自己发动攻击。造成这个问题的原因可能是储存在我们身体中的环境毒素、食物（尤其是谷蛋白和奶制品）或空气中的有害物质引起了过敏。许多医生认为甲状腺是“煤矿中的金丝雀”。也就是说，医生怀疑现代人甲状腺功能减退症极高的发病率与人体摄入的毒素干扰了 T4 向 T3 的转化有关。

在女性一生中的任何阶段都有可能出现甲状腺问题，不过在怀孕期间尤其严重。怀孕时免疫系统的某些部分会放松，这样免疫细胞和抗体便不会抗拒与母亲的子宫相连接的胎盘。所以许多存在甲状腺问题的女性觉得孕期是她们一生中最好的时期。因为怀孕缓解了她们的甲状腺问题，我妻子就是这样的。她患有甲状腺癌和慢性淋巴细胞性甲状腺炎，慢性淋巴细胞性甲状腺炎是一种会影响甲状腺的自身免疫疾病。与许多存在甲状腺问题的女性一样，她觉得孕期才是她感觉最好的时期。

9个月的孕期结束后，情况便发生了改变。宝宝被生出来，胎盘脱落，之前放松下来的部分免疫系统再次振作起来。许多临床记录显示，女性在分娩后的6个月中，甲状腺问题极其常见。布拉格查尔斯大学（Charles University）的研究者说，有35%体内产生甲状腺抗体的女性在分娩两年后，其甲状腺激素的水平会不正常。

一边要应对两岁大的孩子，一边还存在甲状腺问题，这简直是一场灾难。研究显示，大约70%产后存在甲状腺功能低下问题的女性，比甲状腺功能正常的女性在照顾宝宝方面更粗心，会犯更多的错误。

> **近一半患有产后甲状腺功能低下症的女性晚上会做噩梦，而甲状腺功能正常的女性做噩梦的比例仅为5%。**

甲状腺问题是引发产后抑郁、焦虑和精神疾病的主要原因。在一项研究中，80%～90%的产后抑郁症与甲状腺功能不正常有关。如果不进行有效的治疗，其抑郁的情况便不可能好转。

不仅产后是甲状腺问题的高发时期，据估计，每4个绝经后女性中就有1个存在甲状腺激素失调的情况。据《甲状腺》（*Thyroid*）杂志的编辑里达·阿勒姆（Ridha Arem）博士说，50岁以上的人中有近45%的人存在某种程度的甲状腺炎症。阿勒姆博士提出，较小的甲状腺问题更有可能让老年人产生身心障碍，年轻人的能量储备较多，才能侥幸避免。随着我们逐渐衰老，甲状腺就像其他许多器官一样，会变得特别容易出问题。

你可以通过血液检查来检查自己的甲状腺。不要只检查促甲状腺激素，因为即使当你存在未被诊断出的甲状腺问题时，促甲状腺激素的水平依然可能是正常的。如果你有任何症状，一定要坚持让医生做这些检查。

- 促甲状腺激素检查。
- 游离T3（活跃）。
- 游离T4（不活跃）。

- 甲状腺抗体。
  - ◆甲状腺过氧化物酶抗体
  - ◆甲状腺球蛋白抗体
- 肝功能检查。95% 的 T4 活跃在肝脏中，因此有一个健康的肝脏很重要。
- 铁蛋白水平。铁蛋白就像是把活跃的 T3 运载到细胞中的公共汽车。铁蛋白的水平正常时应该高于 90。

下面是我的一位读者伯纳黛特的来信：

亚蒙博士：

我是一个健康活泼的 32 岁女性，我坚持每年进行体检、血液检查、做癌症筛查，还检查牙齿。最近我读了您的《健康脑》，非常信服您提出的保持健康的方法和诀窍。

根据您的建议，我最近做了更深入的血液检查（甲状腺、激素、维生素等），尽管医生对我想做这些辅助检查的要求提出了质疑，因为我的身体状况明显不具备做这些检查的理由。我说，我想知道这些健康指标数据，而不只是想知道自己的血液系统发生了什么。

当拿到血液检查结果时，我发现自己的甲状腺球蛋白抗体很高，这说明我的甲状腺有问题。我立刻去看了内分泌科的医生，他对我做了超声波检查，发现我的甲状腺里有一个 1.6 厘米的异物。活组织切片检查显示，我患有乳头状甲状腺癌，它已经扩展到了我的淋巴结。要不是因为您的建议，这个问题短时间内不会被诊断出来，而且我的预后会比较差。如果没有读您的书，我可能会没有机会写这封信。

非常感谢您所做的一切！

谨致问候

伯纳黛特

抑制甲状腺的因素

Unleash the Power of the Female Brain

- 过度的压力和过多的皮质醇分泌
- 体内缺少硒
- 蛋白质不足，摄入过量的糖
- 慢性病
- 肝脏或肾脏功能受损
- 含镉、汞或铅的有毒物质
- 除草剂、杀虫剂
- 口服避孕药、过量的雌激素制品

一些药物可以有效地治疗甲状腺问题。医生应该定期对你进行检查，确保你服用的药物既不太多，也不太少。还有一些有利于甲状腺功能的天然膳食补充剂，其中包括迷迭香、锌、铬、钾、碘、酪氨酸、维生素 A、维生素 B_2、维生素 B_3、维生素 B_6、维生素 C、维生素 D、硒、海藻和南非醉茄。同时，你要保持健康的睾酮、胰岛素和褪黑素水平。

需要明确指出的是，虽然这些甲状腺检查项目非常有帮助，但最终对你做出诊断的是医生，而不是血液检查结果。我看到很多甲状腺功能低下症的患者没有得到医生的治疗，因为他们的检查结果虽然比较低，但仍在正常值范围内。这就有点像我们说的维生素 D 水平为 31 是正常的一样（正常值的范围是 30 ~ 100）。在任何检查项目上，我都不希望自己属于较差的那一类。在判断甲状腺功能是否有问题时，病人的感觉和大脑功能（例如精力、便秘、头发干枯、皮肤干、认知能力、体温）比硬性的正常指标更重要。

皮质醇和脱氢表雄酮

我听到社会上有很多关于肾上腺疲劳的讨论，那些忙碌、焦虑、压力大的女性尤其容易出现这个问题。某个器官有可能把自己累坏吗？是的，完全有可能。肾上腺是位于肾脏上部、三角形状的一对腺体。它们在身体对压力做出反应的过程中发挥着重要的作用。肾上腺产生的激素有肾上腺素、脱氢表雄酮和皮质醇。或许你听说过战斗或逃跑反应，通过释放上述这些化学物质，肾上腺让你自动选择了一种逃生方式。

例如，假设你和孩子在森林里远足，你看到了一头狮子，肾上腺立即开始产生肾上腺素及其他所需的激素，使你获得一股能量，你要么用这股能量来与狮子战斗，要么用它带着孩子赶紧逃命。问题是，你的身体区分不出来各种压力之间的差异。无论是对看见狮子这种现实的压力，还是对脾气暴躁的青春期孩子或阴险狡诈的同事产生的心理压力，你的身体都会做出相同的反应，释放出那些化学物质。

当你狮口脱险之后，身体会加工这些化学物质，将它们排出体外。但是如果你的压力来自同事看待你的方式，那么你所能做的只是回到办公室生闷气，这使得各种危险的化学物质流淌在你的身体中，直到它们最终被代谢掉。

在当今世界中，你可能每天都会面对各类心理压力。刺耳的闹铃声把你吵醒，你要做的第一件事就是查看邮件，看一看有什么事情需要你立马处理。然后你赶紧去上班，路上堵得水泄不通，你迟到了，还要应对不可能完成的最后期限。然后学校给你打来电话，告诉你儿子跟人打架了。一件事接着一件事，你可怜的肾上腺不断分泌出皮质醇和其他化学物质，你的身体不知道该拿它们怎么办。

身体制造皮质醇的原料是孕酮。因此，如果身体制造了大量的皮质醇，那么孕酮的水平就会下降，雌激素的水平也会随之下降。女性可能曾尝试着平衡雌激素和孕酮，但如果不对皮质醇进行管理，她们永远也实现不了性激素的稳定。随着皮质醇水平的升高，血糖和胰岛素水平也会升高，大脑的健康状况便不会很好。5- 羟色胺水平会下降，这会导致你焦虑、紧张或抑郁。你的食欲会大大增加，身体健康状况会逐渐变得失控。研究显示，长期的压力激素会杀死海马中的细胞，尤其是当脱氢表雄酮的水平也比较低时。要知道，海马是大脑中重要的记忆中枢之一。

这种情况如果持续数月或数年，肾上腺最终会累坏了。我们称之为肾上腺疲劳，这时你的身体将不再拥有应对日常压力所需的能量。你只能每天早上勉强爬起床或勉强应付完一天。

你还会变胖。肾上腺疲劳尤其会导致人体腹部脂肪堆积。你不仅不太可能拥有平坦的小腹，而且患心血管疾病和糖尿病的风险还会增加。皮质醇水平降低还有促炎作用，会改变身体对血糖的正常控制，影响免疫功能和性激素的分泌。当肾上腺忙于制造压力激素时，它会耗尽体内脱氢表雄酮的储备，而脱氢表雄酮最终会转化为性激素。

如今，患有肾上腺疲劳的病人越来越多，其中一个重要的原因是很多人睡眠不足。人体每天晚上需要 7 ~ 8 小时的睡眠，如果得不到充足的睡眠，人体系统会自动进入压力状态。你会用自己的治疗方法来对抗睡眠缺乏，这让情况变得更糟糕了。喝咖啡或喝含咖啡因的饮品会让你保持清醒，但这样做反而增加了你的压力负荷。每晚用酒精来平复咖啡因引起的兴奋，但酒精的作用一旦逐渐消失，你的身体会产生又一个压力反应，使你在凌晨两点便醒过来。然后你就睡不着了，第二天你需要摄入更多的咖啡因。现在你陷入了永无止境的压力循环圈，它让你的肾上腺系统精疲力竭，每天疲于应付，从来达不到自己的最佳状态。

你怎么检测自己的肾上腺已经疲劳了呢？以下是一些常见的症状：

- 承受压力的能力降低了；
- 早晨和下午感到疲劳，没有耐力；
- 高血压，心跳比较快；
- 无论怎么努力都减不掉腹部脂肪；
- 头脑不清醒，记忆力差，难以集中注意力；
- 性欲低；
- 渴望吃甜食或咸味重的食物；
- 处于压力下时，血糖水平比较低；
- 从坐着或躺着的状态站起来时，感到头晕；

- 早衰迹象；
- 对感染的抵抗力降低；
- 伤口不容易愈合。

以下这段话出自从事整合医学的塔米·梅拉利亚，她给很多不堪重负的女性看过病：

> 当我向病人解释压力、没有压力和设法修复压力造成的损伤及炎症之间的区别时，她们往往会感到很惊讶。大多数病人以为回到家和放松就是在释放压力。并不是这样的，那只是没有产生新的压力，假设你有这样的幸运时刻的话。当病人主动进行诸如冥想练习等活动以治疗、修复压力造成的损伤时，她们切实感觉到了效果。我记得我 11 岁时问牙科医生，我是否需要用牙线清理所有的牙齿。他说，我只需要清理我想保留住的牙齿。我认为冥想也与之类似。压力每天都会破坏我们的健康。如果你想治疗这些压力带来的损伤，就需要每天都进行冥想。

为了确诊肾上腺疲劳，你可以通过唾液检查来查看皮质醇水平，并可以通过血液检查，检测硫酸脱氢表雄酮的水平。一天中应该测量 4 次唾液中皮质醇的水平：醒来时测一次，午餐前后测一次，晚餐前后测一次，上床睡觉前测一次。在理想的情况下，皮质醇水平在早上时最高，它可以让你清醒过来。在一天中，皮质醇被逐渐消耗，这样在夜里你可以安安稳稳地睡一觉，得到充分的休息。当皮质醇水平过高时，你会感到极度兴奋；当皮质醇水平过低时，你会感到筋疲力尽、呆滞或懒得动。

> “一天中皮质醇的水平可能会忽高忽低，因此有必要进行 4 次检查。”

脱氢表雄酮是肾上腺、卵巢和大脑分泌的一种天然的激素前体。一大部分脱氢表雄酮被用于制造雌激素，一小部分被用于制造睾酮。脱氢表雄酮还能保护大脑细胞免受 β - 淀粉样蛋白的侵害，而 β - 淀粉样蛋白与阿尔茨海默病有关。研究显示，一个人年老时较高的脱氢表雄酮水平与长寿存在相关性。无论是男性还是女性，在 30 多岁时其脱氢表雄酮通常会达到峰值，然后以每年大约 2% 的速度开始流失。当一个人长期处于压力之下时，压力激素皮质醇的释放会降低其体内脱氢表雄酮的水平，进而降低免疫力并有可能加速衰老。

研究已经发现，对患有肾上腺疲劳的女性实施脱氢表雄酮治疗，有助于提高她们在更年期时的性欲。低水平的脱氢表雄酮还与体重增加、抑郁存在关联。

之所以应该测量你的脱氢表雄酮水平，最重要的原因之一是，脱氢表雄酮水平偏低和皮质醇水平偏高结合在一起，有可能导致记忆力丧失。过去人们普遍认为皮质醇水平过高是罪魁祸首，因为它对大脑中重要的学习和记忆中枢海马具有破坏作用。但是最新的研究显示，患有阿尔茨海默病的人同时具有较低的脱氢表雄酮水平。如果脱氢表雄酮的水平过低，那么大脑就会失去它的保护。

可以用一些简单的方法来补充脱氢表雄酮。有很好的证据可以证明，补充脱氢表雄酮对改善肾上腺的功能、改善情绪和体重都很有帮助。一般来说，我们从 10 毫克开始服用，然后逐渐增加。脱氢表雄酮的治疗效果通常很好，但它会产生一些令人不快的副作用，比如痤疮和面部毛发，因为脱氢表雄酮会提高人体的睾酮水平。使用脱氢表雄酮特定的替代物 7- 酮基脱氢表雄酮（7-Keto-DHEA）便可以避免这些副作用。它的价格比脱氢表雄酮的高，但在某些情况下 7- 酮基脱氢表雄酮是更好的选择。7- 酮基脱氢表雄酮的服用剂量通常为 50 ~ 100 毫克。

对脱氢表雄酮更大的担忧是，它一部分会转化为性激素，比如转化为睾酮和雌激素。对于想延缓衰老的健康者来说，这其实是一件好事，但对于患有与激素相关的癌症，比如对患有乳腺癌或卵巢癌的女性来说，这便成了一个问题。在这种情况下，7- 酮基脱氢表雄酮就成了更好的解决方法。如果你认为补充脱氢表雄酮会对你有帮助，那么在补充前一定要咨询有激素治疗经验的医生。

天然的补充剂也会有帮助。例如 B 族维生素对肾上腺系统便具有支持作用，能够帮助你应对压力。5- 羟基色氨酸是一种具有镇静作用的补充剂，它能够提升 5- 羟色胺水平，有利于睡眠，进而减轻你的压力感，它还有助于减轻体重。其他有效的补充剂还包括茶氨酸（每天 2 ~ 3 次，每次 200 毫克）、瑞罗拉[①]（每天 2 ~ 3 次，每次 750 毫克）、镁、圣罗勒（每天 2 ~ 3 次，每次 200 ~ 400 毫克）、南非醉茄（每天 2 ~ 3 次，每次 250 毫克）和红景天（每天 2 ~ 3 次，每次 200 毫克）。

自然的压力管理技术，比如大笑、深呼吸练习和定期的放松练习，也有助于缓解肾上腺疲劳。学会冥想，学会识别并纠正错误的思维方式或者使用自我催眠法，也能令紧张兮兮的神经放松下来。

胰岛素

为了拥有清晰的思维、健康的身体，很重要的一点是保持健康的胰岛素水平。胰岛素是能够打开细胞膜的激素，因此它有助于葡萄糖和其他营养素的吸收。当胰岛素水平过高时，身体会储存脂肪，而不是分解脂肪。胰腺会对碳水化合物做出反应并分泌出胰岛素。简单的糖类或精加工的碳水化合物，比如烘焙食品、糖果、面包、意大利面和饼干，都会使胰腺分泌出大量的胰岛素，从而导致血糖水平大起大落。

低血糖会让你感到头脑不清醒，身体倦怠。长期高血糖对你的大脑和身体来说简直是一场灾难，还会导致血管变脆，很容易破裂。胰岛素调节异常会引发糖尿病，糖尿病对身体中各个器官都有害，还会导致抑郁、痴呆和各种各样的疾病。我的家人和朋友就有因为糖尿病而被截肢或失明，或者因此患上心脏病或痴呆的。你应该格外重视这种激素。

当身体拒绝产生胰岛素时，人会患上Ⅰ型糖尿病。当身体对胰岛素的处置不当时，便会患上Ⅱ型糖尿病。有科学家提出了新证据，证据表明，不正常的胰岛素水平与阿尔茨海默病存在着相关性。它们之间的相关性非常强，以至于有人把阿尔茨海默病称为“Ⅲ型糖尿病”。最新的研究显示，海马其实也在分泌胰岛素。海马是阿尔茨海默病患者大脑中最先死亡的脑区之一。除了将食物转

① 瑞罗拉（Relora）是一种保健品，含有黄柏和厚朴的植物提取物，有助于缓解压力。——译者注

化为能量之外，大脑中的胰岛素还有其他用途，比如有助于学习和形成新的记忆。脑细胞中有特殊的胰岛素受体，在形成新记忆时会用到这些受体。如果这些脑细胞出现胰岛素抵抗，那么人的认知能力便会越来越差。2009 年的一项研究显示，对于存在轻微认知损伤的人或早期阿尔茨海默病患者通过鼻饲方式给予胰岛素后，他们的记忆力和注意力都得到了改善，并且这显然有助于减少被认为会导致阿尔茨海默病的有毒化学物质。

保持最佳的胰岛素水平和血糖水平不仅对你的腰部曲线有帮助，而且有助于改善你的学习能力，让你不至于把丈夫的名字都忘了。

建议你应该定期检查空腹胰岛素水平、血糖水平以及糖化血红蛋白的水平。

饮食对胰岛素调节非常重要。为了逆转胰岛素抵抗，你应该避免摄入所有简单的糖类、小麦和小麦制品（包括全麦制品），多吃让你更聪明的碳水化合物，也就是高膳食纤维、低升糖指数的碳水化合物（后文将详细探讨）。只要不再摄入简单的糖类以及高升糖指数的碳水化合物，胰腺就不会持续分泌出大量胰岛素。当胰岛素的水平不那么高时，细胞会变得对胰岛素更敏感。吃富含膳食纤维的全谷类食品能够减缓血液中葡萄糖的释放速度，控制胰岛素水平升高。不过，在你能够控制血糖之前，最好避免所有的谷类。瑞典的一项研究比较了不含谷类的饮食法（原始人饮食法）和地中海饮食法（除了其他健康食品外，只吃全谷类食品）对人体血糖水平的影响。12 周之后，原始人饮食组的血糖水平上升幅度明显减少了很多（–26%），而地中海饮食组几乎没有出现改变（–7%）。在研究结束时，采用原始人饮食法的病人的血糖值都达到了正常水平。

全谷类食品会影响体重和胰岛素抵抗的另一个原因是，它们包含被称为凝集素的蛋白质，有些研究者怀疑凝集素具有促炎和阻止减肥的作用。避免谷类除了有助于减肥和血糖调节之外，它对肠道的整体健康也非常有益。作为一种天然的抗炎方法，原始人饮食法有助于肠道内好细菌和坏细菌达到有益的平衡状态。在遵照了低糖、无奶制品、无谷类的饮食计划后，许多病人觉得一些消化方面的症状，比如腹胀、肠胃胀气和消化不良得到了缓解。

胰岛素抵抗与代谢综合征、高血压、高血糖、高胆固醇和腹部脂肪堆积等许多疾病和问题密切相关。高血压、高血糖、高胆固醇和腹部脂肪堆积都会增加患心脏病、中风和糖尿病的风险。为了治疗这些疾病，非常重要的一点是只吃让你更聪明的碳水化合物，只吃健康的脂肪和蛋白质，避免谷类、土豆、大米、糖和加工食品。腹部脂肪减少 10% 能使你患心血管疾病的风险降低 75%。

保持年轻的关键是控制血糖。研究发现，胰岛素抵抗是很多老年病的预测因素。胰岛素一旦升高，人体内脱氢表雄酮的分泌就会减少，而性激素的形成需要脱氢表雄酮。胰岛素促使脂肪堆积在腹部，而脂肪堆积会将睾酮转化为有毒的雌激素，进而改变激素的功能。胰岛素抵抗还与身体炎症有关。

胰岛素抵抗还会通过另一种方式加速衰老过程，即通过糖化，也就是导致葡萄糖与蛋白质发生不良反应。反应会产生一种被糖破坏的蛋白质（就像炉子里被烤焦的食物），这种蛋白质被称为晚期糖基化终末产物。每个人身体中都会形成晚期糖基化终末产物，这是衰老过程中的一个主要诱因。当人体的激素不平衡、发生氧化应激和胰岛素抵抗时，晚期糖基化终末产物的形成会导致早衰迹象，比如皮肤会产生皱纹、黄褐斑，还很可能会引发Ⅱ型糖尿病、白内障、黄斑变性、肾脏疾病、心血管疾病，甚至引发癌症。

通过改变饮食、服用某些饮食补充剂，比如服用镁、苦瓜提取物和铬，胰岛素抵抗会得到改善。镁元素在碳水化合物的新陈代谢中发挥着至关重要的作用，有助于避免代谢综合征。镁似乎能够影响胰岛素的释放和活动，帮助平衡人体的葡萄糖水平。睾酮替代物对改善血糖水平、逆转胰岛素抵抗的倾向具有显著的影响作用。

❤ 用自然的方法平衡激素

正如我在本章中反复提出的，你可以采用很多现成的、自然的方法来平衡激素。以下是 3 种简单的方法。

1. 激素妒羡。正如我在第 1 章中提到的，形成大脑妒羡是释放女性脑力量的第一个重要步骤。你必须关心自己大脑的健康。与之类似，要想拥有很棒的大脑，你必须关心自己的激素健康。将优化激素健康作为你优先要做的事情，你的生活会因此变得更幸福。

2. 避免有害的事物。为了保持激素健康，很重要的一点是避免任何有可能损害它的事物，比如人工合成的化学物质、压力、加工食品、大量的糖、不健康的脂肪、小麦、缺乏睡眠、香烟、过量的咖啡因、过多的酒精、维生素 D 水平较低、肥胖、发炎、肌张力不足和缺乏锻炼。

请避开毒素和有毒的环境。我们每天都会接触到许多毒素和化学物质，它们对健康会产生破坏作用。研究显示，不粘锅和有些食品包装中存在一种名叫全氟化合物的化学物质，它与女性的内分泌失调存在关联。在炊具、防污剂、地毯、家具和油漆中常常含有相关的化学物质，比如全氟辛酸和全氟辛烷磺酸。这类化学物质进入水中后同样会对你造成伤害。另外，你是否认真地看过润肤露、家庭清洁剂的成分表？其实市场上可用的天然产品有很多。尽可能避开有毒的化学物质，不要让你的孩子接触它们，因为它们与女孩初潮过早存在一定的联系。

不要抽烟。你应该避开的最大环境污染源就是香烟。最新的研究证实，抽烟会让女性过早绝经。它还与严重的潮红有关，对性激素的新陈代谢尤其有影响。再考虑到香烟对心血管系统的影响以及与肺癌之间的关系，一个我们无法忽视的事实是：抽烟容易致病。

当心你的体重。一项对西班牙女性的研究证实，肥胖会使更年期症状变得更严重。肥胖还与糖尿病等疾病有关。我们都听说过（或亲身体验过）随着年龄的增长，我们会逐渐变胖。研究显示，肥胖，尤其是内脏堆积的脂肪过多，与女性在中年期死亡存在直接关系。情况可能是，随着女性逐渐衰老，许多激素会逐渐减少，比如雌激素和脱氢表雄酮便会减少，而这会改变身体成分，导致女性体重增加。反过来，这种改变会引起代谢紊乱，提高死亡率。

当你感到疲惫和抑郁的时候，很难去在意自己吃下去的每样东西。在第 5

章中，我会为你提供非常具体、详细的饮食计划，告诉你如何吃才能让你的大脑达到最佳状态。吃有利于大脑健康的食品会让你看起来更年轻，你也会觉得自己变年轻了，而且只需要两周，你就能看到这种效果。

减少炎症。你可能患有慢性炎症，而自己完全没有意识到。油炸食品中的精炼植物油、咖啡中的植脂末、小甜点、饼干以及其他所有加工食品中都含有大量的自由基，长期接触自由基是造成身体发炎的一个原因。其他原因还包括暴露在重金属、杀虫剂和其他环境毒素中。另外，你的身体可能存在轻微的发炎，引起发炎的原因可能是旧伤、牙齿根管治疗或牙齿清洁不彻底。慢性炎症会引发血管疾病、阿尔茨海默病、糖尿病、关节炎、肠道问题及癌症，具体引发什么疾病，取决于你的基因。

如果你患有慢性炎症，那么现在是时候竭尽所能地消除这种危险疾病了。请着手调整你的饮食，保持环境清洁。可以服用 Ω-3 脂肪酸和其他抗炎类食用油，比如橄榄油。远离加工食品、添加剂和人工合成物。请减少酒精和咖啡因的摄入量，也不要抽烟。要明确自己是否对乳制品、谷蛋白、大豆、坚果和其他食物过敏。要锻炼并保证充足的睡眠，不要拿没有时间当借口，因为这个借口可能会夺走你的健康和生命。

3. 做有益健康的事情。通过锻炼、保持良好的睡眠、健康的饮食以及维护清洁的环境来保持激素平衡。

锻炼。锻炼能够帮助你度过一些艰难的时期，出于以下几个原因。第一，锻炼能提高 5- 羟色胺的水平，这是能让你感觉良好的神经递质。第二，锻炼能改善血液循环。保持敏锐的头脑需要更多的血液，保持性器官的最佳功能也需要更多的血液。第三，锻炼能够燃烧热量，抑制食欲，有助于你控制体重。前提是，你不在锻炼后“奖励”自己一个肉桂面包和一杯拿铁。女性必须非常小心，因为研究显示，女性倾向于在锻炼后增加热量的摄入，而这会抵消锻炼的益处。顺便要说一下，研究显示，瑜伽是减轻更年期症状，比如潮红和盗汗的非常有效的锻炼方式。如果你处在肾上腺疲劳的早期阶段，那么锻炼能帮助你消除焦虑和消耗掉多余的皮质醇。不过，如果你已经患上了肾上腺疲劳，那么也不要操之过急。皮质醇水平过低的女性不应该给自己施加太大的压力。我从来不会要求我的病人太强迫自己。锻炼的关键是要持之以恒、适度且合理。

我给病人提供的锻炼计划很简单。一周进行 4 次快走，每次 45 分钟。当年老时，你走得越快，就越可能长寿。你还可以进行适当的举重练习。当年老时，你越强壮，患阿尔茨海默病的可能性就越小。另外，研究显示，举重能够提升人体睾酮的水平。要注意不要因此伤到自己，或者让别人伤到你。如果教练声嘶力竭地让你不断增加举起的重量，那么把他炒了，找一个通情达理的教练比较好。

保证充足的睡眠。当你睡眠不足时，你会头晕眼花、没精打采、烦躁易怒。这些还只是表面现象。缺乏睡眠会影响大脑中的化学物质，研究显示，这种化学物质会干扰与海马有关的记忆能力。一些有趣的研究发现，快速眼动睡眠对神经细胞骨架的健康非常重要，神经细胞骨架支撑着你的神经元。缺乏睡眠与体重增加存在一定的关系。每晚最好能够保证 7 小时的睡眠时间。

健康的饮食。在生命的各个阶段，吃得健康都非常重要。在更年期时，你会尤其希望食物能让你感觉好些，而不是带给身体额外的压力。请尽可能远离加工食品，平衡膳食，遵照我在第 5 章中列出的饮食计划。

保持环境清洁。我们周围都是有毒的化学物质，比如洗漱用品以及家庭清洁用品中就含有有害的化学物质。请仔细阅读这些商品的标签，尽量选择毒性较小的替代产品。

对平衡激素至关重要的维生素、矿物质和草药

平衡多种激素

- 复合维生素
- 鱼油（每天 2 000 毫克）
- 益生菌，有利于肠道健康，能够黏附坏的雌激素（100 亿～600 亿

菌落总数）

- 维生素 D，有助于钙的吸收（通常每天服用 2 000 个国际单位，但有必要视个人情况而定）
- 锌，有利于维持正常的睾酮和甲状腺激素水平（每天 15 毫克）
- 褪黑素（每天 1~6 毫克）
- 硒（每天 200 微克）

平衡雌激素

- 二吲哚甲烷（100~200 毫克 / 天）
- 葡萄糖二酸钙（500 毫克 / 天）
- 植物雌激素，包括黑升麻制品（每天服用 2 次，每次 20~80 毫克）
- 亚麻籽
- 月见草油（每天服用 2 次，每次 500 毫克）

减轻更年期综合征

- 柠檬酸钙（每天服用 2 次，每次 400~500 毫克）
- 螯合镁（每天服用 2 次，每次 200~300 毫克）
- 维生素 A、B 族维生素
- 月见草油（每天服用 2 次，每次 500 毫克）
- 5- 羟基色氨酸有助于提升 5- 羟色胺水平，减少焦虑和担忧（每天服用 2 次，每次 50~100 毫克）
- 绿茶（每天服用 2 次，每次 600 毫克）或酪氨酸（每天服用 2~3 次，每次 500 毫克），有利于提升专注力
- 圣洁莓，有助于缓解更年期症状，具有类似黄体酮的作用（每天服用 20~40 毫克）

平衡睾酮

- 脱氢表雄酮（是否服用取决于检查结果）
- 锌（每天 15 毫克）
- 锯棕榈提取物，有助于降低过高的睾酮水平

平衡甲状腺激素

- 锌（每天 15 毫克）
- 酪氨酸（每天服用 2～3 次，每次 500 毫克）
- 迷迭香
- 铬（100～400 微克 / 天）
- 钾
- 依托度酸
- 维生素 A、维生素 B_2、维生素 B_3、维生素 B_6、维生素 C、维生素 D
- 海藻
- 南非醉茄（每天服用 1～2 次，每次 250～500 毫克）

平衡皮质醇

- 茶氨酸（每天服用 2～3 次，每次 200 毫克）
- 圣罗勒（每天服用 2～3 次，每次 200～400 毫克）
- 瑞罗拉（Relora）（每天服用 2～3 次，每次 750 毫克）
- 南非醉茄（每天服用 2～3 次，每次 250 毫克）
- 红景天（每天服用 2～3 次，每次 200 毫克）

平衡脱氢表雄酮

- 脱氢表雄酮（取决于检查结果）
- 7- 酮基脱氢表雄酮（取决于检查结果）

平衡胰岛素

- 铬（100～400 微克 / 天）
- 肉桂
- 苦瓜

人们常说，你的激素决定了你是什么样的人。不过你也掌握着一些决定权。你可以选择改善激素平衡，让自己健康、平静、头脑敏锐。现在就是你做出新选择的最佳时机，开始以最好的健康状态生活吧！

第4个小时的练习——搞清楚自己与激素有关的习惯

从以下陈述中选出与你的情况相符的陈述。运用本书提供的信息，尤其是本章中的信息，设计一个对付自己不健康习惯的策略。

健康的习惯

- 每晚保证7～8小时的睡眠
- 吃得健康
- 吃的碳水化合物不会让你的血糖升高，同时还能令头脑清醒
- 多吃膳食纤维，尤其是四季豆、豌豆，其中含的木质素有助于黏附不健康的雌激素
- 多喝水（对于体重低于100公斤的人来说，最佳饮水量应该是体重数值的一半，单位为盎司）
- 有效地管理压力
- 培养健康的肠道菌群
- 保持健康的胆固醇水平，既不能太高也不能太低
- 定期锻炼，在锻炼计划中纳入举重训练
- 在饮食中有针对性地摄入营养素和补充剂

不健康的习惯

- 喝酒（研究显示，少量喝酒也会增加女性患乳腺癌的风险，因此越少喝越好）
- 忽视对牛奶或谷蛋白的过敏问题
- 抽烟
- 忽视发炎（同型半胱氨酸或C反应蛋白水平偏高）
- 肌张力很差，却毫不在意
- 不锻炼
- 过量摄取咖啡因（每天超过2杯咖啡会导致压力激素增加）

- 过量摄入糖
- 吃高升糖指数的碳水化合物，包括小麦制品
- 饮食中膳食纤维含量低
- 食用的肉类来自用谷物、激素或含抗生素的饲料饲养的动物
- 超重，脂肪堆积在腹部（这时睾酮会转化为雌激素）
- 长期处于压力中
- 肾上腺疲劳
- 服用某些药物，比如避孕药和抗酸剂甲氰咪胍
- 放任肠道内不健康菌群的滋生
- 身体中存在过多的真菌
- 使用塑料餐具
- 用塑料容器装食物，放在微波炉里加热
- 使用含有全氟化合物的不粘炊具
- 使用含有雌激素、邻苯二甲酸酯的个人护理用品，比如面霜、洗发水和洗漱用品
- 不采取措施纠正缺锌
- 不采取措施纠正缺硒
- 暴露在镉、汞和铅等毒素中
- 接触除草剂和杀虫剂
- 摄入过量的糖、抗酸剂甲氰咪胍、避孕药，抽烟，接触杀虫剂，存在甲状腺功能减退的情况等，都能刺激雌激素的分泌

Unleash the Power of the Female Brain

注意饮食，让大脑吃得更健康

疗愈肠道，吃有利于大脑健康的超级食品，让腹部平坦，增加大脑储备

释放女性脑力量的**第 5 步：吃得健康**

如果我们不愿满足于垃圾般的生活，那么我们当然不应该接受垃圾食品。

——萨莉·爱德华兹

> 吃得健康不是代表少吃，而是代表吃得丰富。

大脑消耗的热量占人体摄取热量的20%～30%，它是你身体中最昂贵的不动产。如果你希望自己的大脑和身体健康有活力，让自己看起来更年轻、更聪明，也感到更幸福，那么最重要的事情之一就是营养均衡。在这个问题上完全没有其他可行的方法。你可以锻炼、冥想，避免消极的想法，服用膳食补充剂，但是如果你继续大吃高糖、高盐、含有不健康脂肪的加工食品，继续吃含有人工香精、人工色素、人造防腐剂的食品，继续吃原料中含有杀虫剂的加工食品，那么你根本无法让大脑和身体达到最佳状态。如果你吃的食物不是最好的，那么你也不会达到最好的状态。本章的目的就是要帮助你吃出健康的头脑。

以我的经验来看，如果你吃得健康了，那么便有可能把这种好习惯传递给家庭、社区和职场中的其他人。我在亲身实践以及与企业的合作中，反复见证了影响力的作用。

典型的西方饮食平均仅包含15种食物，其中盐、糖和不健康脂肪是过量的。想一想芝士汉堡、炸薯条、苏打汽水和巧克力棒，它们具有促炎作用，还与抑郁、注意力缺陷障碍、痴呆、心脏病、癌症、糖尿病和肥胖有关系。想一想芝士汉堡包含什么：牛肉饼、生菜、西红柿、芝士、泡菜、洋葱、带着芝麻的圆面包（如果把芝麻和面包分开算，这里有两种食物），再加上芥末酱、蛋黄酱和番茄酱，再搭配炸薯条和大份可乐。这个套餐里包含了 12 种食物，对很多人来说，这本应是他们一天摄入的全部脂肪量、盐量和热量。

如果你从今天起开始更好地选择食物，很快就会注意到自己变得更有精力了，更专注了，记忆力、情绪也会有所改善，肚子也变平坦了。一些新的研究报告称，健康的饮食能够显著降低患阿尔茨海默病和抑郁症的风险。让我们从与食物建立美好的新关系开始吧。

一说到食物，很多人会像我以前一样，属于溜溜球式的减肥者。特别想吃不健康的食品，吃得越多，感觉越糟糕，之后便会懊悔。这太有戏剧性了。一旦你决定要变得更健康，要掌控自己的食物时，你便会比以往吃得更健康，这会对你生活的方方面面产生积极的影响。

我的妻子塔娜写过几本很棒的烹调书，以帮助我们的病人和读者变得更健康。当然，我会先尝试每一种食谱。我很喜欢塔娜的混合蛋白质早餐，其中包括各种蔬菜、扁豆汤、羊肋排和番茄火鸡肉酱。吃野生三文鱼让我觉得自己的头脑更聪敏了。我还很喜欢塔娜的塞肉红彩椒。我再也不想吃速食的劣质食物了，因为它们让我变得又疲惫又愚蠢。健康的食物可以帮助我随时保持最好的状态，我希望你也能如此。与大多数人的观念正相反，有利于大脑健康的食物并非更昂贵，而是更便宜。你的医疗费用会减少，你的工作效率会提高。你愿意为超棒的感觉付多少钱？另外，吃得健康也是自爱的一种表现。如果你真的很在意自己，你怎么可能将品质糟糕、破坏健康、可能导致疾病的热量摄取到身体中呢？

> **“你的心态很重要。从根本上说，吃得健康并不代表匮乏，而是代表充裕。你会意识到放弃对不健康食物的渴望，其实是宠爱自己，这无疑是理性思维的表现。”**

在本章中，我将向你展示让女性脑吃好的“4 个圆”。

生理健康 Unleash the Power of the Female Brain

- 有利于大脑健康的饮食 9 法则
- 52 种有助于释放女性脑力量的最佳食物
- 提升情绪、专注力、积极性和记忆力的食物
- 促进肠道健康，改善大脑

心理健康 Unleash the Power of the Female Brain

- 培养正确的食物观
- 打破有害的思维模式

社会关系 Unleash the Power of the Female Brain

- 与你一起吃饭的人的健康对你的寿命具有显著影响

精神追求 Unleash the Power of the Female Brain

- 尊重你的食物
- 为了后代子孙，尊重并补充食物资源

滋养女性脑的“4 个圆”

生理健康

有利于大脑健康的饮食 9 法则

如果你想吃得健康，保持思维敏锐，关键的一点是要保证你的食物中包含身体能够消化的营养成分。以下是亚蒙诊所总结出来并教给病人的 9 条法则。

法则 1：摄入“高品质的热量”，但不要太多。不要相信热量不重要的说法。

它当然很重要，但是它并不像摄入热量和消耗热量的过程那么简单。你应该考虑的是：如何摄入高品质的热量。一根肉桂卷的热量为720卡，乳蛋饼的热量为1 000卡，而且它会让你的大脑没精打采。由菠菜、三文鱼、蓝莓、苹果、核桃和红彩椒做成的沙拉仅含有400卡的热量，它能补充你的能量，令你头脑聪敏。

我觉得热量就像钱，我痛恨浪费金钱。如果你身体的新陈代谢水平比较高，那么就好像你拥有很多钱，不必太担心热量的问题。如果你的新陈代谢水平比较低，这正是很多人变老时会出现的情况，那么你必须非常明智地对待摄入身体的热量。

有关热量的研究清楚地显示，如果你摄取的热量超过了消耗的热量，那么你会变胖、生病，变得没有效率。在一项研究中，研究者对一群恒河猴进行了长达20年的追踪研究。其中实验组猴子想吃多少就吃多少，对照组猴子少吃30%。想吃多少就吃多少的猴子患癌症、心脏病和糖尿病的可能性是对照组的3倍。另外，研究者发现实验组猴子大脑中负责做出决策的主要脑区出现了明显的萎缩。而且被限制热量摄入的猴子皮肤更光滑，头发更健康。

如果体重对你来说是一个问题，那么你应该了解为了保持或减轻体重，每天需要摄取多少热量。比较活跃的50岁女性平均每天需要摄入大约1 800卡的热量。你还应该知道自己每天实际摄入了多少热量，与你每天可以摄入多少热量做个对比。过量饮食与过度消费是一样的。过量饮食会拖垮你的大脑和身体。如果对你来说体重是一个问题，那么要像记账一样写热量摄入日记。一天开始时脑子里要想着自己可以摄入多少热量，一天中任何时刻都要知道自己已经摄入了多少热量。不要一下子把热量指标都用完。这种方法对我的病人们很有效果。他们把每天吃的每一样东西都写下来，并坚持了一个月。这样，他们不再在热量上欺骗自己，克服了“热量健忘症”。

法则2：喝大量的水，避免从饮品中摄入热量。大脑的成分中近80%是水。任何会使大脑脱水的事物，比如大量的咖啡因或酒精，都会减弱你的思维能力，损害你的判断力。每天一定要保证饮用充足的水。

在一次去纽约的路上，我看到一张海报，上面写着："你在往自己身上'倾倒'体重吗……不要把自己喝胖了！"我觉得这种宣传很棒。研究显示，美国人平均每天会从饮品中摄入450卡的热量，比30年前多了一倍。每天仅仅额外增加225卡的热量，你的体重在一年里就会增加10公斤，而大多数人根本没把自己所喝饮料的热量计算进去。你知道吗，某些咖啡饮品和鸡尾酒，比如，一杯玛格丽特鸡尾酒就含高达700卡的热量！一种非常简单的减肥策略就是避免喝含热量的饮品。

我最喜欢的饮品是纯净水中加一点柠檬汁和一点天然甜味剂甜菊糖。它的味道就像柠檬汽水，所以看起来我好像在"放纵"自己，但其实它几乎不含热量。我的很多病人喜欢混合了黄瓜片、柠檬或草莓的纯净水。

法则3：吃高品质的瘦肉蛋白质。蛋白质有助于平衡血糖，能够提供构建身体的必要元素。在衰老的过程中，蛋白质有助于你保持肌肉量，所以它非常重要。健康的蛋白质来源包括鱼肉、去皮的火鸡肉或鸡肉、豆类、生坚果以及高蛋白质蔬菜，比如西兰花和菠菜。在沙拉中我用菠菜来替代生菜，这样可以大大提升沙拉的营养。蛋白粉也是一个很好的来源，但一定要仔细阅读商品标签，很多生产商在蛋白粉中加入了糖和其他不健康的配料。每天早餐时摄入蛋白质对身体很重要，这样能提升你的专注力。下文我会对此进行更详细的探讨。

法则4：吃让你更聪明的碳水化合物（低升糖指数、高膳食纤维的碳水化合物）。吃不会让你的血糖突然升高，而且含有丰富膳食纤维的碳水化合物，比如蔬菜、水果等。碳水化合物本身并不是我们的敌人，它们是生命所必需的，但是不健康的碳水化合物是我们的敌人。简单的糖类和精加工的碳水化合物没有任何营养价值。如果你不想对碳水化合物产生强烈的渴望，那么把它们从你的饮食中彻底消除掉。我很喜欢一句俗语是："面包越白，你死得越快。"

糖不是你的朋友。糖会增加身体中的炎症，增加不稳定的脑细胞放电，容易让人成瘾，变得有攻击性。在一项新的研究中，每天吃糖的孩子日后有暴力行为的可能性更大。我不赞同某些人的说法，他们认为所有事情都应该适量。显然，摄入适量的可卡因或砒霜并不是什么好主意。我认为，摄入的糖越少，你的生活就会变得越好。

了解食物的升糖指数。升糖指数表示的是碳水化合物对血糖的影响程度。升糖指数的范围为 1 ~ 100，低升糖指数的食物数值比较小，这意味着它们不会让你的血糖突然升高，因此通常是有益健康的；高升糖指数的食物数值比较大，这意味着它们会快速提升你的血糖，因此通常对你的健康不利。我选择的食物的升糖指数通常会低于 60。

如果只吃低升糖指数的食物，那么你的血糖水平会比较低，对食物的欲求会减少，这有助于减肥。需要牢记的一个重要观念是，高血糖对血管、大脑和腰部的线条没有好处。

不过，你需要注意的是，选择食物时不能只考虑升糖指数。某些低升糖指数的食物也是不健康的，比如 M&M 巧克力豆的升糖指数为 33，而燕麦粒的升糖指数为 52，那么是不是说吃 M&M 巧克力豆更健康呢？当然不是！M&M 巧克力豆含有大量的饱和脂肪、糖、人造食物色素和其他对你大脑有害的成分，而燕麦粒含有很多膳食纤维，对调节血糖很有帮助。在选择食物的时候，一定要动动脑筋。

一般来说，蔬菜、水果、豆类和干果是最佳的低升糖指数食物。吃丰富的、天然的低升糖指数食物不仅有助于减轻体重，而且 2010 年《英国营养学杂志》（*British Journal of Nutrition*）对相关科学文献的综述表明，这种饮食方式还有助于控制糖尿病。然而，你要特别注意的是，有些食物听起来很健康，但实际上具有较高的升糖指数，比如西瓜、菠萝等水果。比较明智的做法是吃升糖指数低的水果。与之类似，某些淀粉类食物，比如土豆，以及某些高膳食纤维食物，比如全麦面包的升糖指数就是很高的。对待这些食物就好像它们只是调味品一样，要少吃，与瘦肉、健康的脂肪的一起食用，能够降低它们对血糖水平的影响。

选择高膳食纤维的碳水化合物。高膳食纤维食物是减肥的最佳利器之一。多年来的研究显示，你摄取的膳食纤维越多，你的体重就越正常，健康状况就会越好。膳食纤维是如何战胜脂肪的呢？

第一，膳食纤维有助于调节胃饥饿素，这种激素让大脑知道你感到饥饿了。体重指数超标者体内的胃饥饿素往往会失衡，因此他们总是感到饥饿，无论他们吃了多少。最新研究显示，胃饥饿素水平偏高不仅会让你感到饥饿，还会增加你对高热量食物的渴望，因此它是一种双重打击。然而，膳食纤维却是有益的。2009 年的研究显示，高膳食纤维的饮食有助于平衡超重者和肥胖者体内的胃饥饿素水平。这样，连绵不绝的饥饿感就会被叫停，高热量食物的吸引力也会大大降低。

第二，无论你的体重是否正常，高纤维的饮食有助于让你在较长时间里保持饱腹感，这样你就不会在刚吃完饭一个小时后又想吃东西了。

第三，膳食纤维能够减缓食物被吸收进入血流的速度，这有助于保持血糖平衡，还能帮助你日后做出更明智的食物选择，并战胜对食物的强烈渴求。事实上，身体消化膳食纤维需要花费更长的时间。如果你每天的饮食中包含 20 ~ 35 克膳食纤维，那么你会因此额外消耗掉 150 卡的热量，一年下来体重将会减轻 7 公斤。

以上三点中的每一点，都对避免摄入额外的热量很有帮助。富含膳食纤维的饮食还有助于：

- 降低胆固醇
- 促进消化道蠕动
- 降低血压
- 降低患癌症的风险

专家建议，人们每天应摄入 25 ~ 35 克膳食纤维，而研究显示，大多数成年人摄入的膳食纤维量远远低于这个数值。怎样能增加膳食纤维的摄入量呢？可以吃更多高膳食纤维且有利于大脑健康的食物，比如水果、蔬菜和豆类。

法则 5：多吃健康的脂肪。脂肪不是你的敌人。好脂肪对健康至关重要。去掉大脑中的水分后，大脑 60% 的固体质量是由脂肪构成的。坏脂肪是我们的敌人，你会想要消除它们，比如所有的反式脂肪。你知道吗，比萨、冰激凌、芝士汉堡中的某些脂肪会愚弄大脑，让它忽视你已经吃饱的信号！难怪我以前能吃掉 2 杯冰激凌和 8 片比萨。多吃健康的脂肪，尤其是那些含有 Ω-3 脂肪酸的脂肪。三文鱼、牛油果、核桃和绿叶蔬菜中含有 Ω-3 脂肪酸。

高胆固醇对大脑没有好处。一项最新的研究报告称，40 多岁时胆固醇水平偏高的人到六七十岁时患阿尔茨海默病的风险更大。科学研究已经证明 B 族维生素烟酸有助于降低胆固醇水平，提升高密度脂蛋白（好胆固醇）的水平。牛油果和大蒜也有助于降低胆固醇，但不要让胆固醇水平降得太低。低胆固醇水平与自杀和他杀存在一定的关系。如果在一个派对上，有人向我吹嘘他的胆固醇水平有多么低，那么我一定会对他很友善。

法则 6：吃五颜六色的天然食物。这意味着你应该吃具有彩虹颜色的食物，比如蓝莓、石榴、黄色的南瓜和红色柿子椒。这将提升你身体的抗氧化水平，有助于保持大脑年轻。当然，彩虹颜色的食物中不包括彩虹糖、软糖豆或 M&M 巧克力豆。

法则 7：做饭时加入有利于大脑健康的香草和香料。以下是一些能够让你思维更灵活的食材。

- 咖喱中的姜黄富含一种能够减少大脑中噬菌斑的化学物质，一般认为，噬菌斑与阿尔茨海默病有关。
- 有三项科学研究发现，藏红花提取物在治疗重度抑郁症方面，与抗抑郁药物一样有效。
- 科学研究显示，迷迭香、百里香和鼠尾草有助于提升记忆力。
- 研究显示，肉桂能够改善人的注意力、平衡血糖。它含有丰富的抗氧化剂，是一种天然的催欲药。
- 大蒜和牛至能够增加流向大脑的血液。
- 多吃各种辛辣调味料，比如姜、辣椒、黑胡椒（它们的辣味来自姜辣素、辣椒素和胡椒碱）能够促进新陈代谢。

法则 8：确保你吃的食物尽可能清洁。尽量吃有机食物，因为商业化种植会使用杀虫剂，即使每种食物中的杀虫剂含量很低，它们也会在你的大脑和身体中不断积累。同样，尽量吃不含激素和抗生素的肉类，所吃的肉类应来自散养、草饲的动物。另外，要杜绝食品添加剂、防腐剂、人造色素和甜味剂。这意味着你必须开始认真看商品标签了。如果你不知道某种食品中含有什么，那么不要吃它。如果你不知道某种东西的成本，你会为它花钱吗？当然不会。现在是时候严肃审慎地对待摄入你体内的食物了。

杀虫剂残留最多的 14 种食物

Unleash the Power of the Female Brain

1. 芹菜
2. 蜜桃
3. 草莓
4. 苹果
5. 蓝莓
6. 油桃
7. 黄瓜
8. 柿子椒
9. 菠菜
10. 樱桃
11. 羽衣甘蓝
12. 土豆
13. 葡萄
14. 四季豆

杀虫剂残留最少的 17 种食物

Unleash the Power of the Female Brain

1. 洋葱
2. 牛油果
3. 甜玉米（冷冻）
4. 菠萝
5. 芒果
6. 芦笋
7. 英国香豌豆
8. 猕猴桃
9. 香蕉
10. 卷心菜
11. 西兰花
12. 木瓜
13. 蘑菇
14. 西瓜
15. 葡萄柚
16. 茄子
17. 哈密瓜

鱼肉是蛋白质和脂肪的健康来源，但一定要考虑到某些鱼类体内含有毒素。以下是一些挑选鱼时普适性的指导原则：

1. 鱼越大，所含的汞越多，因此请选择较小的鱼；
2. 吃多种多样的安全鱼类，最好是富含 Ω-3 脂肪酸的鱼类，比如野生鲑鱼、凤尾鱼和太平洋大比目鱼。

法则 9：如果你的情绪、记忆力、活力或皮肤不好，或者体重超标，血压、血糖偏高，那么一定要避免可能引发问题的食物，尤其是小麦、乳制品、大豆、玉米以及含有谷蛋白的其他食物。谷蛋白真的会让某些人变得疯狂吗？科学报告显示，有些人在吃了谷蛋白后会精神疾病发作，如果饮食中完全避免小麦和其他谷蛋白来源（比如大麦、黑麦、斯佩尔特小麦、人造肉和酱油），他们的肠胃和大脑会变得更好。我的一位病人在饮食中避免了小麦后，她不仅体重减轻了 13 公斤，而且她的情绪化、湿疹、肠易激综合征等问题都彻底解决了。我的另一位男病人一吃味精就会变得很暴力。我们对他的大脑进行扫描，发现味精改变了他的大脑，使它看起来更像是有攻击倾向病人的大脑。

当患有自闭症和注意力缺陷多动障碍的儿童不再吃小麦、乳制品、所有加工食品、食物添加剂和人工色素后，他们的病情往往会出现好转。

你可以通过血液检查来了解自己对食物的敏感性。

亚蒙诊所的 9 条健脑饮食法则

1. 摄入“高品质的热量”，但不要太多。
2. 喝大量的水，避免从饮品中摄入热量。
3. 吃高品质的瘦肉蛋白质。
4. 吃让你更聪明的碳水化合物（低升糖指数、高膳食纤维的碳水化合物）。
5. 多吃健康的脂肪。
6. 吃五颜六色的天然食物。
7. 做饭时加入有利于大脑健康的香草和香料。
8. 确保你吃的食物尽可能清洁。
9. 如果你的情绪、记忆力、活力或皮肤不好，或者体重超标，血压、血糖偏高，那么一定要避免可能引发问题的食物，尤其是小麦、乳制品、大豆、玉米以及含有谷蛋白的其他食物。

52 种有助于释放女性脑力量的最佳食物

为了帮助你建立正确的饮食观，接下来我会介绍 52 种有利于女性健康的超级食物。一定要保证以下食物是有机的，不含激素和抗生素，肉类应来自散养、草饲的动物。

坚果和种子 Unleash the Power of the Female Brain

1. **生杏仁：**蛋白质、健康脂肪和膳食纤维的来源。
2. **巴西胡桃：**锌、镁、硫胺素、大量的硒、健康脂肪和膳食纤维的来源。
3. **纯可可：**含有丰富的抗氧化剂、黄酮类化合物（能够促进血流）、镁、铁、铬、锌、铜和膳食纤维。可可有助于减少人对食物的渴求，还有助于平衡血糖。通过激发 5- 羟色胺、内啡肽和苯乙胺，可可还能令人快乐。不过，应该只摄入少量的黑巧克力，多了就会转化为脂肪。
4. **腰果：**富含磷、镁、锌和抗氧化剂。
5. **野鼠尾草籽：**富含植物 Ω-3 脂肪酸、膳食纤维和抗氧化剂。
6. **椰子肉：**富含膳食纤维、锰和铁，含有少量的天然糖类，含有大量的中链脂肪酸甘油三酯（研究显示，它对大脑组织有益）。
7. **火麻仁：**富含蛋白质，含有所有重要的氨基酸和脂肪酸，富含 Ω-3 脂肪酸和 Ω-6 脂肪酸，包括具有抗炎性质的 6-γ- 亚麻酸。火麻仁还含有丰富的膳食纤维和维生素 E。
8. **芝麻：**富含膳食纤维，有助于平衡血糖，降低胆固醇，是钙、磷和锌的健康来源。
9. **核桃：**在所有的坚果中，核桃含有最丰富的 Ω-3 脂肪酸，它有助于降低坏胆固醇，减少炎症，是抗氧化剂、维生素 E、硒和镁的健康来源。

豆类（少食） Unleash the Power of the Female Brain

10. **鹰嘴豆：**硒的含量很高。
11. **扁豆：**膳食纤维的来源。

水果 Unleash the Power of the Female Brain

12. **巴西莓：**它是膳食纤维、Ω-3 脂肪酸、抗氧化剂、矿物质、维生素、植物甾醇和植物营养素的来源，糖和升糖指数都比较低。
13. **苹果：**富含抗氧化剂和膳食纤维，能够避免你饮食过量。
14. **牛油果：**富含 Ω-3 脂肪酸、叶黄素（对视力有益）、钾和叶酸，杀虫剂的残留很少。
15. **黑莓：**富含抗氧化剂、植物营养素和膳食纤维，升糖指数低。
16. **蓝莓：**富含抗氧化剂和花青素。花青素不仅使蓝莓拥有很深的颜色，而且使它具有抗糖尿病的效果。一些研究显示，蓝莓有助于让你变得更聪明。
17. **樱桃：**富含膳食纤维，升糖指数低。
18. **柳叶野黑樱桃：**富含膳食纤维、磷、钙和维生素 A、维生素 C、维生素 B_1、维生素 B_2、维生素 B_6 和维生素 B_{12}，属于蛋白质含量很高（16%）的水果。
19. **枸杞：**富含抗氧化剂、膳食纤维、氨基酸、铁和维生素 C，有助于降低血压，平衡血糖，抗拒对食物的渴望。
20. **葡萄柚：**它是膳食纤维和营养素的来源，升糖指数低。
21. **野生纯蜂蜜：**富含矿物质、抗氧化剂、益生菌以及全部的 22 种重要的氨基酸。某些源自夏威夷和新西兰的蜂蜜具有抗真菌、抗细菌和抗病毒的特点。
22. **猕猴桃：**它是膳食纤维和营养素的来源，升糖指数低。
23. **石榴：**富含膳食纤维和抗氧化剂，热量低。

蔬菜 Unleash the Power of the Female Brain

24. **芦笋：**膳食纤维和抗氧化剂的来源。
25. **甜菜：**富含膳食纤维、植物营养素、叶酸和 β-胡萝卜素。
26. **柿子椒：**膳食纤维和维生素 C 的来源。
27. **西兰花：**十字花科蔬菜，富含萝卜硫素，能够增加体内的酶，从而降低某些癌症的发病率。
28. **抱子甘蓝：**十字花科蔬菜，富含膳食纤维、萝卜硫素，能够增加体内的酶，从而降低某些癌症的发病率。
29. **卷心菜：**十字花科蔬菜，富含萝卜硫素，能够增加体内的酶，从而降低某些癌症的发病率。
30. **菜花：**十字花科蔬菜，富含萝卜硫素，能够增加体内的酶，从而降低某些癌症的发病率。
31. **小球藻：**属于蓝藻，富含叶绿素，有助于清除体内的毒素，比如清除铅、汞和二噁英；含有高浓度的 B 族维生素，有助于消化。
32. **大蒜：**属于葱属植物，有助于降低血压和胆固醇，能够抑制某些癌症的发展，具有抗菌性，能够增加流向大脑的血液。
33. **辣根：**富含钙、钾和维生素 C，有助于保持胶原蛋白不流失。
34. **羽衣甘蓝及其他深色绿叶蔬菜：**含有 Ω-3 脂肪酸、铁（对女性尤其重要）和植物营养素。
35. **韭菜：**属于葱属植物，有助于降低血压和胆固醇，能够抑制某些癌症的发展，具有抗菌性。
36. **秘鲁人参：**含有极其丰富的氨基酸、矿物质、植物甾醇、维生素和健康的脂肪酸。
37. **洋葱：**属于葱属植物，有助于降低血压和胆固醇，能够抑制某些癌症的发展，具有抗菌性，能够增加流向大脑的血液。
38. **海藻：**富含 Ω-3 脂肪酸和镁。
39. **菠菜和其他深色绿叶蔬菜：**含有 Ω-3 脂肪酸、铁（对女性尤其重要）和植物营养素。

40. **螺旋藻**：在所有的食物中，螺旋藻的蛋白质含量最高，是铁的绝佳来源（如果你体内的铁含量太高了，那就不应该再吃它），富含抗氧化剂，可以令皮肤和头发保持健康。
41. **甘薯**：富含植物营养素、膳食纤维和维生素 A。
42. **小麦草汁**：富含矿物质和维生素，其中叶绿素的含量达到 70%，含有 30 种酶，是磷、镁、锌和钾的绝佳来源。

油 Unleash the Power of the Female Brain

43. **椰子油**：高温时性质能保持稳定。
44. **葡萄籽油**：高温时性质能保持稳定，富含 Ω-3 脂肪酸。
45. **橄榄油**：只能在室温时保持稳定的特性。

禽肉和鱼肉 Unleash the Power of the Female Brain

46. **去皮的鸡肉或火鸡肉**：低脂肪蛋白质的健康来源。
47. **鸡蛋**：蛋白质的健康来源。
48. **羊肉**：富含 Ω-3 脂肪酸。
49. **野生鲑鱼**：富含有利于大脑的 Ω-3 脂肪酸。
50. **野生沙丁鱼**：汞含量低，富含有利于大脑的 Ω-3 脂肪酸、维生素 D 和钙，而且不损害生态环境。

其他类别 Unleash the Power of the Female Brain

51. **茶，最好是绿茶**：含抗氧化剂、儿茶素（促进新陈代谢）和茶氨酸（既有助于放松，又有助于专注），咖啡因的含量比咖啡低。
52. **魔芋粉**：这种源自野生薯蓣属植物的根富含膳食纤维，热量较低，我妻子常用它来替代意大利面。

提升情绪、专注力、积极性和记忆力的食物

大多数人不知道可以用食物来调控心理状态。食物可以帮助我们放松，保持专注，拥有快乐的心情，也可以让我们变得愚蠢透顶。在美国，成人的饮食以及他们为孩子提供的饮食大多属于愚蠢透顶那一类。

一般来说，简单的碳水化合物，比如煎饼、华夫饼、松糕、百吉饼或麦片中的碳水化合物能够提升 5- 羟色胺水平，有助于我们感到放松、平静，减少担忧，降低积极性。肉类、坚果或鸡蛋中的蛋白质能够提升多巴胺水平，会使我们变得更积极主动、更专注。然而，很多人会在早晨吃简单的碳水化合物，在晚上吃富含蛋白质的饭菜。

例如，我们通常会在早晨让孩子吃甜甜圈、煎饼、华夫饼、甜麦片、松糕、百吉饼或吐司，配上果汁（浓缩糖）。然后我们要求孩子集中注意力，但这样的早餐会让他们看起来好像患有注意力缺陷障碍。这类以简单碳水化合物为主的三餐会使人体血糖水平突然升高，很短的一段时间后血糖水平又会变得较低，令人头脑不清醒。另外，简单的碳水化合物会让大脑中的 5- 羟色胺迅速升高，因此饭后我们会觉得比较开心。问题是，5- 羟色胺还会降低我们做事的能力，让很多人产生“别担心，开心就好”的态度。这可不是上学、上班时该有的最佳心态。以蛋白质为主的饭菜功效正好相反，它们能提升大脑中多巴胺的水平，让我们充满活力，有助于我们集中注意力。

合理的做法是，在一天开始时吃富含蛋白质的食物，或者如果你需要在晚上完成工作，那么晚餐时应该吃富含蛋白质的食物。如果晚上你想放松，早点睡觉，那么我建议晚餐中减少蛋白质，多吃健康的、富含碳水化合物的食物。

孩子们从学校回到家后，父母往往会让他们吃一些饼干，喝一些汽水（这是含有很多简单碳水化合物的零食），然后让孩子们去做功课。值得注意的是，父母在不知不觉中降低了孩子们完成功课的能力。

请记住，5- 羟色胺是能够让大脑恢复平静的神经递质。它与睡眠、情绪调节、食欲和社会交往存在着密切的关系。它有助于减少忧虑和担心。麻省理工

学院的研究显示，富含简单碳水化合物的食物能够快速提升 5- 羟色胺水平，会让血糖突然升高。富含简单碳水化合物的食物会降低大多数氨基酸的水平，从而减少来自其他氨基酸的竞争，让更多的色氨酸进入大脑，而色氨酸是构建 5- 羟色胺的必要成分。这就是为什么很多人会对面包、意大利面、土豆、米饭和糖产生依赖，甚至上瘾的原因。他们把这些食物作为“情绪食物”，吃完这些食物后，他们会感到更放松，忧虑减少了。值得注意的是，由于这类食物能够提升 5- 羟色胺水平，因此它们也会降低前额叶的功能，降低人们的自控能力。我想，这可能就是为什么餐馆会在饭前上面包和酒的原因。如果你吃了面包，喝了酒，那么你点甜品的可能性会更大。

有助于提升 5- 羟色胺水平的健脑食物包括让你更聪明的碳水化合物，比如甘薯、苹果、蓝莓、胡萝卜、燕麦粒和鹰嘴豆，这些食物会逐渐提高 5- 羟色胺的水平。色氨酸含量高的食物，比如火鸡，也能够提升大脑中的 5- 羟色胺水平。将色氨酸输送到大脑中的系统更适合运输较大的蛋白质分子，而色氨酸比较小且数量不多，因此在进入大脑时它争不过其他蛋白质。这就是锻炼能够让人感觉良好的主要原因之一。锻炼将较大的氨基酸推送到肌肉中，因此降低了它们与色氨酸在进入大脑时的竞争力。如果你想感到更快乐，就吃个苹果，或者去散散步。

多巴胺是与积极性、情感意义、专注力和愉悦有关的神经递质，它能推动你做事情。蛋白质通常有助于提升多巴胺的水平，这就是为什么当你想聚精会神的时候，应该避免吃糖、面包、意大利面、米饭和土豆的原因。能够增加多巴胺的食物包括牛肉、家禽肉、鱼肉、鸡蛋、种子（南瓜子和芝麻）、坚果（杏仁和核桃）、奶酪、蛋白粉和绿茶。另外，牛油果和利马豆对增加多巴胺也有帮助。酪氨酸是构建多巴胺的必要成分，对于调节甲状腺功能，酪氨酸也具有至关重要的作用。简单的碳水化合物则会消耗多巴胺。

乙酰胆碱是与学习、记忆有关的神经递质。食用肝脏、鸡蛋、牛奶、三文鱼和虾有助于提升乙酰胆碱的水平。

促进肠道健康，改善大脑

消化道被称为第二个大脑。它包含着很多神经组织，与大脑能够进行直接交流。这就是为什么当我们兴奋的时候，会感到胃里七上八下的，当我们心烦意乱时，可能会腹泻。焦虑、抑郁、紧张和悲伤都会以情绪的方式被表达出来，还往往会引起肠胃不适。

对于大脑健康来说，肠胃是最重要的器官之一。据估计，胃肠道中有 100 兆亿个微生物（细菌、真菌和其他微生物），大约是人体总细胞数的 10 倍。要保持健康，有益的微生物必须比有害的微生物多，大约是有益的微生物占 85%，有害的微生物占 15%。如果两者的关系颠倒了，有害的微生物占了主导地位，那么各种各样的心理和身体问题就会接踵而来。对于心理健康来说，保持有益微生物与有害微生物的恰当平衡至关重要。

新的证据显示，有益的肠道细菌甚至能够阻止麻烦制造者的入侵，比如可以阻止大肠杆菌，还能提高我们承受压力的能力。如果因为糟糕的饮食（比如摄入糖）导致真菌过度生长，或者因为过量使用抗生素，导致有益的细菌被杀死，从而使体内的有益微生物数量不足，那么我们更有可能感到紧张、有压力。儿童的注意力缺陷障碍、自闭症等问题，以及成人的抑郁、头脑糊涂等问题，都与肠道细菌的不平衡有关（这会增加肠道的通透性）。

肠道是抵御外来有害微生物的重要屏障。如果它的通透性变得太好了（这被称为肠漏症），那么身体各处就会出现炎症和疾病。最优化的“肠胃 - 大脑轴”对心理健康非常重要。

导致健康肠道细菌减少的因素

- 药物（抗生素、口服避孕药、质子泵抑制剂、类固醇和非甾体类抗炎药）
- 精制糖

- 人造甜味剂
- 水中具有杀菌作用的化学物质
- 食物中残留的杀虫剂
- 酒精
- 生理、情绪和环境方面的应激源
- 辐射
- 高强度的锻炼

抗生素的主要风险来源并非医生开出的处方，而是我们所吃的食物。肉类和蔬菜中普遍含有抗生素，它们有可能导致有益细菌和有害细菌的平衡被破坏。据估计，美国 70% 的抗生素被用于喂养家畜。因此我们应该吃不含抗生素、不含激素的肉类，它们来自草饲、散养的动物。

在无菌环境中长大的动物对生理压力会表现出过度的反应。我们需要肠道中有一些有益细菌，它们能够增强我们的免疫力。因此不要让孩子完全远离灰尘和泥土。当研究者让动物接触益生菌（健康的微生物）后，它们的压力水平趋于正常了。

压力本身会令有益的肠道菌群减少。年幼时被遗弃会导致儿童压力增加，使其体内有益的细菌减少，增加肠道的通透性。年幼的大鼠与母鼠分离后，它们肠道内部的细胞层会变得更具通透性，使得肠道中的细菌能够通过肠壁，并刺激免疫细胞攻击其他器官。加州大学洛杉矶分校的埃默兰·迈尔（Emeran Mayer）博士说："对于大鼠来说，这是一种适应性反应。如果它们出生在充满压力和敌意的环境中，大自然会让它们变得更警觉，在未来生活中对压力的反应更强烈。"迈尔博士说，他治疗的长期患有肠道疾病的病人中有 70% 的人经历过童年早期的创伤，比如父母离异、长期患病或父母去世。"我认为早年生活中发生的事情，再加上个人的遗传背景，塑造了一个人在今后的生活中会如何应对压力。"迈尔博士补充说。

特里萨

特里萨在充满压力的单亲家庭中长大。4 岁时，她的舅舅被谋杀。不久，妈妈带她去看医生，说特里萨的肠胃不好。9 岁时，特里萨开始出现惊恐发作，尤其是当她妈妈下班很晚的时候。青春期时，特里萨患上了暴食症，再一次出现肠胃问题。通过减轻她的压力，并让她服用益生菌，以增加肠道内有益的微生物，特里萨的身体和情绪都发生了积极的改变。

在最近的一项研究中，文科特·拉奥（Venket Rao）和埃里森·贝斯特德（Alison Bested）博士对 39 名患有慢性疲劳综合征的病人做了一项实验，他让一组病人每天服用 3 次益生菌，另一组病人服用安慰剂，持续 2 个月。他们发现，73% 服用益生菌的病人肠道内有益细菌的数量增加了，焦虑症状显著减轻。安慰剂组的焦虑状况则没有发生明显改变。研究人员认为，益生菌将肠道内与抑郁及其他情绪障碍有关的有害细菌“排挤了出去”。贝斯特德博士说：“被试感到焦虑有所减轻，变得更平静，睡眠变得更好了，心悸次数也减少了，焦虑症状减轻了，并且能够更好地应对自己的疾病。”

你对此有什么感想呢？请认真遵循本章提出的健脑食物指南，尤其要从日常饮食中排除大多数简单的糖类，因为它们会滋养有害的微生物。吃让你更聪明的碳水化合物（低升糖指数，高膳食纤维），它们能滋养有益的肠道菌群。同时你可以考虑每天服用益生菌，让有益的微生物能够抢占先机。还要小心抗生素。如果你以前不得已摄入了大量的抗生素，那么益生菌和健康的饮食对你的大脑健康便更加重要了。

心理健康

为了控制饮食，拥有正确的思想和态度很重要。这是非常关键的心态转变。不健康或超重状态是一种思维障碍，这类似于进食障碍。很多女性拒绝变得更健康，因为一想到要放弃某些食物，她们就觉得受不了。

有一次，我给一家大型组织做咨询，其中 CEO 的妻子对我说，当我们第一次将有益大脑健康的计划引入这家组织时，她曾告诉丈夫，她宁可得癌症也不愿意放弃吃糖。也就是在那时她意识到自己对糖成瘾了。

以有利于大脑健康的方式安排饮食是自爱的表现。如果你真的关爱自己，那么你就应该只把健康的食物送入口中。不过，为了做出这样的行为，你首先要有正确的思想和态度。如果你想释放出女性脑的全部力量，那么你必须成为大脑健康的卫士。

培养正确的食物观

思考方式会显著影响你的感受以及你做出的每一个决定。你对自己说出的谎言是导致疾病的一个最重要因素。以下是我听到过的一些有关食物的“小谎言”。

- **“我不想剥夺自己的享受。”**吃不健康的食物难道不会夺走你的健康，你最宝贵的资源？哪个更有价值呢，是活力、苗条和健康还是成堆的炸薯条、汽水、蛋糕、饼干以及其他你吃了几十年的垃圾食品？
- **“我总出差，所以无法吃得健康。”**这种说法让我觉得很可笑，因为我也经常出差。其实只需要事先计划好，出差时也可以吃得很健康。
- **“我们全家人都超重，这是遗传。”**这是最大的谎言之一。基因对你的健康只起到 20%～30% 的作用。大多数健康问题源自你自己做出的糟糕决策。我也有成为胖子的基因，但我下决心不让这种情况发生。
- **“保持健康太费钱了，我承担不起。”**生病比保持健康更费钱。
- **“我没有时间锻炼。”**锻炼之后你的头脑会变得更敏锐，你会发现锻炼其实节省了你的时间。
- **“从今天开始不合适，今天是复活节、纪念日、美国独立日、劳动节、感恩节、圣诞节、星期一、星期二、星期三、星期四、星期五、星期六或星期日。”**你总能找到损害自己健康的借口。

当你不再相信这些骗人的说法后，你的决策和你的健康会变得越来越好。那么有关食物观，你对自己说的谎言是什么呢？现在就把它写下来吧。在下文中，我将教你如何反驳这些谎言。

打破有害的思维模式

在治疗过程中，55 岁的南希告诉我，为了变得更健康，她将不能和孙子、孙女一起烘焙食物了，这令她很难过。与奶奶一起烤饼干，烤布朗尼和蛋糕是南希最珍视的童年经历之一。我一边听她这样说，一边看到消极思维模式正在试图“劫持”她的大脑，阻碍她突破传统。

“让我们来解决这个问题吧，”我说，“你感到难过，因为你不能和孙子、孙女一起烤饼干了，对吗？”

“是的。”她答道。

“为什么你不能和他们一起烤饼干了？”

“嗯，原因之一是，这会破坏我的健康计划。新鲜出炉的饼干太香了，让人难以抗拒。”

“还有其他原因吗？”

“如果和他们一起烤饼干，那么等于我在给他们种下不健康的种子，就像我奶奶无意识地培养了我的错误饮食观念。饼干和其他烘烤的小点心对我来说是心情食物。它们让我想到了奶奶对我的爱。”

我微笑着说：“我猜测，如果你不和他们一起烘烤饼干、蛋糕，便没有其他可以跟他们一起共度美好时光的方式了，是吗？”

“亚蒙博士，这是我听到你说出的最愚蠢的话之一。我当然可以和他们一起做其他事情。事实上，我正在考虑如何教他们做健康的饭菜。他们可以帮我做果昔、沙拉、牛油果酱、蔬菜和低升糖指数的果盘。我可以给他们留下有关健康的知识，他们可以教给他们的孙子、孙女，这样他们就不会再有那些有害而愚蠢的想法了。”南希反驳道。

我的病人常常会说出很聪明的话，我只要提出恰当的问题就可以了。仔细观察你无法放弃的旧思维模式，看看它们对你是有利还是有害。南希的消极思维模式不仅伤害了自己，还伤害了她最爱的人。

社会关系

为家人准备饭菜是一种重要的社会活动。作为黎巴嫩人的后裔，我对此有亲身的体会。黎巴嫩因美味的地中海食物出名，地中海饮食既可以非常健康（比如鹰嘴豆泥、塔布勒沙拉、烤鱼、烤羊肉），也可以非常不健康（比如黄油饼干和果仁蜜饼）。在我的生活中，我的妈妈、妻子、姨母、姐妹、女儿和侄女们在厨房里一起准备丰盛的饭菜是很常见的事情。我妈妈在有利于大脑健康的饮食方面起着带头作用，她对其他人产生了巨大的影响。越早开始健康的饮食越好。

社会关系的力量非常强大，以至于研究者发现一个人的家人和朋友的健康能够很好地预测出该人是否会长寿。1921 年，斯坦福大学心理学家路易斯·特曼对 1 548 名 10 岁的儿童进行了评估。他和后来的研究者对这个群体进行了 90 年的追踪研究，目的是寻找与成功、健康及长寿有关的特征。研究的主要发现之一是，社会关系对健康具有非常大的影响。如果你的朋友和家人不健康，那么你很有可能像他们一样。对于想改善自身健康状况的人来说，与其他健康者交往通常是一种最直接、最有力的改变途径。

这并不是说你应该抛弃所有存在健康问题的朋友和家人，而是应该和他们分享你的健康计划，和他们一起努力。

现在我希望你想着这个世界上你最爱的人。当有好事或坏事发生时，你会给谁打电话？我会给我的妻子、父母和我的孩子打电话。对于他们每一个人，你可以问自己："我是他的益友还是他的损友？"益友会帮助自己所爱之人取得成功；损友会拖累自己所爱之人，让他们无法摆脱坏习惯。

> "哦，得啦，就这一次的，没关系。"
> "整个周末我忙着给你做好吃的，多吃点。"
> "别扫大家的兴。"
> "今天是周末，辛辛苦苦地工作了一周，应该犒劳自己。"

你是否在帮助你所爱的人预防极具破坏性的疾病，比如阿尔茨海默病和抑郁症？或者你是否在无意中鼓励他们走向疾病呢？你其实可以在家庭中引领健康革命的。

精神追求

你对精神的感悟是你所做的每一件事情的基础。正如我已经探讨过的，精神性为你的生活注入了深层的目标感、意义感和激情。它是你与祖先、与后代、与地球的未来的联系。关于食物，你可以问自己："我吃的食物以及我让家人吃的食物具有什么意义吗？只是为了满足基本的营养需求吗？只是为了获得感官愉悦吗？或者是为了保持家人间的情谊吗？它们的作用是不是维持我的生命，以便我能完成一生的使命？"如果你的生命具有目的和意义，那么能够滋养你的大脑、身体和灵魂的高品质营养，对你将是最有利的。

我喜欢用缩略词 SOUL 来描述我们应该怎样充满灵性地吃。SOUL 代表了以下这些。

- **可持续的（Sustainable）。**我们能够继续种植或养殖这些食材，不会对地球造成损害。
- **有机的（Organic）。**食物来自清洁的环境，不存在有毒物质。
- **纯正的（Unadulterated）。**吃纯粹、完整的食物，不含人造色素、甜味剂或添加剂。
- **当地产的（Locally grown）。**我们的食物应该很新鲜，而且购买当地的食物能够支持当地的居民。

从精神的立足点出发，想一想你摄取的食物是如何被养育出来的。比如吃肉这件事，特别留意一下这些动物是吃什么长大的，因为它们吃的东西也会进入你的身体。同样，想一想这些动物是如何被饲养和宰杀的。饲养和宰杀的方式是否人道？如果你了解到这些，是否会感到不舒服？如果你把吃作为一种精神操练，那么这些都是非常关键的问题。

长时间以来我一直很关注动物被饲养和宰杀的方式。与人类一样，动物在感到放松或紧张、快乐或抑郁、亲切或愤怒时，身体会释放出不同的化学物质。如果这些动物被囚禁着饲养，生活在有毒的环境中，宰杀又很不人道，那么它们会感到紧张、愤怒和抑郁，我们吃它们的肉时也会把它们紧张、愤怒和抑郁时释放出来的化学物质吃进身体。你的食物被他人对待的方式关系到你的健康。

把吃作为一种精神操练不仅能让你对食物心存感激，而且能让人们以更人性化的方式来饲养、宰杀和消费食物。

第 5 个小时的练习——清理你的厨房

就像治疗师探索你的思维壁橱，清除有害的记忆一样，我想让你用一小时的时间去清理厨房里不健康的或有毒素的食物。参考本章中列出的“有益大脑健康的饮食 9 法则”。如果某种食物对你的健康不利，那么把它扔掉。不要把它捐给贫困者，因为它也会让贫困者变得不健康。

Unleash the Power of the Female Brain

平抚心境，使大脑平静下来

结束焦虑、担忧、抑郁和完美主义倾向

释放女性脑力量的**第 6 步：让大脑平静下来**

我的大脑像蜘蛛猿一样栖息在我脑袋的顶部，思考着很多可能是错误的事情……

大脑几乎成了我生活中最主要的问题。在我出门的时候，

我希望能把它放在冰箱里，但它总喜欢“缠着”我。

——安妮·拉莫特

正如前文探讨的那样，女性脑具有很多独特的优势，其中包括直觉、共情、合作、自控和适度的担忧。同样重要的是，我们应该意识到，它具有一些特定的脆弱性。请思考以下事实。

- 女性分泌的5-羟色胺比男性的少，一项研究显示，女性的5-羟色胺大约是男性的52%。尽管这有助于女性避免“别担心，开心就好”的心态（这种心态让很多男性陷入麻烦），但这种差异使得女性更有可能存在焦虑、抑郁和忧虑过度等问题。
- 雌激素对γ-氨基丁酸具有抑制作用，而γ-氨基丁酸有助于让大脑恢复平静。这使得女性更有可能在焦虑中挣扎。
- 睾酮对γ-氨基丁酸具有促进作用，因此男性的焦虑感比较少。当男性或患有多囊性卵巢综合征的女性体内睾酮水平过高时，他们的焦虑水平会降低，更有可能做出高风险的行为。
- 如果给处于青春期的雌鼠注射睾酮，那么成年后的雌鼠患抑郁症的可能性会降低。这说明青春期的女孩应该少吃糖（这会降低睾酮水平），进行轻度的举重训练，以提升睾酮水平。
- 由于女性的5-羟色胺水平比较低，因此她们的大脑更忙碌，更容易患上抑郁症。在很多国家、文化和民族中，被诊断患有抑郁症的女性人数差不多是相应男性人数的两倍。一生中得过重度抑郁症的女性概率为21.3%，而相应男性的概率为12.7%。

- 一些研究者认为，男性抑郁的方式与女性不同，因此他们没有得到恰当的诊断。男性抑郁的表现通常不是悲伤，而是愤怒、暴躁和鲁莽。另外，男性不太会主动寻求帮助。2008 年，某杂志上一篇标题为“女人找帮助，男人找死”（*Women Seek Help, Men Die*）的文章强调，男性害死自己的可能性是女性的 4 倍。寻求帮助是女性脑的优势之一。
- 女性对一种被称为 5- 羟色胺再摄取抑制剂的抗抑郁药具有更好的反应。
- 5- 羟色胺再摄取抑制剂对男性的疗效并不太好，当女性体内雌激素水平过低时，比如青春期前以及绝经后，这种药物也不是很有效。
- 具有刺激作用的抗抑郁剂，比如丙咪嗪或安非他酮对男性和绝经后女性的疗效更好。
- 在女性的一生中，她们往往会比男性经历更多的情感创伤，尤其是性虐待。
- 随着压力和创伤的增加，女性更有可能出现严重的压力反应，在激素波动时期，压力反应会更加恶化，例如月经前期，生完宝宝之后以及更年期。
- 焦虑症包括恐惧症、创伤后应激障碍、社交恐惧症以及一般性的焦虑症，它在女性中更加常见。
- 女性更容易同时出现创伤后应激障碍与物质滥用。对某些女性来说，清醒状态下创伤后应激障碍的症状会更加严重，就好像她们失去了自我治疗的方式。
- 与男性相比，进食障碍在女性中更常见。
- 上瘾通常在女性身上发展得更迅速。女性对兴奋剂，比如安非他命和可卡因的欣快作用更敏感。
- 女性的智慧主要集中在额叶上。因此，额叶受损给女性造成的认知损害比对男性的更严重。
- 有研究显示，女性更容易患阿尔茨海默病。

本章的内容将帮助你制订一套克服这些弱点、让你感觉更好的计划。

在 2012 年 NBA 季后赛期间，塔娜和我观看了一场湖人队的比赛。中场休息时，一位中国女演员进行了令人惊叹的表演。斯台普斯中心一片漆黑，只有一个巨大的聚光灯照着那位女杂技演员。她有着乌黑发亮的长发，穿着闪闪发光的衫裤套装，戴着帽子。她骑着独轮车来到场地中央。她的助手把一个白碗倒放在她的右脚上，她敏捷地把碗踢转过来，正好落在头顶上。

“哇，这需要技巧。”我想道。

心不在焉的观众发出了稀稀落落的掌声，他们正等着比赛再次开始。助手又将两个碗放到了她的左脚上，她同样把它们踢到了头顶上。现在，她的头上顶着 3 个碗。观众的掌声多了一些，他们对表演变得关注了。助手又把 3 个碗放在演员的右脚上，她似乎毫不费力地就把它们踢到了头顶的 3 个碗上。

“我的天呀！”我想道。

助手将 4 个碗放在了她的右脚上，她再一次把它们踢到了头顶的 6 个碗上。现在，她的头上顶着 10 个碗。观众发出了一片赞叹声，更加专注地看着这位骑独轮车的女性。助手又在她的每只脚上各放了 5 个碗。

“这不可能。”我对塔娜说。

然而，这位演员把一只脚的 5 个碗翻到了头顶上，然后又把另一只脚上的 5 个碗也翻到了头顶上。现在，她的头上顶着 20 个碗。观众跳了起来，站着为她大声喝彩。她弯下腰，把 20 个碗交给了助手。

在观看这场惊人的表演时，我不禁惊叹这位女士的技巧。多少年的苦练才能让她的身体具有这样的技能！她需要进行多少练习才能很好地平衡独轮车和那些碗！任何一个闪失都意味着她将摔倒或受到严重伤害。她做这些动作需要控制好身体，但它们同样说明这位女士多年的情绪控制和心理控制能力。

你也能够进行这样的情绪控制，掌握控制的技巧。正如我们在前文看到的，在很多情况下，女性忙碌的大脑会成为一种优势。不过，无法摆脱的担忧、懊悔和固执的想法也会令她们无法招架。学习特定的技巧，训练并控制大脑，能够减轻惊恐发作、压力、痛苦和抑郁，甚至使它们完全消失。

“心猿”是一个佛教用语，指的是心里东想西想。在这里我给你一份清晰的路线图，告诉你如何驯服“心猿”，让你活跃的大脑平静下来，并降低焦虑、抑郁及进食障碍的风险。从根本上说，这些问题都属于思维障碍。

在对女性的治疗过程中，我看到许多女性运用那位中国杂技演员所采用的方法和技巧，并获得了惊人的效果。是的，这需要持之以恒的练习，就像那位表演者为了达到表演效果所必须做的那样。如果你想在某方面能力卓越，获得身体或心理的控制技巧，那么你必须不断练习。它的回报也是巨大的。

研究显示，认知疗法（学习如何控制自己思维）的疗效与治疗焦虑症、抑郁症和进食障碍的抗抑郁药物一样好。在有些研究中，认知疗法甚至比药物更有效。更令人欣喜的是，认知疗法没有副作用。大脑平静下来的直接好处是，人会变得更平和、更清醒、更灵活，情绪得到很大的改善。长期效果包括让你获得平静感、自主感和自我控制感。

出笼的心猿

在吃了很多东西后，你觉得自己变胖了，你开始恨自己，把自己催吐，然后你更恨自己了。

你一心盼着男朋友的电话，他却没有打来。你开始担心他是不是欺骗了你，或者他不再爱你了。当他打来电话时，没等他解释，你就开始对他咆哮。

丈夫忘记了你的生日和你们的结婚纪念日，你感到很伤心，觉得被忽视了，有一种比以往任何时候都强烈的孤独感。当丈夫回来时，你故意忽视他，虽然他一再问你为什么不高兴。

你要去接孩子，老板却让你加班，而你姐姐又希望你帮她一起准备晚餐。你简直要抓狂了，怎么才能把每件事都做完，让每个人都开心？你的心脏狂跳不止，开始腹泻。

在杂货店里，你突然觉得要惊恐发作了。你想象自己晕倒了，救护车把你送进医院。于是，你想也没想，就把装满货品的购物篮扔下，赶紧开车回家了。

你寡居的妈妈年纪越来越大，你担心她不会活很久了。既而，悲伤之情将你彻底淹没。

你 16 岁的女儿开始和男孩子约会，你担心她会犯和你相同的错误。于是，你禁止她约会，这遭到了她爸爸的反对，结果引发了一场家庭风暴。

你目前单身，特别害怕自己永远找不到爱人；或者你目前正在恋爱，但令你难过的是，你和恋人的关系似乎不会发展为婚姻，而你是多么渴望稳定的婚姻啊。于是，在一天中的大部分时间里，你总感到心绪狂乱，事事烦躁。

你想变得更健康，但你很不愿意放弃蛋糕和饼干。你知道吃那些东西不会带给你健康，但你不想被剥夺这些享受。你感到难过，无论哪条路你都无法走下去。

你常常左右为难，觉得自己任何事情都做不好，是一个彻头彻尾的失败者，应该就此放弃，但你不能放弃，因为很多人都寄希望于你。

有时，你的思维好像真的失控了。

以上这些描述听起来熟悉吗？能够对号入座的人不在少数。

用“4 个圆”来控制思维

为了让大脑平静下来，你需要控制并训练自己的思维。正如我们将要看到的，为了关闭异常活跃的大脑，你必须先打开它。控制思维的基础是优化“4 个圆”。

生理健康

让大脑平静下来，很重要的一点是要避免任何可能伤害大脑的事情，养成有利于大脑健康的习惯。同时，你还应该了解自己重要的健康指标数据，进行各项身体检查。如果你的甲状腺激素、孕酮或肠道菌群水平不正常，那么“心猿”会在你大脑的隐蔽处发出刺耳的尖叫。心理训练便不可能充分发挥作用。

另外，保持血糖稳定，每晚至少保持 7 小时的睡眠也非常重要。低血糖或缺乏睡眠会减少大脑中的血流，导致人们做出糟糕的决定，使人们无法抑制那些折磨人的想法。前额叶发挥着重要的抑制功能，它能帮助情绪化的大脑平静下来。当额叶中的血流较少或其活动性较低时，它便无法让喧嚣的思绪安静下来，因此你就会感到痛苦。所以治疗注意力缺陷障碍，以及治愈影响到前额叶功能的大脑损伤非常重要，因为注意力缺陷障碍等往往与前额叶活动性较低有关（更多内容见第 8 章）。

大脑成像研究告诉我们，了解自己特定的大脑类型是让思绪平静下来的关键。每个人的大脑各不相同。

1991 年，当我刚开始在亚蒙诊所进行大脑成像研究时，我试图找到与焦虑症、抑郁症、成瘾及注意力缺陷障碍有关的大脑模式。但是我很快发现，显然没有一种模式能够对应到任何一种疾病，它们是多种多样的。当然，我后来意识到，绝不可能有单一的一种抑郁大脑模式，因为所有抑郁者的特征都不尽相同。有些抑郁者与世隔绝，有些抑郁者愤怒、暴躁，还有些抑郁者焦虑或具有强迫性。

大脑扫描有助于我了解焦虑、抑郁、注意力缺陷障碍或成瘾的类型，因此我可以更好地进行有针对性的治疗。这使得我对病人的治疗效果产生了惊人的突破。它为成千上万名来到亚蒙诊所的病人以及阅读我的作品的读者开启了新的理解之门，也开启了新的希望。在以前出版的书中，我写过 6 种类型的注意力缺陷障碍、7 种类型的焦虑症和抑郁症、6 种类型的成瘾以及 5 种类型的暴食症。了解这些疾病类型对获得适当的帮助很重要。

接下来，我简单介绍一下需要安抚的女性脑中最为重要的 5 种大脑类型。

类型 1：冲动型。具有冲动型大脑的人很难控制自己的冲动，且很容易分心，无法控制自己不去说或不去做那些进入脑海的事情。SPECT 扫描通常显示，这种大脑类型的人前额叶的活动性偏低。你还记得吗，前额叶是大脑中的制动系统，它能阻止我们说出蠢话或做出糟糕的决定。它能让头脑发出细微的

“呵斥”声，帮助你在香蕉和冰激凌之间做出选择。患有注意力缺陷障碍的人往往拥有一个冲动型的大脑，这与大脑中多巴胺水平较低有关。患有注意力缺陷障碍的人只能保持短时间的专注，他们容易分心，没有条理，焦躁不安且冲动，就像脑子里有一只过度活跃的“心猿”。如果不改善前额叶的功能，控制“心猿”几乎是不可能的。

我和我的研究团队进行了一些研究。这些研究显示，当具有冲动型大脑的人试图集中注意力时，他们前额叶的活动性其实会降低，这使得他们更难控制自己的行为。对这样的人来说，他们越是努力地减肥，减肥的效果反而越糟糕。吸烟者和大量饮用咖啡者都属于这个类型。

提升大脑中多巴胺的水平对具有冲动型大脑的人最有帮助，因为这样做能加强他们前额叶的功能。高蛋白质、低碳水化合物的饮食、锻炼，以及某些具有刺激性的补充剂，比如绿茶、红景天、人参、酪氨酸，或者诸如阿得拉（Adderall）、哌甲酯制剂（Concerta）这样的兴奋剂也会有帮助。一般来说，我对用药是非常谨慎的，药物通常不是我的首选。任何让大脑平静下来的补充剂或药物，比如 5- 羟基色胺酸或选择性 5- 羟色胺再摄取抑制剂，常常会让冲动型的人变得更冲动，因为它们会降低前额叶的功能，把大脑的制动系统关掉。我曾用选择性 5- 羟色胺再摄取抑制剂治疗过几十个冲动型的女性，她们会做出一些事后令自己追悔莫及的事情，比如纵欲或超前消费。提升 5- 羟色胺的药物降低了她们前额叶的活动性，抑制了大脑中负责判断的部位。

类型 2：强迫型。具有强迫型大脑的人会执着于消极的想法或消极的行为。他们比较容易担忧，睡眠不好。另外，他们好争辩，总提出反对意见，对过去的事情念念不忘，容易记仇。具有这种类型大脑的人的前扣带回往往过度活跃，前扣带回的作用类似于大脑的变速杆。当人体内 5- 羟色胺水平过低时，大脑中的变速杆就会变得不灵活。当前扣带回过度活跃时，人们便会执着于一个想法。想法会周而复始地在脑海中盘旋。它就像一只在滚轮上奔跑的小鼠，小鼠没办法从滚轮上下来。

咖啡因、减肥药等兴奋剂会让具有强迫型大脑的人的情况变得更糟糕，因为这种类型的大脑不需要更多的刺激。有这种类型大脑的女性会觉得晚上喝几杯酒能平复她们的忧虑。这种类型的大脑与焦虑症、抑郁症存在一定的关系。患有神经性厌食症和强迫症的病人往往具有这种类型的大脑。

让强迫型大脑平静下来的最佳策略是用自然的方法来提升 5- 羟色胺，因为 5- 羟色胺能够让大脑恢复平静。体育锻炼能够提升 5- 羟色胺水平，一些补充剂，比如 5- 羟基色氨酸、肌醇、藏红花和圣约翰草都有这样的作用。提升 5- 羟色胺的药物包括选择性 5- 羟色胺再摄取抑制剂，比如百忧解、左洛复、依地普仑、西酞普兰和帕罗西汀。

简单的碳水化合物也能提升 5- 羟色胺水平，所以许多女性会对面包、意大利面和糖等简单的碳水化合物上瘾。这些都是心情食物，往往被人们用来治疗一些潜在的情绪问题。一定要避免这些糊弄一时的方法，因为虽然短期内它们是有效的，但会造成长期的问题。

类型 3：冲动 - 强迫型。从表面上看，这种类型的大脑似乎很矛盾。一个人怎么可能同时既冲动又强迫呢？请想一想暴食症。具有冲动 - 强迫型大脑的人会有强迫性的欲望，想大吃大喝对健康无益的食物。同时他们几乎无法控制自己大吃大喝或服用泻药的冲动。大脑扫描显示，这类人的前扣带回非常活跃。前扣带回是有助于转移注意力的脑区，因此他们会过度思考消极的想法，或者陷在消极想法中无法自拔。不过，这类人的前额叶活动性很低，也就是他们控制冲动的脑区很不活跃，这意味着他们很难监控自己的行为。

从我的经验来看，酗酒者的孩子或孙辈常常会出现冲动 - 强迫型大脑。

对于这种类型的大脑，同时增加大脑中的 5- 羟色胺和多巴胺是一种有效的治疗方法，比如锻炼的同时服用 5- 羟基色氨酸、绿茶等补充剂，或者服用百忧解、阿得拉等药物。只服用 5- 羟基色氨酸或绿茶会让这类人的大脑变得更糟糕。

类型 4：郁闷型。具有郁闷型大脑的人常常会感到抑郁、难过、烦闷、没精神和低自尊。SPECT 扫描显示，他们的边缘系统（负责情绪的脑区）非常活跃，这在患有情感障碍的病人中很常见。对于这种类型的病人，提升维生素 D 的水平、锻炼，服用鱼油和 S - 腺苷蛋氨酸补充剂，或者服用安非他酮这样的药物都会有所帮助。

当女性向医生抱怨自己有抑郁情绪时，医生往往会给她们开百忧解或依地普仑这类的选择性 5- 羟色胺再摄取抑制剂。一些大规模的研究显示，这些药物的疗效与安慰剂相差无几。问题不在于这些药物不够好，而在于抑郁症的种类很多，一种治疗方法不可能对所有类型的抑郁症都有效。对于郁闷型的大脑，如果这些病人同时还具有强迫倾向或者过于专注，那么选择性 5- 羟色胺再摄取抑制剂对他们会是有效的；然而如果他们没有这些症状，这类药物往往会让病情变得更糟糕。

类型 5：焦虑型。焦虑、紧张、避免冲突、总预测会发生最坏的结果，都是焦虑型大脑的特征。在 SPECT 扫描中，我们常看到这种类型的人基底神经节非常活跃，它是与设定一个人的焦虑程度有关的脑区。基底神经节过度活跃是因为 γ - 氨基丁酸的水平偏低，这导致人们常常会感到焦虑或身体绷紧。

可以用药物和催眠的方法让这种类型的大脑恢复平静，另外还可以服用维生素 B_6、镁和 γ - 氨基丁酸。用这种方法治疗后，病人一般会感到更加放松，对自己的思维更有控制力了。我尽量避免使用抗焦虑药物，比如阿普唑仑（Xanax）或安定类药物，因为它们会导致上瘾。如果需要给病人用药，我一般会给他们开抗痉挛药，比如加巴喷丁（Neurontin），从而让他们过度活跃的大脑平静下来。

一个人具有不止一种类型的大脑是很常见的情况。如果你就是这样的情况，那么应该先治疗最令人烦恼的类型，然后再治疗其他类型。

心理健康

要让你的大脑平静下来不仅需要良好的睡眠、正常的血糖水平、益生菌以及针对你的大脑类型的补充剂，还需要练习心理控制的技巧，学会如何坦诚地面对自己。为了帮助病人拥有可控的大脑，亚蒙诊所常常教他们以下的心理控制策略：消除自动的消极想法（ANT），从事“工作”，练习催眠和冥想。

消除自动的消极想法

亚蒙诊所重要的治疗方法之一被我称为“蚂蚁”疗法[①]，也就是学会如何终止自动的消极想法，让你能够控制自己的想法。对许多女性来说，学会不去相信自己那些愚蠢的念头是结束不必要的痛苦的关键技巧。不知从哪里来的消极想法自动跳入脑海后，如果你不对它们提出质疑，它们便会啃咬、折磨、扰乱你的内心。如果你不对自动的消极想法进行检视，它们便会偷走你的幸福，让你变得又老又胖，抑郁而痴呆。

以下列出的消除自动的消极想法的练习看起来非常简单，你可能会怀疑它是否真的很有效，但我确实看到它改变了很多人的生活，包括我自己的生活。你的痛苦将会减少，健康和幸福会有所增加。一些研究已经发现，这种治疗技术像治疗焦虑症、抑郁症、进食障碍的抗抑郁药物一样有效。以下是消除自动的消极想法的方法指导：

1. 每当你感到悲伤、难过、紧张或失控时，在一张纸上画一个表，把表分成三列；
2. 在第一列中，写下脑海中出现的自动的消极想法；
3. 在第二列中，明确判断这些消极想法的类型（治疗师通常将自动的消极想法分为 9 种类型）；
4. 在第三列中，反驳、纠正并消除这些自动的消极想法。如果你和我一样，那么在你十几岁的时候一定很擅长反驳你的父母。现在，你需要学会以同样的方式反驳你对自己说的谎言。

① 自动的消极想法（automatic negative thoughts）的首字母缩写为“ANT”，即“蚂蚁”。——编者注

自动的消极想法	自动的消极想法类型	消除自动的消极想法
●我再也快乐不起来了	●命中注定型	●现在我很悲伤，但很快就会感觉好些
●我是个失败者	●贴标签型	●在很多事情上我做得很成功
●都是你的错	●责备型	●我应该检视自己有什么责任
●我本应该做得更好	●内疚型	●我将从错误中吸取教训，下次会做得更好
●我老了	●贴标签型	●通过实施这个计划，我觉得自己变得更年轻了

9 种类型的自动的消极想法

Unleash the Power of the Female Brain

1. 感觉至上型：毫不怀疑地相信自己的消极感受。
2. 内疚型：想法中常常带有“应该”“必须”“应当”“不得不”等字眼。
3. 命中注定型：以消极的方式预测未来。
4. 读心术型：武断地认为自己知道其他人怎么想，即使人家没告诉你他们的想法。
5. 个人化型：认为一些无关痛痒的事件具有针对个人的意义。
6. 以偏概全型：过度泛化，想法中常常带有“总是”“从不”“每个人”“每次”等字眼。
7. 只看消极面型：只盯着出问题的方面，忽视积极的方面。
8. 贴标签型：给自己或他人贴上消极的标签。
9. 责备型：因自己生活中的问题而责备他人。

正如我们在第 2 章中看到的，共情是女性特有的一个优势。共情的缺点是会把自己卷入别人的悲伤和痛苦中，你会陪着他们难过，好像他们的问题也成了你的问题。当你关心的人处于困境中时，你会对自己的快乐和成功感到内疚。很多女性觉得留出时间和空间来关爱自己是应该感到焦虑或内疚的，尤其是当她们所爱之人身处困境的时候。

任何人都有可能受到自动的消极想法的伤害。但是共情以及专注于自己的情感尤其会容易让你受到两种自动的消极想法的侵害。

感觉至上型。女性的一个重要优势是知道自己的感受，但是这项优势的不利之处在于，它容易让女性用感情代替思考，例如，“我觉得你不爱我了”或者“我觉得我受到了不公正的对待”。或许你真有这样的感觉，但那是真实的吗？感觉会撒谎，尤其是当你疲劳、饥饿、担忧、承受着压力，缺少大脑所需的化学物质或者苦恼于激素问题时。不要让你的消极感受掌控你的思考，要把你的感觉写下来，寻找背后的证据。

内疚型。当你的想法中出现“应该”“必须”“应当”“不得不”等字眼时，你很可能是在用内疚折磨自己。女性常常被教导要把别人的需求放在首位，因此当她们争取自己的权利或抽时间让自己解压时，往往会感到内疚。我并不是说你应该忽视自己的道德准则，但你应该看一看能否将内疚重新塑造成另外一种你可以接受的说法。比如，你不说“我应该打电话给凯西，帮助她克服破产带来的困难”，而是问自己这种行为是否符合你的目标和时间安排。如果回答是否定的，那么你应该选一个更合适的时间去打电话。逐渐将自己从内疚的消极想法中解放出来，有助于平息你头脑中的喧嚣，让你做出更好的选择。

女性的直觉使你能够看到并知道其他人看不到或没有发觉的很多事情，虽然你无法解释自己是如何做到的。如果使用恰当，直觉能够成为女性的一个巨大优势。不过它也会开启很多担忧和焦虑。如果你毫不怀疑地相信自己的直觉，那么最终你可能会“知道”很多不真实的事情。是的，有时候你是对的，但有时候你只是在创造自己臆想中的现实，这些“现实”可能会受到缺乏睡眠、低血糖或混乱的大脑激素的影响。你生活在自己的消极思维和毫无根据的感觉所渲染的世界中，它给你带来了很多不必要的焦虑，让你的人际关系破裂。你成了命中注定型、读心术型的消极想法的受害者。

命中注定型。当你用命运来解释事件的时候，你会武断地做出最糟糕的预测,比如“这门课我会不及格”“在杂货店里我会惊恐发作”。当你给自己“算命”的时候，你的心跳会加快，呼吸会变得又快又浅，肾上腺开始分泌出皮质醇和肾上腺素。命中注定的想法会不断增加你的压力。更糟糕的是，对坏事的预测实际上会推动预测变成现实。如果你要去赴约，并预测结果不会很好，那么你会只盯着约会对象的消极方面，变得反应不太积极，不太开心，也不太有情趣。如果你预测这一天的工作会不顺利，那么一旦发生了不好的事情，你的心情就会变得很差，这一天肯定每况愈下。

读心术型。即使在对方没有告诉你的情况下，你也相信自己知道对方在想什么，那么你就是在读心。如果某人用古怪的眼神看着你，你可能会想:“我知道她不喜欢我。”这就是读心。或许那个人只是今天心情不好。分清有益的直觉和有害的读心术型消极想法并非易事，但是一旦你学会了如何消除这种消极的想法，你的人际关系和情绪将得到改善。

合作就是为了实现目标而与他人联合。这通常是女性脑的优势，是一件好事。不过合作具有两个不利的方面：一个方面是互相依赖，或者做了本应由他人做的事情，承担本应由他人承担的后果；另一个不利的方面是依赖，觉得如果没有他人的允许或帮助，你自己什么事情也做不了。无论是依赖还是互相依赖都会使你很难坚持自己的界限，保持自己的自主性。最终你会觉得自己像一个受害者，这使你很容易产生个人化型和以偏概全型的消极想法。

个人化型。建立人际关系是女性的一个关键优势，但不利的方面是个人化的倾向。“丈夫没有给我打电话，他一定不再爱我了”便是个人化型消极想法的一个典型例子。丈夫没打电话的原因可能与你一点关系都没有，他只是感到有压力、心烦意乱或正在处理危机。另一个例子是“上大学的女儿数学考试没通过，她上高中时我本应该花更多的时间来辅导她”。把女儿的失败看成自己的问题便是思维障碍的表现，因为对于上了大学的女儿来说，她应该为自己的学习习惯负责，而不是由你负责。既不要把所有的失误都归咎于自己，也不要认为其他人的行为都与你有关，而应该准确反映现实。要明白那些想法只是自动的消极想法。

以偏概全型。这种类型消极想法的特点是会出现“总是”“从不”“没人”“每个人”“每次”“每件事”这样的字眼，那么你就会把一个临时的消极状态看成永久的现实。举一些例子，比如“他从来不听我的”“我总是不得不做她希望我做的事情”“除了我之外，家里的每个人都我行我素”这类想法关闭了其他可能性，让你只关注消极面，这会使你变得更焦虑或者更抑郁。

只看消极面型。大多数人和大多数经历都是积极与消极并存的。运用明智的判断来避免危险的、不健康的或令人不快的情境很重要，但同样重要的是，不要过分夸大其中的一个消极因素。只盯着消极面肯定会令你感觉不好，而只盯着积极面通常会令你感觉太好，因此训练有素的大脑在看到积极面的同时也会看到消极面中有价值的东西。你把注意力放到哪里，决定了你会有怎样的感觉。我不希望你以为天上会掉馅饼，为了感觉良好而忽视了健康和幸福。我希望你能够在需要担忧的时候担忧，同时无论身处什么样的情境都能发现其中的积极面。聚焦于积极面的一个额外好处是，它能够让你看到更广泛的机会。这意味着，你更有可能发现对自己有利的人和情境。

贴标签型。无论是给你自己还是给其他人贴上一个消极的标签，都会使你无法看清相应的人或情境。“他是个笨蛋”“我是个白痴”“多么愚蠢的规则”“说出这种话太可怕了”，这种标签会让你不能清醒地认识某个人、某项规则或某段评论，因为你满脑子都是“笨蛋”“白痴”“愚蠢的规则”“可怕的言论”。贴标签对解决问题或对自己做出准确的评判毫无帮助。一定要避免贴标签，尽量看到事物的本来面目。

责备型。有时别人会做出伤害我们的事情，但是即使如此，责备也是有害的。当我们说“如果你当初没有做……我本可以过得很好”时，我们其实是在说“你具有掌握我生活的所有权力，而我一无所有”。责备型的消极想法会让你觉得自己没有控制力，所以它是最有害的自动的消极想法。聚焦于你针对眼下的状况能做什么，以及接下来你想做什么，不要让这些责备型的消极想法进入你的头脑。

无力自拔的詹娜

詹娜二十五六岁了，是平面设计师。她在工作中遇到了越来越多的麻烦。尽管在业界获得了多项颇具盛名的奖项，但她似乎无法与客户或主管很好地相处。她知道自己的意见是对的，但不得不做出妥协时，她会感到非常沮丧。她发现自己常常会与人发生争执，甚至经常同男朋友吵架。詹娜告诉我：“一旦我们争执起来，我就无法轻易停止。我能记得男朋友对我做过的每一件糟糕的事情，我不断地攻击他。我会提起3年前发生的事情，因为对我来说，那就好像发生在昨天。我似乎把这些想法塞入了自己的脑袋，并且不让它们出来。”

詹娜是强迫型大脑的典型案例。她总是陷入自己无法摆脱的消极想法中。詹娜发现补充5-羟基色氨酸、锻炼以及保持规律的作息对安抚她过度活跃的大脑很有帮助。不过只采用这些生物学的方法还不够，詹娜还应该学会如何终止自己的消极想法。

詹娜最有害的消极想法是责备型的消极想法。每当有糟糕的事情发生在她身上时，她都倾向于责备他人，而不是看一看自己有什么问题，或者至少从其他人的视角来看待当下的情况。我并不希望詹娜从责备他人转变为自责，但我希望她不要再觉得自己像一个受害者。

以下是詹娜消除责备型自动的消极想法的练习法：

自动的消极想法	自动的消极想法类型	消除自动的消极想法
●我很难在最终期限之前完成工作，因为客户不断地改变主意。我真可怜，这一切都是他的错	●责备型	●我选择了这份工作，因为我喜欢它。满足客户的需求、熬夜在最终期限之前完工都是工作的一部分。我一定要定期休息，吃健康的食物，这样我才能始终保持充沛的精力和热情
●男朋友没有及时给我打电话，现在去看电影已经太晚了。他把我一个晚上都毁了	●责备型	●现在还不算太晚，也许我可以去看晚场……或者看看电视……或者和朋友煲煲电话粥。我不必因为没有接到一个电话就错失整个晚上的乐趣

当詹娜训练自己的思维时，她发现了一个巨大的额外益处：她不再处处受制于自己的想法了。她的思维变得更加灵活，她感到更加平静，忧虑也减少了，开始能够与客户、同事及所爱之人更好地相处了。训练思维使詹娜的大脑恢复了平静，生活状况得到了改善。

玛姬：学习接受不完美

玛姬是一位 52 岁的单亲妈妈，有 3 个孩子，是银行高管。尽管她的事业成功，孩子们发展得也很好，但玛姬总担心会出问题。她常常好几个小时睡不着，脑子里闪过一个又一个潜在的不幸事件。尽管玛姬获得过很多专业领域的荣誉，但她常常觉得自己像一个骗子，她经常在办公室里工作到很晚，以确保把工作做到“完美”。玛姬来找我的时候，我看到她穿着漂亮得体，发型无可挑剔，但指甲有咬过的痕迹。在我们交谈时，她轻轻抖动着一条腿，好像随时打算从椅子上跳起来。“我很累，总是为一些鸡毛蒜皮的小事担心，”她对我说，“但我又停不下来。”

玛姬是聪明、有才干、有成就的女性的典型代表，但她的思维混乱而失控，大脑也总是在忙碌。由于她总觉得自己像一个骗子，所以不停地要求自己做到完美，希望这样别人就不会“看穿”她，不会危害到她目前的职位。很多女性都存在这样的问题，一部分原因是她们真的面临职场中来自男性和女性的反对，另一部分原因是她们受到了自动的消极想法的侵害。

玛姬最糟糕的自动的消极想法是读心术型和个人化型。她总猜测同事们不喜欢她，有一位员工对她非常不满，或者最高管理者想要裁掉她。她把公司政策都看成是针对她个人的，而不认为这些政策会影响公司中的每一个人，之所以制定这些政策其实跟她一点关系也没有。自动的消极想法给她带来了很多不必要的焦虑、烦乱和不快。

当我给玛姬展示如何消除自动的消极想法后，她开始用最初打拼事业时的决心和干劲来训练自己的思维了。以下，是玛姬每天消除消极想法的心理练习：

自动的消极想法	自动的消极想法类型	消除自动的消极想法
●我经过她办公桌的时候她没有对我微笑，她一定对昨天会议上我对她说的话生气了	●读心术型	●我根本不可能知道她为什么不笑。或许她没有注意到我，或许她的孩子生病了。如果我想知道她在想什么，我可以问问她
●因为女儿生病，所以上周我迟到了3次。新出台的有关迟到的规则显然是针对我的。我得确保自己准时上班，否则今年我的奖金就没着落了	●个人化型	●这是一家大公司，谁知道为什么他们在这个时候发布这项规则。我是20位副总裁之一，似乎不会因为我迟到了几分钟就让他们发布一份全公司范围的规则吧。我的成绩显著，每个人都看到了。拿到年终奖应该没问题

采取有利于大脑健康的思维习惯帮助玛姬的大脑平静了下来，而且这种思维练习还产生了长期的影响。尽管玛姬告诉我，为了消除自动的消极想法，她必须进行大量练习，就像本章开始时提到的那位杂技表演者为了获得技能一样，但玛姬感到更加平静、更加快乐、更有控制力了。她重拾自信还有一项额外的好处，那就是工作业绩得到了改善，这让她有了更多自信的理由。玛姬看到让大脑恢复平静能够形成一个良性循环，良性循环会取代恶性循环。当看到自己取得的巨大成果时，玛姬觉得为此付出的所有练习时间和辛苦都是值得的。

“工作”法：4 个问题改变思维方向

“工作”是另一种消除自动的消极想法的途径，我把它教给了我的病人。我的朋友拜伦·凯蒂（Byron Katie）开发了这种技术，并在《一念之转》（*Loving What Is*）中做出了解释。这本书是由她和丈夫史蒂芬·米切尔（Stephen Mitchell）共同完成的。凯蒂在书中提到自己曾患有严重的抑郁症，有过自杀倾向。凯蒂是一位商人，一位年轻的母亲兼妻子，住在南加州的沙漠区。凯蒂在33岁时患上了严重的抑郁症，之后的10年中，她在自我憎恨、愤怒和绝望中越陷越深，不断冒出自杀的念头，非常偏执。发展到后期，她常常连卧室都走不出去，也无法照顾自己和家人。1986年的一个早晨，凯蒂非常吃惊地醒来，她意识到当她相信自己的某些想法时，她就会感到痛苦，但当她质疑自己的想法时，痛苦就消失了。这让她发生了蜕变。

凯蒂了不起的洞见是：令我们感到抑郁、愤怒、紧张、被抛弃和绝望的不是生活或者其他人，而是我们自己的想法。换句话说就是，我们既可以生活在自己构建的地狱里，也可以生活在自己创造的天堂中。

凯蒂发展了一种简单的方法来质疑自己的想法。步骤是：第一，把任何折磨自己的想法写下来，比如我们评判他人的想法；第二，问自己4个问题；第三，改变思维方向。这样做的目的不是获得积极思维，而是获得准确的思维。其中的4个问题是：

- 问题1：这个想法符合事实吗?
- 问题2：我能确定地知道它是真实的吗?
- 问题3：如果我相信这个想法，我会做出怎样的反应?
- 问题4：如果没有这种想法，我会成为什么样的人，或者如果没有这种想法，我会有怎样的感受?

在回答了这4个问题之后，你便可以改变思维方向，将最初的想法彻底反转过来，并询问自己，最初想法的对立面是否不真实，或者比最初的想法更符合事实。然后采取反转过来的想法，把它运用到自己身上。如果你最初的想法还涉及其他人，那么也可以将它运用到其他人身上。

在办公室里，我经常在白板上写下这4个问题，以帮助来访者反驳令他们

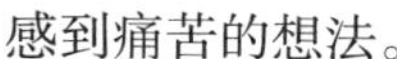

感到痛苦的想法。

48 岁的塞莱斯特是一位离异母亲，她有 8 个孩子。她总是郁郁寡欢，觉得自己不能够胜任母亲的角色。自从 5 年前离婚时起，她便开始感到悲伤、孤独，觉得自己不招人喜欢。她很喜欢拥有亲密的人际关系，离婚让她在感情上空落落的。她说："没有人想娶有 8 个孩子的老女人。"因此，我们开始对这种想法做"工作"。塞莱斯特对 4 个问题的回答如下：

- 问题 1：真的没有人想娶有 8 个孩子的 48 岁的女人吗？
    - 是的，没人想要这样的包袱。
- 问题 2：你能确定地知道没有人想娶有 8 个孩子的 48 岁的女人吗？
    - 当然不能，我无法确定地知道。
- 问题 3：如果你相信这个想法，你会有怎样的感受？
    - 我觉得很难过、很无助，也很孤独。
- 问题 4：如果没有这种想法，你会成为什么样的人或有怎样的感受？
    - 我会快乐很多，会变得更乐观，可能看起来更招人喜欢。

改变思维方向："没有人想娶有 8 个孩子的 48 岁的女人"的反面是什么？是"有人会想娶我，和我一起养育这些孩子"。好，哪一个陈述更符合事实呢？塞莱斯特说："我不知道，但如果我的做法表现得好像没人想娶我，那么可能真的没有人会娶我了。"改变了思维并实施了释放大脑力量的计划后，塞莱斯特又开始约会了。

令塞莱斯特感到吃惊的是，找到想拥有一个大家庭的好男人并不困难。两年后我收到了她的结婚请柬，请柬上附着一张便笺，上面写着："不，那不是真的。"

所有人都需要找到纠正自己消极思维的方法。想一想像塞莱斯特这样的女性的遭遇，她们听任自动的消极想法支配自己的人际关系、事业或财务。我看到这 4 个问题给许多人的生活带来了显著的改变，我知道它们也能给你的生活带来改变。

阿尼可

阿尼可来到亚蒙诊所时，可谓是度日如年。阿尼可 30 岁刚出头，是一位信息技术专家。6 个月前她和男朋友分手了，这令她痛苦万分。阿尼可对这个男人比对历任男朋友都认真，她希望就此安定下来，与他组建家庭。因此，当这个男朋友离开她时，她受到了很大的打击。她有时会痛哭流涕，尤其是在月经前那一周。周末时，她常常感到精疲力竭，会在床上躺一整天，或者干脆两天都不下床。她的体重增加了将近 7 公斤，这让她感觉更加糟糕。阿尼可对我说："我本应该能从中挣脱出来的，但就是做不到。"

阿尼可的大脑 SPECT 扫描结果证实了，她大脑的焦虑中心特别活跃，导致她总是做出最差的预测。我给她设计了一个有利于大脑健康的食谱，并让她开始锻炼。我知道这样做对她的情绪、活力和体重都会有帮助。阿尼可还需要抚慰自己的情绪，训练自己的思维。我和阿尼可一起找到了对她危害最大的消极想法。对她来说，那就是以偏概全型的消极想法（"没人会爱我"）和感觉至上型的消极想法（"我感到很孤独，所以我将形影相吊"），以及命中注定型的消极想法（"我永远都不会拥有自己的孩子或家庭"）。

在帮助阿尼可的过程中，我发现她被那 4 个问题深深吸引了。当阿尼可对自己说"没人会爱我了"时，我让她用凯蒂使用的方法来消除自动的消极想法。以下内容展示了这种方法是如何发挥作用的。阿尼可的自动的消极想法是：没人会爱我了！

- 问题 1：这符合事实吗？
  - 是的，我就是这样认为的。没人会爱我了！
- 问题 2：你能确定地知道这是真实的吗？
  - 嗯，不能，我不那么确定。我猜想这是真实的……

- 问题3：当你相信这种想法的时候，会发生什么？
  - 我会感到难过、孤独、苦恼、泄气……
- 问题4：如果没有这种想法，你会成为怎样的人？
  - 我会感到更自信，终有一天我会找到爱我的人，结婚。

改变思维方向：有人会爱我。

质疑自己的消极想法有助于让阿尼可明白，它们只是一些想法，而不是现实。她还使用了另一种强有力的消除自动的消极想法的技术，那就是找出自动的消极想法，把它改造成更准确的陈述。以下是阿尼可对“我感到很孤独，所以我将形影相吊”这个想法的改造。

自动的消极想法	自动的消极想法类型	消除自动的消极想法
●我感到很孤独，所以我将形影相吊	●感觉至上型	●即使我感到很孤独，但依然有很多人关心我，比如我妹妹、我的好朋友、我最喜欢的堂姐和我的父母。如果我寻求这些人的帮助，或者只是请他们拥抱我一下，他们一定不会辜负我的。我确实很想念我的男朋友，但我想那只是因为我很孤独

消除自动的消极想法有助于阿尼可让自己的大脑平静下来。尽管有时她仍会为没有男朋友感到难过，但总的来说，她变得快乐了很多，平静了很多，也乐观了很多。当一位新同事邀请阿尼可外出时，她对新关系的未来感到很乐观，她开心、积极地去赴约。阿尼可对我说：“即使这段关系没有发展为婚姻，我也

不会有以前那样的反应了。消极的态度意味着我将永远找不到爱人！”

拜伦·凯蒂的案例为“工作”这种方法提供了最有力的证据。正如我们之前探讨过的，在她发现这种质疑自己思维的能力之前，她痛苦了很多年。那4个问题令她获得了平静。2005年时我结识了凯蒂，并且我们立即成了亲密的朋友。她非常乐意帮助病人平衡大脑，而我则非常乐意帮助病人训练他们的思维。一段时间之后，我为凯蒂做了大脑扫描，它看上去就像一个承受着很大痛苦的人的大脑，但凯蒂却是平和的。这显然证明了做“工作”有助于克服严重的大脑问题。

你也许发现，在月经前或者在准更年期和更年期体内激素波动比较大时，自己尤其容易受到自动的消极想法的侵害。在这些时期，有利于大脑健康的习惯非常重要。不要图方便地从甜食、酒精或药物中寻求慰藉，而应该通过消除自动的消极想法并运用4个问题的方法来训练你的思维。让这些练习成为你生活的一部分。

在你进行这些练习的时候，为了让它们牢牢地扎根在你的头脑中，你可以把它们教给你的朋友、孩子和同事，教给任何一个愿意听的人。教授他人可以让这些方法牢牢地扎根在你的头脑中。

催眠与冥想

催眠和冥想都是安抚大脑，达到深度放松的好方法。在多年的临床实践中，我曾使用过这些方法，并且知道它们能够快速、轻易地让病人内心平静下来。有趣的是，这两种看起来是深度放松的技术其实是刺激或打开了大脑。来自比利时和加拿大的研究显示，催眠能够增加左脑以及大脑中与注意力有关的脑区的血流与活动性，它还能减少相应脑区对疼痛和痛苦的感知。在我们的研究以及其他人的研究中，冥想同样能增加大脑中的血流，尤其是增加流向前额叶的血流。对大多数人来说，前额叶是进行仔细思考的脑区。

前额叶能够让比较原始、比较情绪化的大脑中心（边缘系统）平静下来。弗吉尼亚州雷斯顿的精神病学家乔·安纳巴里（Joe Annabali）将边缘系统比喻成一群野马：“你无法完全控制野马，但如果你能抓住它们的缰绳，你或许就能影响野马奔跑的方向。”

塔娜经常用我的催眠录音来帮助自己开始宁静的小憩。她对我说：“我不可能一边听着催眠录音，一边在脑子里东想西想。”她说：“在压力大的时候，如果我仍能听到脑子里的唠叨，我就把录音的音量调大。”

我还专门为你提供了如何让自己进入催眠恍惚状态的方法说明，以此来刺激大脑，让内心恢复平静。在开车或操作大型机械的时候，不要尝试这种方法。

- 将你的眼睛聚焦于一点，慢慢地从 1 数到 20。数着数着，你的眼皮会变得发沉，在你数到 20 之前或刚数到 20 时，把眼睛闭上。
- 做 4 个尽可能慢的深呼吸，感觉随着一吸一呼，你的胸部和腹部一起一伏。
- 逐渐绷紧身体，然后有意放松你的脚部、腿部、手臂和手部的肌肉。
- 一边从 10 开始倒数，一边想象自己走下楼梯（这会给你“平静下来”的感觉，或者让你变得放松下来）。
- 运用你的所有感官，想象自己走进了一个能与放松联系在一起的美丽地方，比如海滩，湖边或大山里。
- 在这个特殊的地方待 10～15 分钟后，让自己彻底清醒过来。如果在练习中你睡着了，那意味着你可能会睡眠不足。

当感到有压力的时候，我会使用这种方法，最近我还在用它帮助我女儿进行放松。

近期，我们在家里举办了一场派对。当外面开始放烟火的时候，我们 8 岁的女儿克洛伊在厨房里制造着她自己的烟火。我妻子为这场派对制作了一种新甜品，是用椰子肉与杏仁酱混合起来做的。克洛伊在妈妈的指导下加热甜品。当她把甜品从微波炉里拿出来，用手指测试温度时，她发出了一声尖叫。甜品太烫了，粘住了她的手指。她试着甩掉椰子肉和杏仁酱的混合物，并用毛巾擦拭，然后把手指含在嘴里。后来她把手指放在冰水里，又放在芦荟凝胶里，最后放在了冰块里。在试图缓解烫伤的过程中，她的疼痛感和沮丧感不断增加，自动的消极想法开始占据主导地位。克洛伊说：“我真愚蠢。为什么要那样做？”她无法让自己平静下来。塔娜为了缓解她的疼痛，给她服用了布洛芬，并让她上床躺下。然而，克洛伊就是平静不下来。

此时，自动的消极想法成群结队地袭来：“我做不到，这太困难了。我无法接受这件事。我不能相信自己做了这样的蠢事。我希望时间倒流，我能再做一次。”

塔娜念书给她听，希望能分散她的注意力，但没有用。后来塔娜和她一起祈祷，但克洛伊无法集中注意力。什么办法都没有用，于是塔娜来到我的书房，希望我给予一些帮助。

我坐在克洛伊的床边，对情况进行了估计。就像在医院里我对很多病人做的那样。我用一种简单的催眠法让她平静了下来。使用以上概括描述的方法，我让她聚焦于墙上的一个点，闭上眼睛，开始放松身体，放慢呼吸。然后，我让她想象自己走下一段楼梯，我则从 10 开始倒数。我让她用全部感官想象自己走进了一个特别的公园，在那里，她和妈妈、朋友们在一起，非常安全。然后想象自己走进一个温暖的水池，池水具有特殊的治愈力，能够缓解她手指的疼痛。池水使她的身心都平静了下来。她不需要对自己那么严厉。我们都会犯错，对自己生气只会让情况变得更糟糕。

看得出来，克洛伊放松多了，开始迷迷糊糊地睡去。每当她感到心烦意乱或需要平静的时候，都可以返回那个公园和具有特殊治疗作用的水池。后来克洛伊睡着了。我们悄悄地走出她的房间，担心她会睡不安稳。但是她一觉睡到了第二天早晨，尽管手指上起了一个水泡，但她说不那么疼了，一切都好了。克洛伊说：“每个人都会犯错，我想这是我犯的一个错。”

这种方法对孩子、对成年人都非常有效。

几十年来的研究显示，冥想和祈祷能够减轻压力，提升大脑的功能。在亚蒙诊所，在阿尔茨海默病研究和预防基金会（Alzheimer’s Research and Prevention Foundation）的赞助下，我们对一种被称为“Kirtan Kriya”的冥想法进行了 SPECT 扫描研究。第一天，当被试的思维随意漫游时，我们对他们的大脑进行了扫描。第二天，当被试进行冥想时，我们再次进行了扫描。在冥想中，被试反复诵念“sa”“ta”“na”“ma”这 4 种基本声音，并拉长每种声音末尾的元音“a”。在诵念“sa”的时候，冥想者两只手的拇指分别与食指触碰；在诵念“ta”的时候，拇指与中指触碰；在诵念“na”的时候，拇指与无名指触碰；在诵念“ma”的时候，拇指与小拇指触碰。先进行 2 分钟的轻声诵念，然后是 4 分钟的无声诵念，再进行 2 分钟的轻声诵念，最后大声诵念 2 分钟（见图 6-1）。

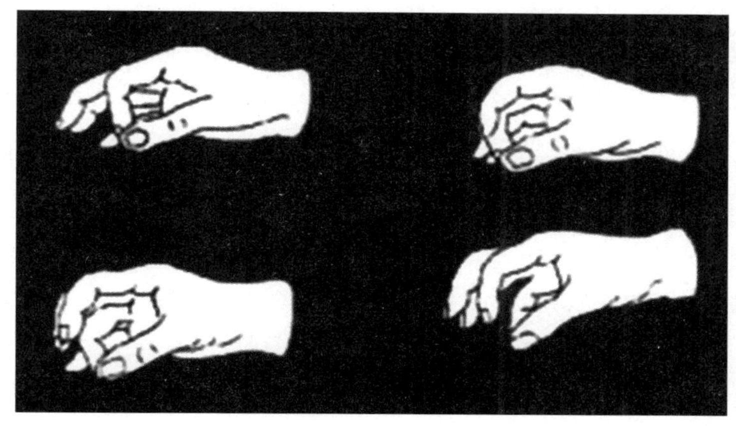

图 6-1 “Kirtan Kriya”的指尖动作

冥想后的 SPECT 扫描显示，被试左侧顶叶的活动性降低了，这意味着被试对时间和空间的感知减弱了。扫描还显示，被试前额叶的活动性有明显增加，这说明冥想有助于人们保持注意，而不是忽视、不理睬。我还观察到被试右侧的颞叶活动性增加了，而这部分脑区与精神性有关。

威尔是我们有关 Kirtan Kriya 冥想研究的被试之一，他 45 岁，在来诊所的路上迷路了，比约定的时间迟到 45 分钟。SPECT 扫描结果显示，威尔的大脑左前侧受过严重的损伤。当我问威尔这件事时，他告诉我说，自己在 21 岁时曾出过一次严重的摩托车事故。正是在发生事故之后，他开始练习冥想的。大脑扫描显示当事人应该存在抑郁和暴躁易怒的问题，然而他是快乐而平和的。他的故事让我想起了拜伦 · 凯蒂，凯蒂运用思维训练技术缓解了自己的大脑。

托马斯·杰斐逊大学的安迪·纽伯格（Andy Newberg）是我的朋友，他也运用 SPECT 扫描技术对冥想进行了神经生物学的研究。一部分原因是，冥想是一种很容易在实验室中复制的精神状态。在 9 位佛教僧侣进行长时间的冥想之前和冥想期间，纽伯格扫描了他们的大脑。扫描结果显示，当大脑进入冥想状态时，大脑的活动状态发生了明显的改变。具体来说就是，与产生空间三维方向感有关的脑区的活动性降低了。失去了对物理位置的感知似乎能够解释为什么冥想者会出现超越时空的超然感，他们好像无处不在，又好像没有在任何地方。研究者还发现，僧侣们前额叶的活动性增加了，前额叶与注意力持续的时间以及周全的考虑相关。冥想似乎有助于人们保持注意，而不是忽视、不理睬。另一项有关冥想的大脑成像研究显示，冥想能够让前扣带回和基底神经节平静下来，减少焦虑和担忧，使人获得放松。

冥想的益处远远不只是令思绪恢复平静。研究显示，它还能改善人的注意力和计划性，减少抑郁和焦虑，减少睡眠量，避免大脑出现与衰老相伴的认知减退。加州大学洛杉矶分校的研究者进行了一项研究，他们发现长期进行冥想练习的人的海马和额叶皮层明显比一般人的大。研究还发现，冥想有助于减肥，缓解肌肉紧张，令皮肤更紧致。

许多人认为需要经过多年的练习才能学会如何冥想。其实不然。中国的神经信息学家唐一源博士做过一项令人着迷的研究，研究显示，每天接受 20 分钟冥想训练，持续 5 天，便可以显著减少压力激素皮质醇。你不需要投入大量时间来练习冥想。在临床实践中，我常常会推荐病人练习冥想，以此作为治疗计划的一部分。我的很多病人反馈说，每天几分钟的冥想让他们变得更平静了，压力感也减轻了。

如果冥想的概念对你来说有点 Y 世代（New Age-y）[①] 的感觉，那么注意，你几乎可以在任何地方、任何时候进行冥想。你不必盘着腿坐在地上，也不必焚香或做任何你之前认为的与冥想有关的事情。如果你在工作，你可以关上办公室的门，坐在椅子上，闭上眼，做 5 ~ 10 个又深又慢的呼吸，放松一会儿。

① Y世代是美国的一个世代名称，目前学术界没有一个统一的时间范围标准，一般指目前的青少年族群，此处作者借指“时髦感”的意思。——编者注

如果在家里，你可以早上醒来时坐在床边，做几个慢慢的深呼吸，想象自己置身于世界上最美丽的地方，花几分钟来安抚自己的心灵。

我给病人们提出了 5-5-5 规则，也就是用 5 秒钟时间慢慢地吸气，屏息 5 秒钟，再用 5 秒钟慢慢地把气呼出去。重复这个过程 5 ~ 10 次。

社会关系

在让头脑平静下来的过程中，很重要的一点是永远不要低估“近朱者赤”的力量。观察周围人的情绪和态度，尽量不要让愤怒、暴躁的人以及他们的情绪和心态影响你。

我姐姐的丈夫患癌症去世了。15 年后，她的未婚夫又因为心搏骤停而撒手人寰。然而，我姐姐依然很坚强。这在很大程度上是因为家人和朋友的支持，他们在她需要帮助的时候给予她安慰与鼓励。我姐姐在生活中有很多支持、帮助她的人，并非偶然。几十年来，姐姐精心维护着自己与家人、朋友的关系，因此当她最需要他们的时候，他们都会在她身边。如果你感到情绪低落，自动的消极想法在你的脑海中萦绕，或者头脑中有一只东奔西跑的“心猿”，那么你便应该和你的支持团队在一起。如果你没有支持团队，那么可以考虑在社区中发展自己的支持团队，或者通过做志愿者形成自己的支持团队。

精神追求

具有深层的目标感和意义感有助于你保持积极和快乐的心情，避开那些会偷走你快乐的想法也很有帮助。

斯塔西的儿子存在严重的药物滥用问题，一次过量用药几乎要了他的命，这令斯塔西非常苦恼，她决定采取行动。她在内华达大学里诺分校发起了自我克制的大学项目，并在当地社区大学也发起了一个类似的项目。后来，她致力于在高中推广防止药物滥用的计划。有人注意到了她的努力，邀请她进入贝蒂·福特中心（Betty Ford Center）的董事会。经过斯塔西的努力，加利福尼亚州法律中增加了一条修订案，这样法院在判定孩子的监护权时便会考虑父母各方持续或习惯性使用处方控制药物的情况。我们共同努力设计了一个有利于大脑健康的治疗计划。斯塔西的工作给予了她深层的目标感和意义感，这有助于她控制住自动的消极想法，减轻她自己的痛苦，同时也减轻其他无数人的痛苦。

我是一名受过传统训练的精神病学家，曾长期以来给病人开药。我不反对用药物来纠正情绪或行为问题，但我反对不做判别地使用药物。鉴于治疗焦虑症和抑郁症的药物既昂贵又有副作用，因此我更喜欢先尝试一些天然的疗法，比如锻炼、冥想、针对自动的消极想法的疗法，以及针对特定大脑类型的天然补充剂。如果确实需要使用药物，也一定要谨慎小心，慢慢来。运用前面介绍的大脑分类方法，以它为指导，有助于你找到最适合自己的药物。另外，要经常咨询医生。

第 6 个小时的练习——终止自动的消极想法，回答 4 个问题

❤ 消除自动的消极想法

1. 每当你感到悲伤、难过、紧张或者失控时，在一张纸上画一个表，把表分成三列；
2. 在第一列中，写下脑海中出现的自动的消极想法；
3. 在第二列中，明确判断这些消极想法的类型（治疗师通常将自动的消极想法分为 9 种类型）；
4. 在第三列中，反驳、纠正、消除这些自动的消极想法。如果你和我一样，那么在你十几岁的时候一定很擅长反驳你的父母。现在，你需要学会以同样的方式反驳你对自己说的谎言。

❤ 回答 4 个问题

把让你心烦意乱的想法写下来，然后问自己以下 4 个问题。

- 问题 1：这个想法符合事实吗？
- 问题 2：我能确定地知道它是真实的吗？

- 问题 3：如果我相信这个想法，我会做出怎样的反应？
- 问题 4：如果没有这种想法，我会成为怎样的人，或者如果没有这种想法，我会有怎样的感受？

改变思维方向：在回答了这 4 个问题后，你便可以将最初的想法彻底反转过来，并问自己，最初想法的对立面是否比最初的想法更符合事实。然后采取反转过来的想法，把它运用到自己身上。如果你最初的想法还涉及其他人，那么也可以将它运用到其他人身上。

Unleash the Power of the Female Brain

获得控制，战胜强大的欲望

战胜过多的食欲、体重问题和上瘾

释放女性脑力量的**第 7 步：提升自我控制**

在证明自己的控制权上，人类面临着比以往任何时候都更大的挑战。

不是对大自然的控制，而是对我们自己的控制。

——蕾切尔·卡森

当我演讲结束后，泰里向我走过来。她也参与了“丹尼尔计划”。

泰里说：“之前我见过你。那时，我知道自己很胖，没有吸引力，但我认为自己有一个了不起的头脑。后来我听了你的有关‘恐龙综合征’的演讲——随着体重的增加，大脑的尺寸和功能都会下降。这引起了我的注意。去年我爸爸死于阿尔茨海默病，我不想也像他一样。就是从那时起，我开始真正严肃地对待自己的健康了。在过去 8 个月里，我减掉了 41 公斤（见图 7-1），我感觉从来没有这样好过。谢谢你！”

泰里提到的恐龙综合征是我杜撰的一个词语，它简单直接地提醒你控制体重是多么重要。有 18 项研究显示，体重与大脑的尺寸和功能存在负相关。匹兹堡大学的塞勒斯·拉吉（Cyrus Raji）及其团队发表了第一个相关研究，这促使我减去了 9 公斤体重。我不想做任何有损于大脑的事情。

读到拉吉博士的研究报告几周后，我去匹兹堡参加一家大型保健公司的会议，我们正考虑与这家公司联合搞一个项目。公司的营销主管汤姆是个病态肥胖者，这让我很心烦。如果你不能依照组织的理念去生活，那么你就不是一个好的信息传递者。所以，超重的医生很难帮助肥胖病人成功地改变生活方式。作为参观访问的一部分，汤姆带我去当地一家餐馆吃晚饭。当听到他点了两份蛋奶酥作为甜点时，我再也忍不住了，提醒他应该避免恐龙综合征。

图 7-1　泰里前后发生了很大的改变

汤姆大笑着问：“什么是恐龙综合征？”

“难道你不知道一些研究显示，随着体重的增加，大脑会变小，它的功能会降低吗？第一项研究就是在匹兹堡实施的。”

“真的吗？”汤姆问道。

“汤姆，你希望继续发展自己的事业，还是想结束它？”

“我还有很多工作要做，离结束还远着呢。”

“那么，你需要健康的大脑，你应该严肃地对待自己的体重。”

一个月后，汤姆给我发来电子邮件，告诉我他已经减掉了 15 斤体重，他不想成为恐龙。在接到这封邮件后，我觉得有必要开始向大家讲一讲恐龙综合征了。我从来不想伤害任何人的感情，但我觉得必须说出真相。超重或肥胖对大脑健康具有严重的消极影响。对恐龙综合征的了解使泰里、汤姆以及许许多多写信给我的其他人获得了益处。

我最大的人生乐趣之一就是帮助人们获得对大脑和生活的控制力。像泰里和汤姆一样，你也可以改善自己的大脑，即使之前你曾对它很不好。在亚蒙诊所的临床实践中我们反复证明了这一点。

以下是 6 个非常清晰的步骤，可以帮助你控制自己的思维、体重以及任何上瘾行为。

1. 形成大脑妒羡，明白自己为什么应该关注大脑。你是否有我在第 1 章练习中提到的“锚”图像，每天提醒你为什么应该正确地对待大脑?
2. 对大脑进行全面的评估，了解重要的健康指标数据和你的大脑类型。这一步可以使你寻求有针对性的帮助。所有情况都通用的方法是不会有效的。
3. 严肃认真地对待任何可能伤害大脑的事情，尽量避免它们发生。当你的大脑处在有毒、会造成创伤或营养不良的环境中时，你便不可能很好地控制自己。
4. 养成有利于大脑健康的习惯，提升大脑储备，参与各种疗愈大脑的练习。
5. 提升决策的质量，从而获得更多对生活的掌控力。
6. 学会关于做出改变的科学方法，并付诸实践。

这些策略都很简单。它们只需要一点事先的思考，并需要我们在长时间内不断运用它们。本书已经详细地介绍了前 4 个步骤。在本章中，我将介绍第 5 步和第 6 步。不过让我们先花点时间读一读有关阿里安娜的故事。她的故事进一步强调了避免对大脑有害的事物的重要性。

阿里安娜

阿里安娜 23 岁，患有暴食症。每当她禁不起诱惑大吃大喝再呕吐时，她就会特别憎恨自己。在接受评估和治疗后，她的情况得到了很大改善，但 4 个月后她的暴食症又复发了。我让她详细描述发生了什么情况，她说：“我和朋友去餐馆，我们分着喝了一瓶酒。我大约喝了两杯。虽然我向自己保证不吃东西，因为我已经吃过晚饭了，但喝完酒之后，我点了一盘烤干酪辣味玉米片。大约在半夜的时候，我非常恨自己，于是又让自己把食物呕吐出来。”

正如阿里安娜和我讨论的那样，她清楚地知道，如果不喝酒，她的问题就不会再次出现。正是酒精降低了她控制冲动的能力，让她吃了玉米片，让她自我厌恶，催吐，并更加厌恶自己。当你避开了对大脑有害的事物，你的决策质量就会变得好很多。那次暴食症复发后，阿里安娜没有再喝过酒，也没有再催吐过。当然，暴食症很复杂，但它通常与酒精、糟糕的睡眠、营养不良以及低血糖有关，这些会导致混乱的行为。

提升决策的质量

> 减轻生活中压力的最好方法是停止引发混乱的行为。
>
> ——罗伊·鲍迈斯特（Roy Baumeister）

很多人面临着一些障碍，这些障碍会损害决策的质量。这些障碍包括促使你大吃大喝的东西、扑灭你活力的东西以及你对财务的担忧。只要大脑得到了恰当的对待，始终做出高质量的决策并不困难。为了提升决策的质量，以下是一些最重要的步骤。

- 一开始就要有明确的焦点。知道自己的目标，每天查看它们。
- 提前做出有关健康的决定。比较好的做法是设定几条简单的规则，比如在餐馆就餐前不吃面包、不喝酒。它们都会降低前额叶的功能，对决策具有消极的影响。
- 一定要吃早餐，且早餐要包含高质量的蛋白质，以平衡你的血糖水平。低血糖会造成流向大脑的血液减少，使人做出更加糟糕的决策。一定要保证一日三餐，这样才能维持血糖水平。
- 不要吃糖和人造甜味剂。这往往会触发你对食物的渴望，导致糟糕的决策。
- 每晚至少睡 7 小时。睡眠少于 7 小时会使流向大脑的血液减少，做出的决策会变得更糟糕。
- 不要置身于容易受到诱惑的环境。三思而后行。如果你知道即将参加的派对会提供不健康食品，那么去之前先吃些东西，这样你就不会觉得很饿并因此失去控制。我妻子去参加聚会的时候常常会自带食物，这样当她突然出现低血糖的情况时，便可以有东西吃。

当你开始以有利于大脑健康的方式生活时，可能会令周围的人感到不舒服，尤其是如果他们具有很多不良的大脑习惯的话。有些人，甚至那些最爱你的人，在心底深处并不希望你改变生活方式，因为这会让他们觉得自己很失败。而对于其他人来说，他们的习惯根深蒂固，以至于他们不知道对你的新生活方式应该做何反应。我的很多病人都注意到他们的家人、朋友和同事出现了这样的行为。这就是为什么掌控自己的生活非常重要的原因。你应该对可能遇到的障碍有所准备，这样你就能应对它们，不断地做出正确的决策。

如果按照缩略词 HALT 的要求来生活，那么在应对挑战时你的准备会更加充分。HALT 这个缩略词常常被用于治疗上瘾的计划中。HALT 代表以下这些。

- **不要让自己太饥饿（Hungry）。**多次、少量地吃高质量的食物，服用营养补充剂，能够优化你的大脑，平衡血糖。
- **不要让自己太生气（Angry）。**控制你的情绪，不要让消极的思维模式控制你的生活。你可以在第 6 章找到消除自动的消极想法的技术。
- **不要让自己太孤独（Lonely）。**社交技巧和积极的社会网络对于避免被坏习惯左右是非常重要的。列出你的支持团队和健康榜样。
- **不要让自己太疲劳（Tired）。**把睡觉作为优先事项，以提升大脑功能，改善判断力和自控力。

很多人、公司以及社会会向你推销一些可能威胁到大脑健康的东西，它们会触发以往具有破坏性的习惯。各种信息对我们轮番轰炸，诱惑我们去消费食物、咖啡、香烟、酒精，诱惑我们去购物。电视广告、广告牌和收音机中的广告不断展现出这样的形象；快乐而富有魅力的人尽情享受着油腻的快餐、损害判断力的鸡尾酒以及令人脱水的咖啡因饮料。所有这些饮食都会降低大脑的功能和自控力。电影常常会描绘光彩照人的名流抽着烟，喝着酒，你争我斗或从事着鲁莽的行为，这会激活大脑中的情绪性记忆中枢，使人恢复以往的坏习惯。

商人们非常擅长向我们推销不利于大脑健康的饮食。餐馆和快餐店训练员工“追加销售”，以此作为增加销售额的一种方法，结果使我们的腰围越来越粗。以下是食品销售员在你不知不觉中使用的一些策略。

“您想点超大号吗？只需要39美分。”

“您需要配包炸薯条吗？”

“您想先吃点面包吗？”（这会让你变得更饿，然后吃得更多）

“您想来点儿开胃菜吗？”

“您想再喝一杯吗？”（这会降低你的判断力）

“您想点大杯饮料吗？这样更划算。”

对以上所有问题，“不”才是聪明的回答。长期来看，因为更划算而吃掉或喝掉超过身体所需的饮食，会让你付出更大的代价。

然而，伴侣、朋友、同事、邻居，甚至孩子都会令你很难坚持某些正确的行为。虽然你在努力戒烟，但一位抽烟的朋友可能会在你面前点燃香烟。在你尽力控制自己的糖摄入量时，邻居可能给你送来一盒自己烤制的巧克力蛋糕作为生日礼物。在工作中，主管可能会邀请你所在的团队一起去畅饮，或者运营部门的某人会从自己碗里拿一颗糖递给你。

最近有一次，我回家时，家里有一屋子女孩。克洛伊刚读完三年级，她邀请朋友们来家里游泳。当我走进家门时，一位妈妈端来满满一盒油腻的炸薯条、芝士汉堡和大杯的汽水。我心里想：“这下有的瞧了。”

这位女士带着一脸的骄傲把这些食物交给我妻子：“我刚刚参加了一个派对，他们有很多食物，所以我给你们带了一些。”

塔娜礼貌地说：“谢谢，我们不吃这种食物。”

“哦，快拿着吧。所有人都喜欢炸薯条、芝士汉堡和汽水。”

“不是所有的人。”塔娜说，依然保持着友好的语调。

那位女士看着我说：“难道你们不这样吃吗？”

“在我们家里，已经有很多年没有见过这种食物了。谢谢你想着我们，不过请把它们带走吧。”我说，我没有塔娜那么礼貌。

“我把它们留在这里吧，以防你们饿了。”这位女士带着女儿离开了。

我看着塔娜，塔娜看着我。“刚才发生了什么？”我说，“好像我们遭到了食品推销员的入侵。”我拿起那些食物，扔进垃圾桶。

不仅人可以充当食品推销员，地点和环境刺激也能引发问题行为。无论走到哪里，你都会看到诱惑你再次做出旧的、不健康行为的东西。在成瘾领域里，这些地方被称为“打滑处”。去看电影，你必然会开车经过快餐店，那是你过去常常和朋友们一起玩一起闹的地方。你想观赏美丽的景色，所以登上了去阿拉斯加的邮轮，邮轮上的自助餐厅会为你提供丰富得令人难以置信的食物，还有随意畅饮的酒水。在拉斯维加斯与同事们参加会议时，你不得不应对各种各样的诱惑，这些诱惑可能威胁到你大脑的健康。

在家里、在街上、在职场、在学校里，学会应对这类推销者，学会说“不”，对改善大脑健康至关重要。

还有其他 10 个做出好决策的窍门。

1. 如果你要和朋友、家人一起吃饭，事先打电话通知东道主，你正在坚持有利于大脑健康的特殊饮食，因此某些食物是不能吃的。
2. 当被邀请参加派对，且派对中可能有人抽烟、喝酒时，要么不去参加，要么和朋友一起去。当你被诱惑时，他可以把你带回家。
3. 对食物推销者要直截了当。告诉他们你正在努力吃更平衡的饮食，这样他们便很难向你推销蛋糕、薯片或比萨。
4. 不要以去房间外抽烟作为一种休息方式，也不要和朋友们一起喝酒，你应该选择更健康的活动，比如散散步。
5. 当别人劝你多吃点的时候，你可以告诉他们，你已经饱了。如果他们坚持让你吃，你可以解释说你正在监控自己的热量摄取。如果他们继续劝你吃下额外的食物，你可以问他们为什么想要破坏你获得健康的努力。
6. 我知道有些人会接受一块蛋糕或一杯鸡尾酒，等主人转身，再把蛋糕或鸡尾酒倒进垃圾桶或洗手池里。有时这种浪费行为比令改善大脑的努力被迫中断更好。

7. 避开消极的人、喜欢传播流言蜚语的人和爱抱怨的人。他们会令你情绪低落。
8. 告诉东道主，你这段时间不喝酒。
9. 自带健康的午餐，这样你就不必在公司或学校的自助餐厅吃饭了。
10. 努力控制自己的身体，不要让其他人把你变得又胖又蠢。

做出改变的科学方法

科学家研究了大脑如何能促进人的改变，无论这种改变是减肥、克服上瘾，还是改变个人习惯。以下是做出改变的 7 个步骤。

1. 明确你真正想要的东西。这有助于让你的前额叶来引导方向。大脑会实现它所看到的目标，因此你应该给自己制定一个好的目标。

描绘出一个生动可信的“成功未来”，要非常详细。问一问自己，如果你坚持走在通往成功的道路上，那么 1 年、5 年以及 10 年后，你会有怎样的感觉。可能的答案是什么？你肯定会比以往任何时候都更健康、更有活力，具有更好的认知能力。

再描绘出一个生动可信的“失败未来”，也要非常详细。问一问自己，如果你不停止消极行为，那么 1 年、5 年以及 10 年后，你会有怎样的感觉。你未来的生活看起来会是什么样的？你的大脑会变得更小，年纪轻轻就患上各种疾病，而且短寿。

2. 了解你的重要行为。问一问自己，为了保持健康，你需要做什么。对于任何健康问题来说，比如肥胖或上瘾，非常重要的是你要知道，为了实现目标你需要做出哪些重要的行为。然后就反复地去做它们。

- 进行全面的血液检查，避免遗漏一些重要的方面，比如遗漏了维生素、甲状腺激素或睾酮水平检查等。

- 了解你的大脑类型（冲动型、强迫型、郁闷型或焦虑型），并寻求相应的帮助。
- 保证充足的睡眠，这对保持前额叶功能正常非常重要。
- 平衡血糖，抑制对食物的渴望。
- 始终吃营养均衡的、高品质的食物，但不要吃太多。
- 记录你摄入的食物热量，这样你摄入的热量就不会过多。
- 避免任何可能引起你过敏的食物，比如牛奶或小麦制品。
- 不去那些可能触发你对食物的渴望的地方。
- 控制你的消极思维，这样你就不必使用药物来治疗它们。
- 坚持锻炼。
- 服用适当的营养补充剂。
- 依靠团队支持。

3. 找到自己最脆弱的时刻。对自己的行为保持好奇。如果你花时间认真思考自己的错误和状态不好的日子，那么了解这些事情会对你非常有益。

53 岁的玛莎是一位很成功的律师，她难过而羞愧地走进我的办公室。一开始我认为她是惊恐发作，她还喝了过多的酒。几个月后，她的状况有很大改善，她已经完全停止喝酒了。但是在和丈夫大吵一架后，她故态复萌，在周末又狂饮起来。

“我再也戒不了酒了，”玛莎停顿了一下说，“我知道这不是真的。”我们一遍一遍地探讨上文提到过的那 4 个问题。“当戒酒失败时，我会变得非常沮丧。”

我走到办公室的白板前，画了如图 7-2 所示的图表，告诉她人们做出改变的模式是怎样的。

我对玛莎说：“当人们来找我的时候，他们会有感觉好的日子和感觉不好的日子，但他们的日子通常不是非常好。然后我们一起努力做出改变，让他们变得更好。但是他们变好之后从来不会保持住，改变的过程总是起起落落。一段时间后，他们会觉得改善了很多并保持下去。不过，如果我们肯花时间从失败、倒退和挫折中学习，那么它们会教给我们更多。我们必须将糟糕的日子转变为有用的信息。”

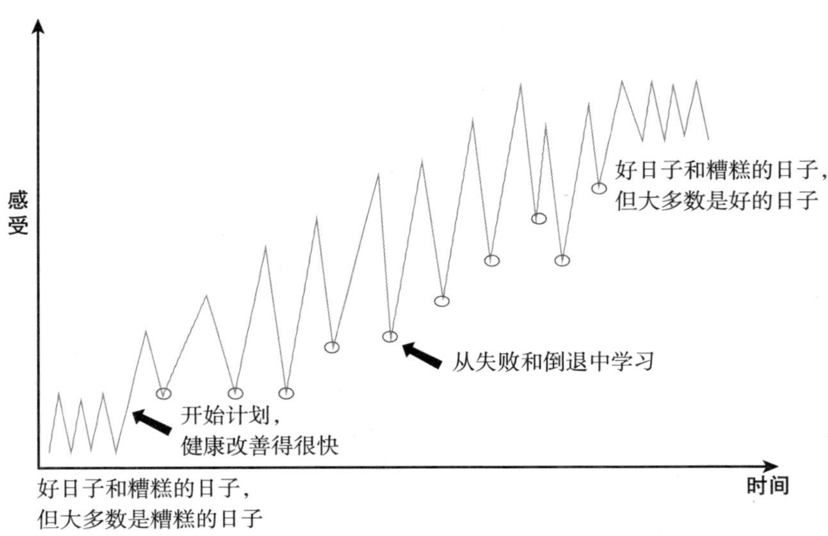

图 7-2　大脑健康计划示意图

曾担任过白宫幕僚长的拉姆·伊曼纽尔（Rahm Emanuel）说，你永远不会希望让一次严重的危机被白白浪费。错误和挫败也是如此。研究它们，从中学习，保持对它们的好奇。以我的经验来看，最成功的人往往能够接纳自己的错误并从中学习。

因此玛莎和我从脑科学的角度研究了她的故态复萌。在她再次狂饮前的那周，她每晚都要熬夜，研究一个棘手的案件。连续 3 个晚上，她的睡眠时间不足 5 个小时。另外，她的饮食也变得很随意，而且没有时间锻炼。她忘了服用补充剂，还开始吃快餐，包括谷蛋白食物，虽然她知道自己对谷蛋白很敏感。睡眠不足、随意的饮食以及缺乏锻炼导致了她的大脑活动性降低，血流减少。当这些因素与她和丈夫的争吵结合在一起时，她感到被无助感淹没了，越来越多的消极想法侵入到她的思维中。最后，她通过醉酒来关闭头脑中吵吵闹闹的消极想法，而这只会增加她的自我厌恶感，以前的糟糕状况再次出现。

我告诉她不要认为自己很差劲，而是鼓励她做个“好学生”，从这件事中学习，因为这样会对她非常有帮助。她应该更努力地保障良好的睡眠，坚持锻炼，坚持吃健康的食品，并质疑那些很容易失控的消极想法。

我问玛莎：“你的车上装了 GPS 导航系统了吗？”

“是的。”她答道。

“当你在不该拐弯的地方拐弯时，GPS 会对你说什么？”

“‘在下一个转弯处转弯’，或者其他类似这样的话。”

“它会对你大吼大叫或咒骂你吗？”

她笑着说：“当然不会，这样的 GPS 是卖不出去的。”

“当你犯错的时候，你是这样对待自己的吗？每当你犯错时，你应该从中汲取教训，转个弯，进入更好的方向。”

> 你要成为一个探究者和主导者。

改变是一个分步骤进行的过程。如果留意一下，你会发现感觉不好的时候比感觉好的时候对你更有启发。记日记有助于你密切关注感觉不好的时候和感觉好的时候。了解自己什么时候最脆弱，例如当你缺乏睡眠时，当你忘记吃早餐时，当两顿饭之间间隔太长时间时，或者当你参加派对或聚会时。

为脆弱的时刻制定规则

Unleash the Power of the Female Brain

1. 先吃健康食物，再吃不健康的食物。
2. 单独点一些自己能吃的食物。
3. 先吃蔬菜。
4. 去看球赛之前先吃点东西，以免抵制不了低品质食物的诱惑。
5. 用小盘子装食物。
6. 允许自己不忠于健康的饮食计划，不过必须先读一读自己的动机清单，并打电话给支持自己的朋友们（这条规则会起到拖延的作用，并使你获得社会支持）。

7. 意识到自己的冲动，然后将注意力集中在其他事情上，比如散步、背诗或喝一杯水，直到冲动渐渐平息下去。

在科里·帕特森（Kerry Patterson）及其同事的书《改变一切：如何突破个人事业与生活的瓶颈》（*Change Anything*）[①]中，有一句话对这些步骤进行了总结："把糟糕的日子转化为良好的健康指标数据。"

4. 学会爱你之前憎恨的事物。如果你曾成功地做出过改变，你必然要平息自己的冲动，做出正确的选择。学着找出不喝醉的好处，而这些好处会是你非常喜欢的。学着找到你喜欢的低热量、高营养的食物。学着找到爱上锻炼的理由。我的一位朋友对我说，她很讨厌锻炼，但很喜欢和孩子们一起散步。关键是心态。

> **保持永久改变的唯一方式是，改变能带给你快乐的东西。**

从你将要成为的人的角度来看待问题……像健康的人那样思考。健康的人会怎么点餐，或者他们在容易受到诱惑的情况下会怎么做。意志力是一种技巧，如果你能转移几分钟注意力，诱惑往往会自己消失。

小心不要屈服于自己糟糕的行为。你有可能导致自己出现行为障碍。我曾有一位病人，她在非常辛苦地减肥。她常常觉得自己好像不得不屈服于对食物的渴望。她有两个十几岁的女儿，其中一个女儿只要不顺心时就会大发脾气。我提醒这位病人说："如果你屈服于女儿发脾气的行为，她的脾气会变好还是变坏？""当然更坏。"我的病人答道。当你屈服于自己的坏脾气时，你便是在创造自己内在的行为障碍，而这会破坏你的健康，导致短寿。要做一个对自己有爱心，又能起到监督自己的人。

① 改变的关键是什么？意志力并不是答案。"改变一切"是风靡全球500强企业，75万人接受培训的金牌课程。这本书的中文简体字版已由湛庐文化策划、浙江人民出版社出版。——编者注

5. 和谁在一起非常重要。你要把损友变成益友。无论是培养好习惯还是培养坏习惯，都应该在团队中努力。开始并维持一些习惯需要有很多志同道合之人的参与。朋友、导师或教练会对你的积极行为予以支持。你可以寻求他们的帮助。把朋友纳入进来能使你成功做出改变的可能性提高 40%，尤其是减肥和健身。

为了成功地做出改变，家里的营养把关者必须成为你的朋友和支持者。所以不买有可能伤害你的家人、员工或朋友健康的食物非常重要。这很容易造成他们无法坚持改变，破坏他们取得成功的可能性。

损友在这里是指鼓励你或与你一起做出消极行为的人。如果你想改变自己的行为，你便需要改变你的朋友或把损友转变为益友，或者你要很少或根本不和损友们在一起。

跟损友进行严肃认真的交谈后，他们往往会变成益友。向他们解释应该为健康做什么会对你有帮助，告诉他们什么事情不要再做了，什么事情可以继续做。

6. 创造有利于做出改变的环境。大多数人看不到环境正以各种各样的方式控制着我们，环境控制着我们的想法、感受以及行为。如果你想获得对自己生活的控制权，你必须先掌控环境。

建立心理栅栏，只让好的事物进入，将坏的事物拦在外面：

- 清理厨房；
- 在桌上放一个水果盘；
- 只去杂货店摆放新鲜食物的地方，尽量避免买内部货架上摆放的包装食品；
- 把餐馆菜单中高热量的开胃菜和酒精饮品拦在心理栅栏之外；
- 清除家中的酒精饮品和上瘾药物。

管理室内陈设的距离：

- 把锻炼器械放得比较近；

- 把不健康食物放得远远的；
- 不要走近可能触发消极行为的地方。

使用提示线索，避免自己陷入习惯误区：

- 制作个人化的谚语，比如“什么食物都没有健康食物好吃”；
- 恰当地设置线索，使它在关键时刻能够帮助你。

使用一些必要的工具：

- 用计步器记录你行走的步数；
- 下载记录饮食热量的应用程序；
- 定期记录你的体重；
- 使用较小的平底锅和碗、盘，这样可以减少你吃进去的食物量。

7. 做一个为健康而努力的人。为孩子们、孙辈们、员工和朋友们的健康祈福，你是他们的健康向导，你的指引会影响他们。

大多数有关改变的研究和数据还遗漏了一个要点：为了做出改变，你需要有一个健康的大脑。如果你的大脑不够好，你的状态也会不够好。如果你的大脑受过伤害，那么从损伤中康复过来非常重要。应避免任何有损大脑的事情，养成有利于大脑健康的习惯。做出改变并保持改变的前提条件是保持身体健康和大脑健康。

第 7 个小时的练习——接纳你的失败

新的神经学研究显示，能够从错误中学习的人和不能从错误中学习的人，他们的大脑之间存在着显著差异。通过大脑扫描技术我们可以看到，当一个不能从错误中学习的人犯错时，其大脑的焦虑中心会变得更加焦虑，这使得他极力避免反思。而对于能够从错误中学习的人来说，他们大脑中的愉悦中枢会被激活，这有助于他们接纳失败并从中吸取教训。如果你想改善自己的行为，以便做出最佳的决策，获得更大的自我控制力，那么从自己容易受到诱惑、容易遭遇失败的时刻学习，便非常重要了。比如我很喜欢一边看电影，一边吃爆米花，但是影院的爆米花不在我的健康食品清单上。于是我想到了一个应对爆米花的办法，比如在去电影院之前先吃点东西，并带着我喜欢的健康零食去电影院。

在接下来的一个小时里，请列出至少 5 个你会反复犯的错。写出自己反复犯这些错误的原因，然后列出 5 个应对方法，帮助你克服那些脆弱的时刻。以下是我从病人所写的错误和方法中摘录出来的例子。

- **错误：**当我和朋友们一起出去时，我常常会喝一两杯酒。有时这会导致我吃过多的食物，于是我会设法把多余热量的食物吐出来。第二天我的感觉很糟糕。
- **原因：**我养成了这样的习惯，因为和朋友们在一起时，喝点酒更容易被他们接受，并能让我感到更放松。

为了打破这种行为模式，我制定了 5 个策略。

1. 出门前明确当晚聚会的目标（比如乐趣、友谊、自控）。
2. 点柠檬苏打水（或其他类似的饮料），整晚都只喝这个。
3. 出门前吃些健康的饭菜或零食，让血糖水平保持正常。
4. 随身带些健康的零食。
5. 当你感到焦虑的时候，运用消除自动的消极想法的技术或第 6 章中的 4 个问题方法来解决。

Unleash the Power of the Female Brain

集中精神，提高专注力

“男孩的”多动问题会破坏女性的生活

释放女性脑力量的**第 8 步：克服注意力问题**

你的意思是我并不懒惰，并不疯狂，也不愚蠢？

——凯特·凯利、佩吉·拉姆多

查看下列哪些陈述适用于你：

1. 你是否很容易感到厌倦？
2. 在交谈中你的思想是不是经常开小差？
3. 你是不是很容易分心？
4. 挑起冲突的人是否经常是你？
5. 你是否常常会说出令自己懊悔的话？
6. 你是否常常忘了去做承诺过的事情？
7. 做爱时，你是否常常思想不集中？
8. 你的混乱无章是否常常给你自己或其他人带来麻烦？
9. 你是否常常会因为小事而大发脾气，或者无缘无故地大发脾气？
10. 在与人交谈时，你是否会脑中一片空白？
11. 睡觉前，你是否需要用音乐声或电风扇声等让思绪平静下来？

如果你符合 4 条以上陈述，那么你可能患有注意力缺陷障碍。阅读本章对你的生活可能会产生深远的积极影响。

凯瑟琳带着她 18 岁的儿子来到亚蒙诊所。凯瑟琳的儿子在大学里学业表现欠佳，经常逃课，不交作业，即使有时他其实已经完成了作业还是如此。在亚蒙诊所，当我们对儿童和少年进行评估时，父母们常常也要填写他们自己的问卷。心理健康问题往往具有家族史，我们希望确保每个需要帮助的人都能获得帮助。凯瑟琳在有关注意力缺陷障碍的问卷上得分很高，她决定为自己预约治疗。

从18世纪以来，人们便发现了注意力缺陷障碍的诸多特点。哲学家约翰·洛克（John Locke）描述了一群令人困惑的年轻学生："他们虽然很努力……但就是不能保持专注。"注意力缺陷障碍的主要特点是注意力持续的时间很短，容易分心、混乱、焦躁不安和冲动。这通常被认为是多动的男孩才存在的行为问题。然而很多女孩也存在这样的问题，但往往会被忽视，因为女孩一般不会表现出多动,行为问题也较少。然而忽视女性的注意力缺陷障碍会对她们的健康、情绪、人际关系、事业和财务造成危及一生的破坏性影响。

凯瑟琳

凯瑟琳觉得自己的人生很失败。虽然她完成了大学学业，但小学和初中老师都认为她是一个学得比较慢的学生。她觉得自己必须比其他人更努力。她需要花比朋友们更长的时间来完成作业。周末她也常常不能出去玩，因为她觉得家庭作业太多了。凯瑟琳告诉我，现在干家务活儿占用的时间比她自己和丈夫认为应该花的时间更多。凯瑟琳在青少年时期患有暴食症，她常常感到焦虑和不安。

凯瑟琳不再去看电影了，理由是："我安静地坐着的时间一次不会超过15分钟，频繁地起来走动会让别人很厌烦。"在电影院里，由于不能集中注意力，她常常要问丈夫刚才电影里演了什么。

凯瑟琳也经常不按时支付账单，虽然她有钱，但结果不得不缴滞纳金。

凯瑟琳的丈夫抱怨她总是挑起争端。丈夫说："我常觉得她好像在找茬。如果我们一天都过得很开心，她便会开始挑我的毛病或者提起以前令她生气的事情。我觉得在我们29年的婚姻生活中，没有一个月是完全相安无事的。"

此外，凯瑟琳的生活很混乱。她告诉我，她的衣柜简直是“灾难现场”。她丈夫的评价是：“必须戴着安全帽才敢进去。”凯瑟琳还经常迟到。

作为评估的一部分，凯瑟琳和她的儿子都接受了大脑 SPECT 扫描。他们具有类似的大脑模式：休息时大脑的活动比较健康，但在集中注意力时，前额叶的活动性很差。以我的经验来看，对注意力缺陷障碍病人的最恰当描述是，当处于休息状态时，也就是注意力不需要很集中时，他们的大脑会表现出良好的活动性。他们越是努力集中注意力，情况会变得越糟糕（见图 8-1）。

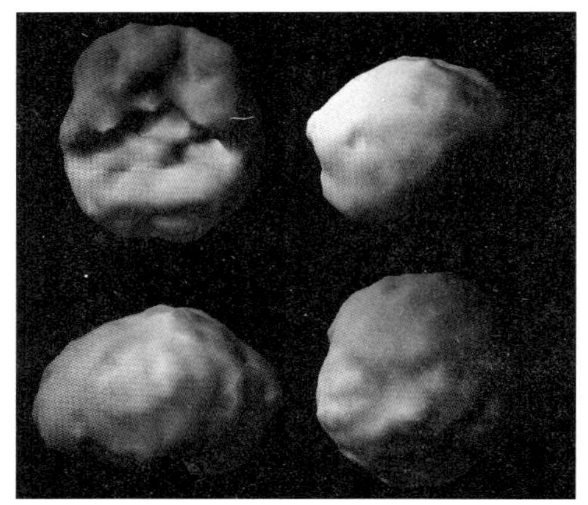

注意力缺陷障碍患者休息时的大脑

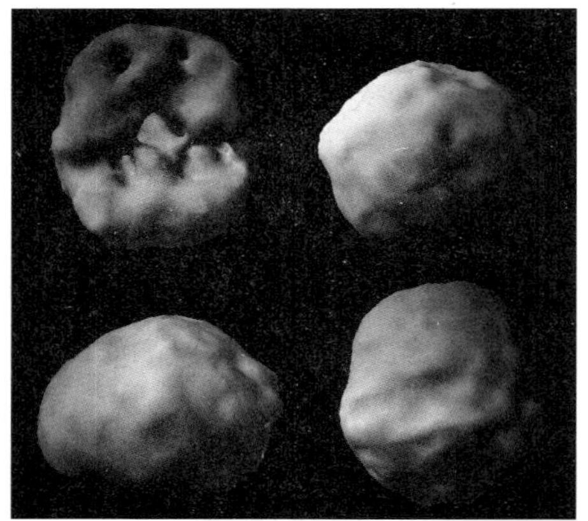

注意力缺陷障碍患者集中注意力时的大脑，图像中与注意力有关的脑区失去了活动性

图 8-1　凯瑟琳的大脑扫描图

凯瑟琳对治疗的反应很好。她说自己更有活力，更加专注了，在日常生活中变得更加有效率了。她的焦虑水平有所降低，能够安安稳稳地看完一场电影了，中间不必再站起来，也不再遗漏情节。丈夫说，凯瑟琳比较放松了，不再那么消极，也不再无端引起争执了。另外，凯瑟琳笑着对我说：“还有一个令人吃惊的额外好处。”我曾很多次看到这样的笑容，所以在她说之前我就感觉到了她会说什么。“因为我变得更加专注，所以我的性生活质量提升了，而且感觉更强烈了。”

我常常问来听我演讲的听众："好的性生活需要什么？"有人会说："需要床上功夫好的伴侣。"有人会不假思索地说："需要很好的想象力。"我会接着问下去，直到有人说："需要注意力。"是的，你需要保持足够长时间的注意，细心感知。当凯瑟琳的专注力得到改善后，她的性生活也得到了改善。

据估计，美国有 1 700 万名注意力缺陷障碍患者。注意力缺陷障碍是儿童最常见的学习障碍和行为问题之源，也是成年人最常见的问题之一。它会导致职场的失败，人际关系的破裂，还会导致孤独、药物滥用和强烈的低成就感。

本章将探讨注意力缺陷障碍会如何影响女性的大脑，也会介绍有关注意力缺陷障碍的迷思和误解。还会探讨注意力缺陷障碍的主要症状、不同类型和治疗方法。

现实情况是，社会中存在很多有关注意力缺陷障碍的迷思和误解。以下是有关注意力缺陷障碍的迷思。

- 注意力缺陷障碍是一种流行的疾病诊断，它只不过是坏行为的借口。
- 注意力缺陷障碍被过度诊断了，医生给每个调皮的孩子都开了药。
- 注意力缺陷障碍是多动的男孩才会得的病。
- 注意力缺陷障碍只是一个小问题，我们不必对此大惊小怪。
- 注意力缺陷障碍是美国人的发明。为了给复杂的问题找到简单的解决方法，我们的社会杜撰出了这种疾病。
- 坏家长或糟糕的老师导致了注意力缺陷障碍。如果我们的社会对这些人能更严格一些，便不会有这样的问题了。
- 患有注意力缺陷障碍的人应该更努力。我们不应该给他们找借口。
- 孩子到十二三岁之后，注意力缺陷障碍会不治而愈。
- 治疗注意力缺陷障碍的兴奋剂类药物是危险的，会导致上瘾。
- 治疗注意力缺陷障碍的最好方法是只服用药物。

以下是有关注意力缺陷障碍的真实情况。

- 注意力缺陷障碍是新发现的疾病。1902年，儿科医生乔治·斯蒂尔（George Still）描述一群多动、冲动、精神不集中的孩子。可惜，他不知道注意力缺陷障碍是一种疾病，他给这些孩子贴上了“品德有缺陷”的标签。
- 大约6%的人患有注意力缺陷障碍，但接受治疗的人不足2%。儿童精神病学家彼得·詹森（Peter Jensen）发现，符合注意力缺陷障碍诊断标准的孩子中，只有不到1/8的孩子在服用药物。许多患有注意力缺陷障碍的孩子，尤其是女孩，没有接受任何治疗。
- 很多注意力缺陷障碍患者从来没有多动的症状。没有多动行为的注意力缺陷障碍群体往往会被忽视，因为他们不太引人注意。他们没有惹上大麻烦，很多这样的孩子、青少年或成人被认为是任性、懒惰、不积极主动或不那么聪明的人。患有注意力缺陷障碍的女性很多，但被诊断出来的男性的数量是女性数量的3～4倍。出现这种差异的原因可能是因为存在性别偏见，而且女性较少出现多动的症状。
- 注意力缺陷障碍是严重的社会问题。
    - ◆患有注意力缺陷障碍的女孩出现反社会型人格障碍和情绪障碍的可能性是正常女孩的7倍，出现上瘾问题的可能性是正常女性的3倍，患上焦虑症的可能性是正常女孩的2倍。她们患上进食障碍，比如患上暴食症和肥胖症的风险也更高。
    - ◆患有注意力缺陷障碍的女孩会与她们的妈妈发生更多冲突，维持恋爱关系也会更困难。一项研究发现，75%患有注意力缺陷障碍的人存在人际关系的问题。
    - ◆患有注意力缺陷障碍的青少年在高中辍学的可能性会增加2倍，而25%的人至少留过一次级。
    - ◆一项研究显示，未接受治疗的注意力缺陷障碍患者，滥用药物或酒精的比例高达52%。
    - ◆患有注意力缺陷障碍的人吸烟的比例几乎是普通人的2倍。
    - ◆患有注意力缺陷障碍的人寻医问药的比例是普通人的3倍。

◆患有注意力缺陷障碍的人发生交通事故、因超速被罚、无照驾驶，以及被吊销驾驶证的比例更高。

◆患有注意力缺陷障碍的孩子的父母离婚率是普通人的3倍。

◆在每个对注意力缺陷障碍有所研究的国家中，都发现了患有这种疾病的人。我们的诊所评估并治疗来自世界各地的病人，我们看到过来自中国香港、黎巴嫩、埃塞俄比亚、西非和俄罗斯的注意力缺陷障碍患者。

◆糟糕的父母或老师肯定会加重孩子注意力缺陷障碍的症状，但他们的问题不会导致孩子患这种疾病。诱发注意力缺陷障碍的原因包括遗传、营养不良和环境毒素。这些孩子的行为常常会令富有养育技巧的父母、老师感到有压力和无能为力。

◆患有注意力缺陷障碍的人越是努力地尝试专注，情况常常会变得越糟糕。大脑成像研究显示，大多数患有注意力缺陷障碍的人在努力集中注意力时，他们的前额叶会关闭。这意味着当他们努力集中注意力时，与专注、集中注意力有关的脑区本应该打开，但实际上却关闭了。从某种意义上说，大脑背叛了他们。

◆很多注意力缺陷障碍患者的症状并没有随着年龄的增长而消失，这些症状对他们的一生都会产生影响。据统计，至少一半被诊断出患有注意力缺陷障碍的孩子长大成人后症状依然存在。

正如我在上文提到的，研究显示75%患有注意力缺陷障碍的人存在人际关系的问题。在演讲中，我经常问听众一个问题：“你们中有多少人已婚？”很多听众把手举了起来。我继续问：“你把自己对婚姻的所有想法都说出来，有好处吗？”大家哄然大笑：“当然没有。”我接着说：“维持人际关系需要机智，需要深谋远虑。但是当大脑前部的活动性偏低时，就像大多数患有注意力缺陷障碍的人那样，你常常会把脑海里冒出的第一个想法说出来，而这会伤害其他人的感情。”

大脑是一个狡猾的器官。我们都有过不能让别人听到的疯狂、怪异、愚蠢、色情或暴力的念头，而大脑的前部能够防止我们把这些愚蠢的想法说出来。它就像大脑的制动装置。我曾和一位患有注意力缺陷障碍且大脑受过损伤的朋友一起参加会议。两位胖胖的女士坐在我们前面，讨论她们的体重问题。一位女士对另一位说：“我不知道自己为什么这么胖，我吃得和鸟吃得一样少。”我的朋友对我说，声音大得足以让周围所有人听到：“是呀，吃得像一只秃鹫。”我非常尴尬地看着朋友。朋友惊恐地用手捂着嘴，说：“哦，我的上帝，我把想法说出来了吗？”我点点头。然后，那位女士厌恶地走开了。

很多医生遇到这类问题时，太快地诉诸兴奋类药物了，我则认为应该先尝试自然疗法。不过只要小心使用，诸如阿得拉、利他林等兴奋药通常是安全而有效的。大约 50 年前，利他林开始在美国被用于临床，对这些药物我们现在已经有了很多了解。哈佛大学的研究证明，接受治疗的注意力缺陷障碍儿童比未接受治疗的注意力缺陷障碍儿童滥用药物的风险会降低。在瑞典，研究者发现服用药物的注意力缺陷障碍患者被捕入狱的记录减少了。一般来说，患者未接受针对注意力缺陷障碍治疗的情况，比服用适量药物后的副作用更大。然而，为了有效地治疗注意力缺陷障碍，采取全面的“4 个圆”的治疗方法是关键，其中必须包括教育、支持、锻炼、营养、膳食补充剂，如果有需要，还应该使用药物。可惜的是，大多数被诊断出患有注意力缺陷障碍的人只得到了药物治疗。

既然医生对注意力缺陷障碍已经有了很多了解，那么为什么对它还存在那么多的迷思和消极反应呢？答案很简单。因为直到现在你也看不出谁患有注意力缺陷障碍。患有注意力缺陷障碍的儿童、青少年和成年人看起来和所有正常人一样。除非你了解他们的个人经历，否则你不会认为他们患有注意力缺陷障碍。

基于我们对数万名注意力缺陷障碍患者的大脑进行 SPECT 扫描研究，我们已经知道大脑中哪些系统出现了问题，以及为什么注意力缺陷障碍会对人的行为产生如此消极的影响。通过实际查看注意力缺陷障碍患者的大脑图像，人们的迷思会渐渐消失。了解和有效治疗注意力缺陷障碍的新时代正展现在我们面前。

注意力缺陷障碍的显著症状

注意力缺陷障碍的显著症状是注意力持续的时间很短，容易分心、混乱、拖延以及糟糕的自我监控。有些女性会出现多动的症状，但很多人并不这样。

注意力持续的时间很短是注意力缺陷障碍的主要症状，但患者并不是对所有事情都只能关注一小会儿。患有注意力缺陷障碍的人尤其难以保持维持生活正常运转的那种注意力，比如完成家庭作业，按时支付账单，打扫房间，完成工作中的预算报告，倾听配偶的谈话，或者坚持服用补充剂和药物。对于新奇的、特别刺激、有趣或恐怖的事物，注意力缺陷障碍患者能够很好地保持注意力。就好像为了集中注意力，他们需要一些刺激，所以他们常常看恐怖电影、从事高风险的活动，并倾向于挑起人际间的争端。许多患有注意力缺陷障碍的人玩的是“让我们找麻烦”的游戏。当他们心烦意乱时，他们会把注意力集中在问题上，甚至会过度集中注意力（见图 8-2）。这个特点具有欺骗性，甚至医生们也会上当。因为如果你能注意自己喜欢的东西，而不能注意其他许多事物，那么人们不会认为你患有注意力缺陷障碍，而只会认为你很懒惰。

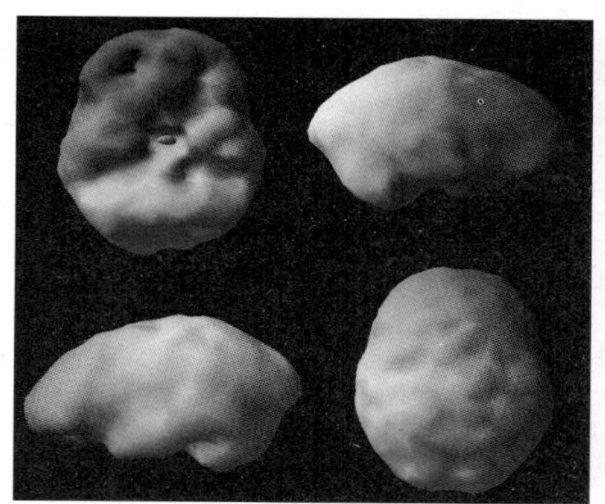
注意力缺陷障碍患者休息时的大脑

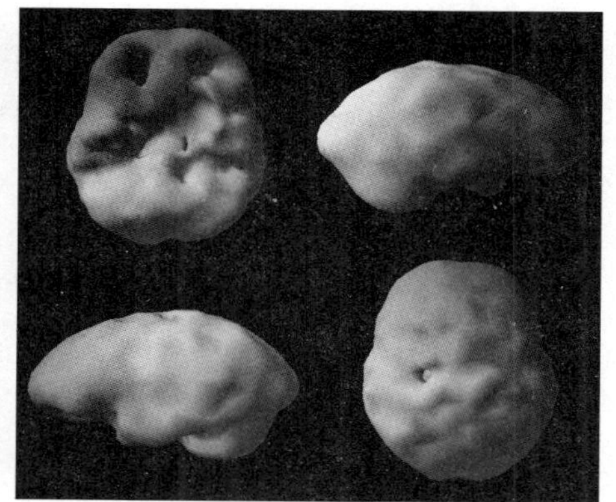
注意力缺陷障碍患者集中注意力时大脑，图中显示与注意力有关的脑区失去了活动性

图 8-2　典型注意力缺陷障碍患者的大脑扫描图

分心是另一种常见的注意力缺陷障碍症状。大多数人能够不去想那些不需要想的事情，但患有注意力缺陷障碍的人不能。他们的思维和谈话会非常跳跃，

他们的“心猿”过度活跃。患有注意力缺陷障碍的人倾向于去感知所有的事物。他们非常讨厌衣服上的标签，他们的衣服必须没有一点儿问题，否则他们就会变得很心烦。他们对触摸非常敏感，晚上需要有白噪音才能入睡，否则他们会听到房间里的任何动静。分心常常会影响女性达到性高潮的能力。正如我们之前提到的，性高潮需要什么？注意力！你必须保持足够长时间的注意力，注意去感受，你才能达到性高潮。在接受了适当的治疗后，很多注意力缺陷障碍患者的性生活得到了很大改善。

很多患有注意力缺陷障碍的人是混乱无章的。他们的房间、书桌、抽屉和橱柜常常是一片狼藉。他们对时间没有计划性，迟到成了家常便饭。在工作中你可以看出谁患有注意力缺陷障碍，因为他们总是迟到 10 分钟，出现时手里总是拿着一大杯咖啡。很多注意力缺陷障碍患者会选择服用兴奋剂，比如摄入咖啡因和吸食尼古丁。

就像我之前说过的那样，许多注意力缺陷障碍患者具有糟糕的内在监控系统。他们会不假思索地说出一些话，做出一些事情，这常常会给他们带来很多麻烦。许多注意力缺陷障碍患者很难坚持追求长期的目标。对他们来说，非常重要的是此时此刻，而不是未来的某个时刻。他们要拖到最后一分钟才会把事情做完，而且很难为退休后的生活攒下积蓄。他们在生活中采取的是我所说的危机管理方法，似乎他们的生活就是从一个危机走向另一个危机。

我们的研究显示，注意力缺陷障碍主要会影响以下脑区。

- **前额叶**：大脑中控制集中注意力、注意力持续时间、判断、组织、计划和控制冲动的脑区。
- **前扣带回**：大脑中的变速杆。
- **颞叶**：大脑中存放记忆和体验的脑区。
- **基底神经节**：产生并加工神经递质多巴胺的脑区，而多巴胺能够驱动前额叶。
- **深层边缘系统**：大脑的情绪控制中心。
- **小脑**：有助于协调思维的脑区。

如何有效治疗注意力缺陷障碍

接下来我将谈到6种不同类型的注意力缺陷障碍。为了获得最好的帮助，了解注意力缺陷障碍的类型对你来说非常重要。有些治疗方法对所有注意力缺陷障碍患者是通用的，而且它们不需要处方。

1. 每天服用复合维生素。研究显示，复合维生素对学习有帮助，而且还能预防慢性病。无论你或你的孩子患有哪种类型的注意力缺陷障碍，都应该每天服用复合维生素和矿物质。当我还在医学院读书的时候，营养学教授说，如果人们能够保持平衡的膳食，便不需要补充维生素和矿物质。然而，对于如今很多吃快餐的家庭来说，平衡的膳食早已是昨日黄花。依我的经验来看，有注意力缺陷障碍患者的家庭尤其不善于计划，它们比没有这类患者的家庭更常外出吃饭。服用复合维生素和矿物质能够对你和你的孩子起到保护作用。

1988年《柳叶刀》发表了一项研究，90名十二三岁的孩子被分成3组。一组孩子不服用任何东西，一组孩子服用普通的复合维生素和矿物质，最后一组孩子服用看起来、尝起来像复合维生素和矿物质的安慰剂。实验显示，服用复合维生素和矿物质后，被试的非语言智能获得了显著提高，另外两组没有表现出任何变化。缺乏维生素和矿物质，或许是学生的学业表现低于他们能力的原因之一。

2. 补充Ω-3脂肪酸。研究发现，患有注意力缺陷障碍的人通常血液中的Ω-3脂肪酸水平比较低。有3项双盲研究显示出Ω-3脂肪酸的价值。Ω-3脂肪酸主要包含两种成分：二十碳五烯酸（以下简称EPA）和二十二碳六烯酸（以下简称DHA）。EPA对患有注意力缺陷障碍的人帮助更大。对于成年人，我推荐每天服用的剂量为2 000～4 000毫克。对于儿童，我推荐每天服用的剂量为1 000～2 000毫克。

3. 戒除咖啡因和尼古丁。它们都会干扰睡眠，降低其他治疗方法的疗效。

4. 每周锻炼4次，每次锻炼45分钟。长距离的快步行走就可以了。

5. 减少看电视、玩电子游戏、玩手机及使用其他电子设备的时间，每天最好不超过 1 小时。这对所有人来说都是困难的，但会带来巨大的改变。

6. 把食物看成药物，因为它们是一体的。大多数患有注意力缺陷障碍的人遵从了第 5 章介绍的有利于大脑健康的饮食方案后，状态得到了极大的改善。2008 年在荷兰进行的一项研究中，研究者发现孩子们在遵从严格的排除饮食法后，其中 73% 的人的注意力缺陷障碍症状改善了 50%。这与兴奋类药物的疗效一样好，而且没有副作用。坚持排除饮食法并非易事。在研究期间，孩子们只能吃米饭、火鸡、羊肉、蔬菜、水果、人造黄油、植物油、茶、梨汁和水。然而结果是惊人的。排除饮食法可以作为治疗的开端，之后可以逐渐增加其他食物，这会让你了解什么食物可能引发不正常的行为。在这项研究中，研究者还发现，孩子们的情绪和对抗行为也得到了改善。

7. 永远不要对患有注意力缺陷障碍的人大吼大叫。很多注意力缺陷障碍患者会主动寻找冲突，以此作为一种刺激。他们特别善于令人勃然大怒。不要对他们发脾气。如果他们让你勃然大怒，那么他们无意识、低活力的前额叶会被激发并且很喜欢这种状态。不要让你的愤怒成为他们的药物，他们会上瘾的。

如果注意力缺陷障碍患者得到了有效的治疗，那么他们的整个人生都会发生改变。为什么利他林和阿得拉这样的药物会饱受争议呢？因为它们对某些注意力缺陷障碍患者是有效的，但会加重其他注意力缺陷障碍患者的症状。在我开始对病人做 SPECT 扫描之前，我便知道这是为什么。扫描图像让我看到，注意力缺陷障碍不是一种类型，至少有 6 种类型。因此会出现“你之蜜糖，我之砒霜”的情况。

下面是注意力缺陷障碍的 6 种类型和相应的治疗方法：

类型 1：经典注意力缺陷障碍。病人表现出注意力缺陷障碍的主要症状：注意力保持的时间比较短，容易分心、混乱、拖延和缺乏前瞻性思维，外加多动、焦躁不安和冲动。在 SPECT 扫描图像上，我们可以看到他们前额叶和小脑的活动性降低了，他们努力集中注意力时降低得尤其明显。这种类型的注意力缺陷障碍通常在年幼时就会被诊断出来。对于这种类型，我会使用具有刺激性的补充剂，比如绿茶、酪氨酸或红景天，以提升患者大脑中的多巴胺。如果这种方法的效果不好，便使用兴奋类药物，比如阿得拉、利他林、哌甲酯或择思达。我还发现高蛋白、低碳水化合物的饮食对他们非常有帮助。

类型 2：粗心大意型注意力缺陷障碍。病人表现出注意力缺陷障碍的主要症状，外加缺乏活力和积极性，精神恍惚，全神贯注于内心世界。在 SPECT 扫描图像上，我们可以看到他们前额叶和小脑的活动性降低了，努力集中注意力时降低得尤其明显。这种类型的注意力缺陷障碍通常较晚才会被诊断出来，而且在女性中更常见。这类病人表现得比较安静，常常被贴上懒惰、没有积极性和不聪明的标签。对于这种类型，我会使用具有刺激性的补充剂，比如绿茶、酪氨酸或红景天，以提升其大脑中的多巴胺。如果这种方法的效果不好，便使用兴奋剂，比如阿得拉、利他林、哌甲酯或择思达。我还发现高蛋白、低碳水化合物的饮食也非常有帮助。

类型 3：过于专注型注意力缺陷障碍。病人表现出注意力缺陷障碍的主要症状，外加认知上的不灵活，难以转换注意力，容易陷在消极的想法或行为中，放不下心中的忧虑和怨恨，希望事物千篇一律。另外，他们好争辩，总是提出反对意见。这种类型的病人常常出现在有酗酒、成瘾或强迫症等问题的家庭中。在 SPECT 扫描图像上，我们可以看到在集中注意力时他们前额叶的活动性会降低，而前扣带回的活动性增加，这会导致患者陷入消极的想法和行为中无法自拔。兴奋剂通常会加重这种类型患者的症状，因为它会使患者更加专注于令他们烦恼的事情。

对于这种类型的病人，我通常一开始先使用简单的补充剂，以提升 5-羟色胺和多巴胺水平，比如使用 5-羟基色氨酸来提升 5-羟色胺水平，使用绿茶或酪氨酸来提升多巴胺水平。如果需要对这种类型的病人使用药物，我一般会先采用郁复伸或联合使用选择性 5-羟色胺再摄取抑制剂（比如百忧解）和兴奋剂。我还建议病人吃健康的蛋白质和碳水化合物。

类型 4：颞叶注意力缺陷障碍。病人表现出注意力缺陷障碍的主要症状，外加有火爆脾气、周期性焦虑、头痛或肚子痛、绝望、记忆力问题和阅读困难。他们有时会误解别人的评论。这类病人通常头部受过伤，或者家族中有人非常暴躁易怒。在 SPECT 扫描图像上，我们可以看到在集中注意力时他们前额叶的活动性会降低，而颞叶的活动性增加。兴奋剂通常会令这种类型的病人更加暴躁易怒。对这类病人使用补充剂时，我常常会联合使用具有刺激作用的补充剂，比如绿茶或酪氨酸以及 γ- 氨基丁酸，帮助他们获得平静、稳定情绪。如果病人存在记忆力或学习问题，我会使用绿茶或酪氨酸，并配合提升记忆力的补充剂，比如银杏、长春西汀和石杉碱甲。如果需要使用药物，我通常会开出抗惊厥药（比如加巴喷丁）和兴奋剂，并建议病人吃高蛋白质的饮食。

类型 5：边缘型注意力缺陷障碍。病人表现出注意力缺陷障碍的主要症状，外加长期的轻度悲伤、消极、缺乏活力、低自尊、暴躁易怒、与世隔绝以及糟糕的食欲和睡眠。从 SPECT 扫描图像上，我们可以看到他们在休息和集中注意力时，前额叶的活动性会降低，而深层边缘系统的活动性增加。兴奋剂本身常常会导致问题反弹或出现抑郁症状。具有刺激性的补充剂 S- 腺苷蛋氨酸或具有刺激作用的抗抑郁剂安非他酮通常能有效地治疗这种类型的注意力缺陷障碍。可以替代 S - 腺苷蛋氨酸的补充剂包括酪氨酸和 DL- 苯丙氨酸。

类型 6：环形火山带型注意力缺陷障碍。病人表现出注意力缺陷障碍的主要症状，外加极端情绪化，会突然爆发愤怒，具有对抗型的性格，不灵活，思维非常跳跃，过分健谈，对声音、光线非常敏感。我把这种类型的注意力缺陷障碍比喻为环形火山带，因为我在大脑扫描图像上看到这类病人过度活跃的脑区呈环形。单独使用兴奋剂会让病人的病情变得更糟。对这种类型病人的治疗，我通常先使用 γ- 氨基丁酸，并结合使用 5- 羟基色氨酸和酪氨酸。有时还需要使用兴奋剂。替代性的药物包括抗惊厥药（比如加巴喷丁）、S- 腺苷蛋氨酸和兴奋剂，它们可以配合使用。

亲密关系中的注意力缺陷障碍

查看下面是否有适用于你的亲密伴侣的陈述：

1. 你是否觉得伴侣经常不听你说话?
2. 你是否常常觉得伴侣不能一步步跟进完成他承诺要做的事情?
3. 你是否觉得伴侣常常把事情拖延到最后一分钟才去做?
4. 你是否觉得伴侣经常说出不经过大脑的话，或做出不经过大脑的行为，让你在他人面前很难堪?
5. 你的伴侣是否经常迟到或者匆匆忙忙?
6. 你是否觉得伴侣经常挑起事端?
7. 你是否觉得总是要追着你的伴侣来谈一个重要的问题?
8. 你的伴侣是否经常为一点小事或无缘无故地大发脾气?
9. 你的伴侣对噪声和触摸非常敏感吗?
10. 你的伴侣经常做出事后令他后悔的冲动决定吗?
11. 你的伴侣是否很厌倦、憎恨日常生活中的事务?
12. 你的伴侣早晨起床是否特别困难或者早晨起床时脾气很坏?
13. 你的伴侣是否很难表达对你的亲密感情?

如果有 4 项以上的陈述与你伴侣的情况符合，那么他可能患有注意力缺陷障碍。寻求适当的帮助能够改善你们的亲密关系。

注意力缺陷障碍会破坏人际关系，就像以下 5 个小故事显示的那样。

❤ 故事 1：距离与失望

塞缪尔是一位家庭医生，工作非常繁忙。他的妻子朗达是他们家庭诊所的办公室经理。塞缪尔愿意让妻子在诊所中工作，督促员工。一开始，朗达很乐意帮忙，但很快她发现这份工作令人难以招架。她很难处理好办公室事务与家庭生活。白天父母都去上班了，两个孩子（8 岁的比利和 5 岁的莎拉）便开始捣蛋。在朗达去诊所上班之前，她可以做家务，至少保持家里表面上的秩序。然而上班后，她变得混乱无序。她不能专心致志地工作，这导致她不得不在工作上花费很长时间。结果在家里她总是感到自己落后一步，并为此非常沮丧。塞缪尔看到妻子手忙脚乱，想帮一帮她。朗达将丈夫的帮助看成是对她能力的不满，“不能像其他职业女性那样，把家里安排得井井有条”。朗达的不专注和不跟进，导致工作经常出纰漏，而且家里一团糟的状况令她不知所措。当她来到亚蒙诊所时，她正打算辞去工作，甚至打算结束这段婚姻。她和丈夫在我们的帮助下，终于让生活回归了正轨。

故事 2：长期冲突

萨莉和乔治都深爱着对方。结婚后，他们几乎时时刻刻在一起，共同经营着一个家族企业。不幸的是，他们开始争吵，一段时间后，争吵成为家常便饭。大多数时候他们是为一些小事争吵，但他们争吵不断，而且总是使用很消极的词汇，总是讽刺挖苦对方。似乎有某种驱动力量促使他们的关系陷入混乱。最明显的莫过于有一天进行商业谈判时发生的事情。萨莉是公司的谈判代表。在非常重要的谈判前，萨莉会故意找茬和乔治吵架，闹得鸡飞狗跳，双方都很痛苦。他们会彼此大吼大叫、咒骂、扔东西，拿离婚来要挟对方。

乔治说：“争吵能让萨莉拥有绝佳的状态。我真不明白，她怎么能从对我非常憎恨的状态一下子变成谈判桌旁非常冷静的样子。在争吵过后，她会成为谈判大师。”乔治还注意到，如果没有发生争吵，萨莉在公司会议上便不能做到那样平静。乔治说：“争吵好像是她的良药。”冲突让萨莉能够在工作中有更好的表现，但这破坏了他们的婚姻。后来，婚姻治疗师发现萨莉患有注意力缺陷障碍，经过治疗后，他们的婚姻状况开始好转。这是他们俩都非常希望看到的结果。

故事 3：辱骂配偶

鲍勃和贝丝之间好像总是麻烦不断。甚至他们的恋爱过程也充满了坎坷，经常分分合合。上高中时，他们在一个朋友的派对上相识了。他们都曾使用过很多药物，其中包括大麻和酒精。鲍勃还用过很多可卡因，他说这对自己的学习有帮助，并让他在工作上的表现更好。两个人都存在家庭问题，都对学校没什么兴趣。贝丝怀孕后，他们结婚了。争吵成了他们婚姻生活中固定的“音符”，尤其是在晚上喝过酒之后。贝丝从来不会在争吵中退让，鲍勃给她起了个外号叫“陆军部”，因为鲍勃说，贝丝经常毫无缘由地挑起争端。鲍勃承认自己脾气暴躁，酒精和药物完全令他失去了自控能力。有几次他们甚至惊动了警察，因为邻居听到他们家里传出了尖叫声。发生了几次“互相谩骂”的事件后，法官为他们夫妇俩申请了精神病学方面的评估。一开始他们对此哈哈大笑，但当咨询员让他们审视夫妻俩的生活时（滥用药物，争吵不断，持续的低成就，他们的行为对儿子产生了消极影响），他们开始认真对待这种生活状况了。各种方法相结合，包括有针对性地治疗、服用膳食补充剂和药物，他们俩的问题得到了显著改善。一开始他们面临着重重困难，现在他们发生了很大改变，我们甚至都认不出他们来了。

故事4：离婚

哈尔和凯西刚结婚时非常相爱。他们之间有很多共同点，对彼此充满了爱恋，似乎一直有着共同的目标。一开始，凯西很喜欢哈尔的自然随性。凯西很难让自己放松下来，但哈尔能让她欢笑，让她彻底放松。然而结婚几个月后，凯西对哈尔变得很失望，哈尔总是迟迟不回家，而且忘记事先给凯西打电话。哈尔做事总是半途而废，拒绝从地上捡起自己的衣服，收拾用过的盘子。他会脱口说出令凯西伤心的话。凯西发现自己变成了爱唠叨的人。她讨厌这种感觉。两人之间的感情距离越来越大，最后双方都有了发展婚外情的想法。后来，哈尔没有禁住诱惑，他们的婚姻以离婚宣告失败。

故事5：自杀

在妈妈的描述中，约翰简直是3个男孩附体。一两岁的时候约翰非常活泼，非常调皮。二年级时智商测试显示他很有天赋，但到四年级时，他厌倦了上学。九年级之后，他的学业表现直线下降。高中二年级他就辍学了。然后，他参加了海军陆战队，表现非常优异。退伍之后，他与恋人结了婚，在家乡小镇的治安局工作。由于他感到焦躁不安，因此开始大量喝酒。有时候他喝醉后会打自己的妻子。在妻子带着儿子离他而去之前，他被治安局解雇了，因为他在喝醉后偷了一个酒杯。妻子与他离婚后，他又结过 3 次婚，但没有一次婚姻能够维持下去。他一次又一次地换工作，从来没有安定下来。最后，约翰感到无比绝望，认为自己永远是一个失败者，便开枪自杀，结束了自己年仅 36 岁的生命。

在以上故事中，注意力缺陷障碍都是一个影响因素，它影响了婚姻当事人的一方或双方。这些都是不同寻常的故事。未经治疗的注意力缺陷障碍常常会对女性生活的各个方面造成严重的消极影响，无论是女性自己患有注意力缺陷障碍，还是她所爱之人存在这种问题。

治疗的效果

我的办公桌上放着一个笔记本，我把病人随访期间说的话都记录在上面。以下是接受注意力缺陷障碍治疗的女性的真实评价：

> “我对周围的世界有了更多的感知。在开车去上班时，我第一次看到了小山。在过桥的时候，我看到了海湾。我甚至注意到了天空的颜色。”
>
> “我感到自己的态度发生了 180 度的改变。”
>
> “我丈夫说，他不再感到胃里好像打着一个结。”
>
> “我看着我的孩子们说：‘他们不是很可爱吗！’而不是唠叨他们。”
>
> “我可以享受当下了。我的思维变得更加平静、更加安静，我可以更轻松地适应它。”
>
> “有生以来，我第一次坐着看完一部电影。”
>
> “过去遇到这种情况我会变得歇斯底里，但现在我能应对了。当我对一件事开始反应过度时，我会觉察到。”
>
> “我的生活透镜变得更清晰了。”
>
> “我的计划性有点过了头，头脑清醒的人是不会这样做的。”
>
> “令我吃惊的是，简单的治疗将我从一个想要跳楼的女人转变成爱丈夫、欣赏孩子的女人。”

“这就像盲人获得了光明。”

“我不再像失事火车那样疯狂地运转了。”

“我第一次感到自己主宰着生活。”

“我能够进行前瞻性思考了。”

“我过去常常认为自己很蠢。似乎每个人都能比我做成更多的事情。现在我开始相信我的身体中也蕴含着智慧。”

“我的食欲逐渐趋于正常。”

“我终于走出了自己的黑洞。”

“过去我是那种会在凌晨两点独自一人在底特律市中心瞎逛的人。现在我服用了药物，不再做那样的傻事了。以前，我从来不考虑事情的后果。”

“现在，我可以在人群中演讲了。以前我总是脑中一片空白，会尽量避免公开讲话。现在，我的头脑变得更加平静，更加清醒。”

“我不再像以前那样畏惧他人。”

“在我接受治疗后，我的丈夫可能不像以前那么开心了。现在我会进行思考，他不再能每次吵架都吵赢。我必须让他明白，不要总以为能够如愿以偿。”

“我不再乱发脾气了。”

“就好像睡了半辈子之后突然醒来似的。”

“我感到自己获得了对生活的掌控力。”

“6个月前，我还不可能在洛杉矶的高速公路上开车。现在我可以毫无问题地这么做了。”

“现在，我无法忍受毫无意义的争执，但在过去争执令我状态极佳。”

别让注意力缺陷障碍毁掉人生

从表面上看，我的大女儿布里安娜是一个完美的孩子。她很随和、很亲切，学习刻苦，房间收拾得一尘不染，但事实上我从不认为她是个非常聪明的孩子。

写这些话真的让我感到很难过，但那就是我的感受。我不得不一遍一遍教给她很简单的事情，直到 5 年级她才学会乘法表。布里安娜上 3 年级时，我请一所大学对她进行了测试，他们对我说的基本上和我的感觉一样，那就是她不是很聪明。测试者虽然没有那样说，但我能从字里行间体会到这层意思。不过心理学家说布里安娜会好的，因为她学习那么努力。事实上，布里安娜在 8 年级时获得了校长学者奖，不是因为学习成绩好，而是因为她很刻苦。

在她上 10 年级的时候，情况开始失去控制。她上的是大学预备学校，每晚都要熬到凌晨一两点才能把家庭作业写完。一天晚上，她哭着来找我，说她觉得自己永远都不会像她的朋友们那样聪明。这令我心碎。第二天，我拿出她 8 岁时的大脑扫描图像。我刚开始实施 SPECT 扫描时，对自己认识的每一个人都进行了扫描，其中包括我的孩子、我妈妈，甚至我自己。在那时，我的经验有限，只看过 50 个人的大脑扫描图像。现在，我看过几千张扫描图像。有了丰富的经验后再看布里安娜当初的大脑扫描图像，我大吃一惊。她大脑的整体活动性都比较低，尤其是大脑的前部。

晚上我回到家，告诉布里安娜我看到了什么，并告诉她我想对她再做一次扫描。由于扫描需要先注射一种药物，因此她不愿意做。“我不想做扫描。爸爸，你总是想着扫描。”但我是一名儿童精神病学家，我知道如何说服孩子。我觉得扫描非常重要，于是我问她要怎样她才肯接受扫描。她告诉我，她想在自己的房间里安装一条电话线。我开始觉得她比我认为的更聪明。布里安娜新的 SPECT 扫描结果和 7 年前的扫描结果完全一样。当看到扫描图像时，我哭了。

第二天晚上，在让她服用了低剂量的药物后，我再次对她进行了扫描，她的大脑趋于正常了。布里安娜的学习困难与她的智商毫无关系。大脑的低活动性限制了她发挥大脑的潜力。我给她服用低剂量的药物，并配合服用一些膳食补充剂。几天后，她说觉得学习变得容易了很多。她的成绩单开始出现了 A，这是以前从未有过的。她说第一次听懂了生物课上的那些概念。她通常是班里很腼腆的孩子，现在上课时开始举手了，甚至敢于参与辩论了。一天晚上在吃饭时，她对我挤挤眼睛说：“在今天的辩论中我赢了。”她不再是以前我认识的那个孩子了。对她进行大脑扫描的4个月后，布里安娜第一次取得了全优的成绩。整个高中阶段以及在预科学校的大部分时间里，她都保持着优异的成绩。读完预科后，她可以进入世界知名的爱丁堡大学（The University of Edinburgh）。她对自己有了完全不同的认知，她知道自己聪明、有能力，将会拥有光明的未来。尽管布里安娜决定不上爱丁堡大学，因为她刚刚生了她的第一个孩子，但她知道自己完全有能力去，这让她对自己有了完全不同的感觉。

每当我在演讲中讲到布里安娜的故事时，很多女性都会眼含热泪。她们对我说，这个故事让她们联想到了自己。如果她们早点知道这些，她们的生活将会多么不同。"你无法改变过去，"我对她们说，"但是你可以从现在开始改变未来。"我希望无论从哪里开始起步，你都能释放出女性脑的力量，拥有最美好的未来。

第8个小时的练习——了解什么会损害和提升你的注意力与精力

首先，如果你觉得自己患有注意力缺陷障碍，那么先和医生谈一谈。正如你在本章的故事中看到的那样，治疗注意力缺陷障碍会对生活的方方面面产生积极的影响。

即使你不存在注意力缺陷障碍的问题，但你肯定希望自己注意力和精力更好。以下是精力与注意力的劫匪和助推器，圈出适用于你的项目。从今天起就采取行动，以减少劫匪，增加助推器。

注意力和精力的劫匪

Unleash the Power of the Female Brain

- 任何脑部问题
- 睡眠不足
- 饮食不合理
- 抑郁症
- 长期应激
- 脑损伤
- 低血糖
- 酒精或滥用药物
- 焦虑
- 缺乏锻炼

- 服用很多药物
- 糖尿病
- 环境毒素
- 系统性炎症
- 化疗
- 摄入过多的咖啡因
- 激素问题（比如甲状腺激素、睾酮、雌激素、皮质醇）
- 维生素 D 水平偏低
- 健康问题，比如维生素 B_{12} 缺乏

注意力和精力助推器

Unleash the Power of the Female Brain

- 全面的脑健康计划
- 注意保护大脑
- 睡眠充足，每晚至少睡 7 小时
- 少食多餐，要吃些蛋白质，以保持健康的血糖水平
- 开始有利于大脑健康的饮食
- 远离酒精和药物
- 有效地治疗抑郁症
- 冥想、放松
- 实施减压计划
- 锻炼
- 优化各种激素的水平
- 优化维生素 D 的水平
- 解决健康问题
- 服用鱼油以减轻炎症，增加血流量
- 监控饮食
- 增加通风，消除毒素
- 开始实施抗炎治疗，包括服用鱼油、健康的饮食和服用叶酸
- 服用补充剂，比如维生素 B_3、维生素 B_6、酪氨酸、DL- 苯丙氨酸、含有茶氨酸的绿茶提取物、人参、红景天、南非醉茄和 S- 腺苷蛋氨酸

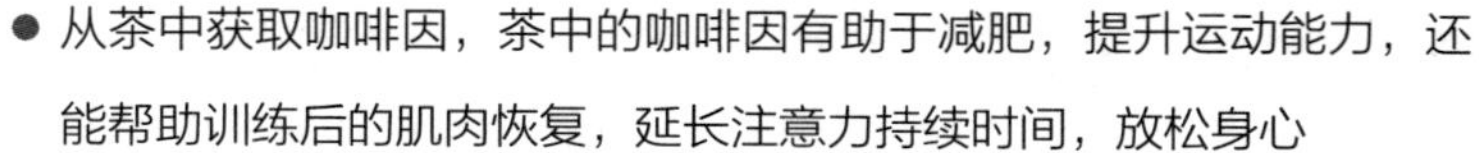

● 从茶中获取咖啡因，茶中的咖啡因有助于减肥，提升运动能力，还能帮助训练后的肌肉恢复，延长注意力持续时间，放松身心

可以做一下第 6 章中介绍的简单冥想练习。有研究发现，这个练习能够提升大脑前额叶的血流量。如果你坚持每天练习 12 分钟，持续 8 周，你的前额叶功能便会得到增强。你还可以尝试前面介绍的 Kirtan Kriya 冥想法。

Unleash the P♥wer of the Female Brain

关注内在，获得由内而外的美丽

停止消极的唠叨，制订计划，让自己的外表和感觉都很棒

释放女性脑力量的**第 9 步：同时关注内在与外在的美丽**

♥

女性真正的美丽体现在她的灵魂中。美丽是她付出的爱、表现出来的激情。

随着岁月的流逝，女性会变得愈发美丽。

——奥黛丽·赫本

长途飞行后，塔娜和我抵达了洛杉矶机场。我们很疲惫，准备找到我们的车，然后开车回家。在廊桥上，有一位老妇人走在我们前面，她看上去很迷惑，她想问一问穿着工作服的空乘人员，但空乘人员去忙其他事情了，她被丢在了一边。塔娜看到老妇人眼中的恐惧，立刻走了过去。她看着老妇人，耐心地听她说。老妇人告诉塔娜，她的丈夫刚刚去世，她来洛杉矶找儿子。她说丈夫过去总是会把她带到他们要去的地方。塔娜拉着她的胳膊，把她带领到取行李的地方，让她在那里等着和儿子碰面。我看着塔娜照顾那位老妇人，心里想，塔娜从未如此美丽。尽管大多数人认为美丽与身高、体形、肤色有关，但真正的美丽在于态度、情感联结和对他人的影响。

一天，我收到一条语音邮件。它来自一位因美貌而著称的女士。我记得当时我简直是屏住呼吸聆听完这段语音信息的。然而，在与她会面了一个小时后，我再也不认为她很漂亮了。她的态度、举止和以自我为中心的做派，让我感到她完全没有魅力。我感到很奇怪，因为她对我的吸引力怎么那么快就消失得无影无踪了。

毫无疑问，外表的美丽会让男性注意到你，但如果它与内在的美丽不一致，那么这种美丽很快就会消失，甚至会有损你最初的形象。

与之类似，我曾遇到过很多并不具有惊人美貌的女性，但她们的幽默感、热情、友爱、智慧和彬彬有礼的举止让我期待再次见到她们。她们的魅力更深沉、更持久。

美丽的意义是什么？有史以来，画家、诗人、时装设计师为美丽的定义不断争论着。如果你试图达到其中任何一方的理想，你就会把自己逼疯，令自己感到痛苦，遗漏掉最有效的变美丽的方法。所以成为最美丽自己的最佳途径是，由内而外地努力，培育并滋养自己独特的美丽。这样你就会变得令人无法抗拒。

然而，这并不意味着外在的美丽不重要。从根本上看，男性会被看起来健康的女性所吸引。一个匀称、看起来健康、有生育能力的女人对男性很有吸引力。男性的遗传大脑决定了他会看着女性，决定自己是否想和对方生育孩子，并携带她的基因。他们在无意识地寻找健康的标志，比如白皙的皮肤，明亮的眼睛。一些科学家相信，身体的对称性在美感中发挥着非常重要的作用。这一观念背后的理论是，不对称可能暗示着健康问题，更有可能生出有健康问题的后代。在新墨西哥大学的研究中，男性大学生认为面部对称的女性比不对称的女性更有魅力。

拥有尽可能健康的大脑能够让你的内在和外在都更加美丽。你知道皮肤的健康反映了你大脑的健康吗？如果你的身体比较健康，那么你看起来会比较有活力，能够充满活力地发挥身体功能。与之类似，良好的健康习惯，比如保持充足的睡眠、良好的营养摄入、锻炼和服用一些简单的补充剂能够提升你的魅力；而一些不良的健康习惯，比如抽烟、过度饮食、长期压力，会让你的外貌和感觉比实际年龄更老。

外表美丽还是优雅自信

是的，男人喜欢看漂亮女人是事实，我们无法抑制这样的行为。男性和女性的大脑 50% 被用于视觉。在未来的伴侣开始欣赏你的体贴、幽默或智慧之前，他先看到的是你的外貌。他是否追求你，取决于他是否喜欢你的外表，因此你会希望把自己打扮得漂亮些。

不过，男性认为你有吸引力的方面可能与你认为的不同。

每个男性对美都具有他们独特的理想，这可能与《时尚》杂志封面上骨瘦如柴的模特毫不相干，虽然很多女性都努力效仿这些模特。有些男性喜欢苗条的女性，而有些男性喜欢丰满一些的女性。如果你对来自不同文化的大量男性进行调查，你会发现他们眼中的吸引力包含各种各样的体形、胖瘦、头发颜色和眼睛颜色。

不过，男性说自己喜欢什么可能并不那么准确。英国谢菲尔德大学（University of Sheffield）和法国蒙彼利埃大学（University of Montpellier）的研究发现，人们对理想伴侣的描述与他们实际的选择之间存在着很大差异，男女都是如此。爱与吸引力有它们自己的逻辑，它们能够超越我们对美的有意识的理解。真正吸引我们的与我们认为能够吸引我们的很不相同。然而，如今我们比以往任何时候都更着迷于让自己变得符合某种狭隘的、可望而不可即的关于美的理想。在这个过程中，我们可能会忽视真正重要的事情。

为了对这种着迷程度有一个认识，你只需要看一看最新的整形统计数据。根据美国整形外科学会（American Society of Plastic Surgeons）的统计，2011 年共有 1 380 万个整容案例，比 2 010 年的统计数字增加了 5%。这还是处于整形衰退期呢。其中有 160 万例整形手术，包括拉皮和隆胸，1 220 万个“侵入性最小的”整形案例，比如注射肉毒杆菌、软组织填充和激光脱毛。汇总在一起，消费额达到 100.4 亿美元。

女性希望自己看起来更年轻，体形更好，皮肤光洁。整形大军中也包括 13 ~ 19 岁的青少年，她们的整形消费额占总消费额的 2%；20 ~ 29 岁女性进行了近 80 万例整形术。数量占比最大的群体是 40 ~ 45 岁的女性，整形数量达到了 640 万例。这些女性希望留住青春，或者希望纠正多年以来困扰她们的外貌问题，比如鼻子上的隆起或她们认为过小的胸部。不过，肯定有很多次整形不足以弥补“这些问题”，所以 2011 年选择再次整形者的数量增加了 8%。

也就是说，女性们为外貌做出了很多努力，这难道不是非常具有讽刺意味的吗？如果有人让你说一说你认识的最美丽的女性，你描述她们的方式可能与她们鼻子的形状或胸部的大小毫无关系。你更有可能这样说：

> “她流露出自信和爱。”
> “她看起来很活泼。”
> “她总是精力充沛，看起来健康、生机勃勃。”
> “她的眼睛明亮，皮肤很有光泽。”
> “她非常聪明机灵。”
> “她让我觉得很舒服。”
> “她看起来很快乐。”
> “她让我感到自己很不错。”

女性反映在外表上的内在品质才是她们令人难以忘怀的真正原因。这些特点具有身体上的基础，那就是女性的大脑。

真正的美丽不在于皮肤层面，而在于大脑层面。漂亮脸蛋没什么坏处，但漂亮不只与眼睛有多大、嘴唇有多饱满相关。如果一个拥有完美外貌的女人总是发火、冷笑、抑郁或自恋，那么她的吸引力会大打折扣。与之相反，如果一个面容不对称的女人对生活拥有美好的态度，那么她歪斜的微笑也会是异常美丽的。

很多年以前，我看过一段对法国女演员珍妮·摩露（Jeanne Moreau）的采访。当时她应该有 60 多岁了，从未接受过任何整形术或其他任何整容方式。她看上去就是她那个年龄该有的外貌，但她有某种东西非常吸引人。是的，她很坦诚、聪明，感觉敏锐而自信。她对世界和人的心灵有着丰富而广泛的理解。很难说是什么令她那么美丽。法国人会说，她具有难以描述的品性，那是人们无法解释、无法形容、无法完全理解，但别人又不会误解的事物。你能发现采访者感觉到了那种品性，他被摩露深深地迷住了。

好消息是，任何女性都可以拥有这些吸引人的品性。它不需要任何怪异的整形或昂贵的外科手术，它始于改善内在的健康状况。你可以通过培养有利于大脑健康的习惯，来培养对自己、对生活的美好态度，从而获得这些吸引人的品性。

有很多事情可以帮助你发掘自己内在那个美丽动人、魅力无穷的女人，她一直在等着你去释放她。从今天就开始吧！在本章中我将为你提供一些策略，让你的大脑和身体看起来都很迷人。

这要看你的选择。你可以花数万美元做整形手术，这很可能会引发更多的整形。或许你会对结果很满意，但它不能保证你在自己的眼里已经足够好了。唯一可以肯定的是，这需要你投入很多时间和金钱，还要承受很多疼痛。替代性的做法是努力让自己的大脑、心理和身体保持健康。行动的起点就是改变你对身体的看法。

接纳自己的身体

如果你像大多数女性一样，那么你一定很不喜欢自己的身体。在《Glamour》杂志对 300 名女性所做的调查中，在一天的时间内有 97% 的女性会说出与自己身体有关的消极言语。她们典型的自我评价包括：

"你是一头胖猪，毫无价值。"
"你太瘦了。没有男人会喜欢你。"
"瞧你，又丑又肥。"

一些接受调查的人说，那些吹毛求疵的想法会转瞬即逝。但另外一些人的问题则比较严重，她们对自己的身体不断产生自我惩罚性的想法。总体来说，女性平均每天会产生 13 个这类消极的想法。有些女性在辱骂自己上陷得很深，她们每天甚至会产生多达 100 个这类想法。

令人难过的是，女孩从很小的时候就开始对自己的身体产生了不满。在佛罗里达大学的一项研究中，近一半 3 ~ 6 岁的女孩认为自己太胖，近 1/3 的女孩想改变自己身体的某个方面。看上去好像很多女孩在试图改变身体。返璞归真运动（Keep It Real）对 10 岁女孩所做的一项研究得出了惊人的结果：80% 的女孩曾至少节食过一次。

如果某个家伙对你说出了你会对自己说的恶劣言语，那么你会认为他是最差劲的人，应该受到惩罚。然而大多数女性却依然对自己这样说。

《Glamour》杂志的研究还发现了另一个有趣的结论。作为精神病学家，我觉得这个发现对我来说非常好理解。这个发现是，如果女性对自己的事业或人际关系感到不满意，那么她更有可能对自己的身体感到不满。任何令人不适的情绪，比如紧张、孤独，甚至厌倦都会被放大为消极的体象，使女性对自己喋喋不休地说出那些消极的言语。

与塔娜初次相识后不久，我们一起去位于加州中北部海岸的大苏尔参加朋友拜伦·凯蒂举办的工作坊。塔娜是一个内在和外在都很美丽的女子，我这样说并不是因为她有可能会看这本书。当我了解到她的不安全感时，我感到很吃惊。在工作坊的会议接近尾声时，凯蒂让我们把为什么不喜欢自己身体的原因写下来。得到塔娜的允许后，我在这里引用了她后来在日记中写的内容：

> 我靠着一堆枕头闭着眼睛坐着，这里能够眺望到太平洋的惊涛骇浪。耳边是一个女人在用低沉、不自然的声音讲述她憎恨自己身体的原因，我一下子失去了平和的心态。她的一条条原因几乎和我的一模一样。
>
> “我讨厌自己的身体，因为我太胖，太老了。我经常感到不舒服，我的身体背叛了我。我讨厌自己的大腿和屁股，我讨厌眼睛周围的皮肤……”
>
> 从声音上听，她应该比我老，我还能听出她的体重值比较大。我睁开眼睛，想看一看谁在说话。我大吃一惊。说话的女人至少有135公斤。她的原因怎么可能和我的那么像呢？我感到自己变得紧张焦虑起来，不知道自己到底为什么会感到不适。我无法做深呼吸。为了尽量不让自己的情绪表现出来，我再次闭上了眼睛，把注意力集中在外面的波涛声上。慢慢地，我重新恢复了平静，开始放松下来。
>
> 另一位女士站起来说：“我讨厌自己的身体，因为我又矮又胖，人

到中年，丈夫为了一个年轻女人而离开了我。”这位女士相信她的所有问题都源于她不够漂亮，不够苗条，或者因为她无法操纵男人！然后她说了下面一些话。虽然和她说的话不一定完全一致，但差不多就是：

“我憎恶我的生活。我知道如果我能更瘦些、更年轻些，更漂亮些，情况就会完全不同。”

“你讨厌自己身体的哪些方面？”拜伦·凯蒂问。她是一位60多岁的美丽女士，散发出平和与喜悦。

“太胖、太老，皮肤松弛下垂。如果我更年轻，身体更紧实，我的生活便不会是现在这样了。我丈夫为了一个26岁的女孩抛弃了我。她既苗条又漂亮，她可以得到任何想得到的男人。生活对像我这样的女人来说就不一样了。”

“所以你希望对丈夫拥有像其他女人所拥有的控制力，对吗？”

“是的，我希望自己既年轻又漂亮，拥有诱人的身体，这样我就能操纵男人了。”

“那么你并一定想让他爱你，你想要的是能够操纵他。”

“是的。我想成为漂亮的、能够操纵男人、让他们爱上我的女人。”

丹尼尔一直鼓励我进行一些小小的互动，我对他说，他一定是脑子进水了。整个周末我看着其他人站起来，听他们诉说过去的创伤、烦恼、成瘾问题等。我时而羡慕他们的坦率，时而认为他们真是十足的疯子，不怕在陌生人面前出丑。

出人意料的是，我发现自己竟然站了起来。可以说，就好像有人把我从椅子上拉起来，开始说话的声音好像也不是我自己的声音。我只是一个木偶，有人正牵引着绳子。在这件事情上，我似乎没有其他选择。我颤抖着，手里拿着我的日记本。那时我穿2号的牛仔裤，体形堪称完美，体脂率仅为16%。我面对刚才发言的那位女士站着，就是那个希望自己像26岁的美丽女孩、能够操纵男人的那位女士。尽管我已经36岁了，但因为我的体形，几乎没有人认为我有那么老。我清了清喉咙，开始对着她读我的日记，我的眼睛里含着眼泪，声音有些颤抖。

“我讨厌我的身体，因为它还不够瘦，不够完美，它患有癌症，它背叛了我，而且它在变老。我痛恨癌症和剖腹产给我留下的疤痕。我讨厌眼睛周围开始出现的皱纹。我痛恨无论我多么努力地锻炼，我都无法让生完孩子后有点松弛的腹部皮肤变得更紧实。每天早上醒来后，我会在健身房里逼自己锻炼，不管我有多累、多不舒服。然后我站在镜子前一点一点地挑剔自己，寻找不完美的地方。我的身体永远都不够好。”

我看着那位女士并停顿了一会儿。

“你以为如果你变得更苗条，更漂亮，或者变成你想让身体变成的样子，你的生活就会更好。但其实你会有其他不同的问题，身体永远都是不够完美的。”

“有时我很憎恨自己给自己施加这么大的压力。有时我真希望自己可以吃掉一整个比萨，没有人会看我，或者猜想我是否会设法把它吐出来。有时我只是想混在人群中，没有人会注意我。但是如果真是那样，某一天你会陷入恐慌，思忖自己是否有什么不对，因为过去你一直是人们注意的焦点。无论怎样你都无法放松。有时我会憎恨身体在变老，因为我害怕如果我不能保持年轻，人们将不再爱我或不再重视我。我感到精疲力竭。顺便说一句，我的第一次婚姻破裂了。我依然不够好。”

强忍住就要滑落的眼泪，我转过脸，发现房间里的每个人都在看着我。我觉得自己好傻，非常后悔自己站了起来。我脑袋在隐隐作痛，让整个房间显得更加鸦雀无声。在人前我从来没有如此失去冷静，变得如此感情用事。我敢肯定，人们在对我进行评判，认为我是那种性感而愚蠢的女人，总是在寻求别人的注意。我设想着如何能最不引起注意地逃离。幸好那是最后一天的最后一个小时。我计划着神不知鬼不觉地夺门而出。

结果很多女性走到塔娜面前，说塔娜分享的想法对她们非常有意义。如果像塔娜那样美丽的女人也有和她们相同的想法，那么她们便应该接受自己的身体，努力减少自己的痛苦情绪，更好地享受生活。我为塔娜感到骄傲，我至今仍能清楚地记得 7 年前的那个场景。为什么几乎所有的女人都不喜欢自己的身体呢？对此你能做些什么？

当然，第一个问题的答案并不简单，它不仅仅因为电视或杂志封面上总在宣扬瘦得离谱的女人形象。据历史记载，最早的紧身衣出现在公元前 2000 年。正如我们已经看到的，女性的大脑很忙碌，因此她们总在思考、担忧自己有什么不对的地方。另外，女性的 5- 羟色胺水平比男性的低，这进一步增加了女性的担忧。再加上社会压力和女性之间的比较，那些消极的想法便永远在你的心里安营扎寨了。

对于第二个问题，你能做些什么，答案比较简单明了。以下有 4 种保持大脑和身体更年轻、更美丽的策略。

聚焦于改善大脑健康

有了更好的大脑，你便能做出更有利于健康的决定，这有助于让你看起来很美，感觉也很棒。很多女性告诉我，她们的老公说，在实施我的有利于大脑健康的计划几个月后，她们看起来年轻了好几岁。事实证明，有利于大脑的事物同样有利于你的皮肤。以下的策略能够帮助你的大脑和身体看起来更年轻。

多睡觉。睡觉是最好的美容疗法之一。想一想如果睡眠不足你会有什么感觉，你看起来会怎样？眼睛浮肿，没精打采。这等模样很难说会有吸引力。当然，还会有更严重的后果。你的大脑会因长期睡眠不足而受到损害，它会对你的各个方面造成影响，包括你的思维、情绪和健康。加州大学圣迭戈分校的 J. 克里斯蒂安 · 吉林（J. Christian Gillin）和他的研究团队对缺乏睡眠的人进行了研究。吉林说，缺乏睡眠会对大脑功能造成严重的影响。吉林发现，缺乏睡眠让被试的大脑语言中枢关闭了，虽然他们的大脑整体上很活跃，但这会导致他们在很多语言任务上成绩不佳。

另外，睡眠不足会让人发胖。芝加哥大学的研究发现，与睡眠充足的人相比，睡眠不足的人会吃掉更多的简单碳水化合物。当你感到很困的时候，会一头扎进曲奇饼和糖果，而不是蔬菜、杏仁酱和低升糖指数的水果。这种做法会增加你的体重。凯斯西储大学（Case Western University）的研究者对 68 000 名女性的体重进行了 16 年的追踪研究。睡眠为 6 小时或不足 6 小时的女性明显比睡眠在 7 个小时以上的女性体重更高。英国华威大学（University of Warwick）的研究发现，睡眠缺乏会使成年人和儿童肥胖的风险增加一倍。一部分原因在于缺乏睡眠者具有较高的胃饥饿素水平（能够刺激食欲）和较低的瘦素水平（让你知道自己已经饱了的激素）。斯坦福大学的研究同样发现，睡眠不足者具有更高的体重指数。其他研究还发现，缺乏睡眠会增加胰岛素抵抗，增加患糖尿病的风险。糖尿病对血流具有消极的影响，它会使你看起来比较老，没有吸引力。

因此，缺乏睡眠会让你变得浮肿、暴躁、愚蠢，还会让你发胖。每晚至少 7 小时的充足睡眠会让你的皮肤充满光泽，改善你的情绪，让你变得头脑聪敏，还有助于减肥。

记住，下次当你禁不住诱惑，强睁着眼睛看电视上播放的老电影或想在睡前把手机短信处理完毕时，你要问一问自己，第二天早上你想变成什么样。如果你希望自己第二天能够漂漂亮亮，那么就去好好睡觉。以下是一些对你有帮助的睡眠建议。

- 保持规律的睡眠习惯。
- 形成令人平静放松的睡前惯例。
- 卧室只是睡觉的地方，不要放电话、电脑和游戏机。
- 不要在一天中较晚的时候吃可能会扰乱你的消化系统或者会干扰睡眠的食物。
- 在下午较晚的时候和晚上不要喝含咖啡因的饮料。它们会让你晚上睡不着，第二天你需要喝更多的咖啡因饮料才能保持清醒，这会形成恶性循环。

增加流向大脑和所有器官的血液。血液为你的大脑和身体带来氧和营养物质，带走毒素。增加血流有助于你保持活力、健康和正常的大脑功能。血流减少会让你看起来显老，皮肤出现皱纹。如果你希望自己看起来漂亮，那么你必须意识到，你正在做的事情可能会干扰血液循环。最明显的罪魁祸首包括抽烟、喝太多含咖啡因的饮料、承受过大的压力、服用某些药物以及药物滥用。比较不明显的原因在于你吃进身体的食物，反式脂肪、精加工面粉、糖和化学添加剂会减少你的血流。另外，潜藏的食物过敏或不耐症也会使问题变得更严重。

坚持锻炼。锻炼就像是大脑和身体的天然神奇药物。它让心脏将血液泵入你的大脑，提供大脑发挥最佳功能所需的更多氧气、葡萄糖和营养物质。锻炼具有巨大的益处，主要表现在以下方面。

- 能促进脑细胞的生长。
- 能提高认知能力。
- 改善情绪，平复焦虑，有助于缓解抑郁。
- 能防止认知衰退，有助于预防、延迟阿尔茨海默病，减轻痴呆症的影响。
- 提高胰岛素的能力，防止血糖升高，减少患糖尿病的风险。
- 能够燃烧脂肪。
- 有助于防治骨质疏松、乳腺癌和结肠癌。
- 改善肌肉张力和耐受力，降低摔倒的风险。
- 减轻注意力缺陷障碍的症状。
- 能改善睡眠。
- 帮助女性更好地应对激素问题。
- 减少患高血压、中风和心脏病的风险。

每周抽出时间锻炼 4 次或更多次，每次锻炼 45 分钟，你便会受益匪浅。另外，一旦你克服了最初的抗拒感，锻炼会带给你带来良好的感觉。这些积极的感觉似乎还会扩散到生活的其他领域中。你会发现自己能做出更加正确的选择。喜欢运动的人更有可能吃有利于大脑健康的食物，获得充足的高质量睡眠，寻求注重健康的社会支持系统，并且更能更好地照顾自己。

现在就开始锻炼吧。我的锻炼计划很简单，即快走，就像你参加一个重要的会议要迟到了那样。每周走 4 次，每次走 45 分钟。另外，你应该练习举重，锻炼每一处主要的肌肉群，一周两次。我不希望你伤到自己，因为这会让你几个月都无法锻炼。我的锻炼计划一点都不辛苦，但长期坚持会让你有很大收获。坚持不懈的锻炼能够加强你的血液循环。锻炼不仅会使你的皮肤更有光泽，还会让你感到周身舒畅，让你更有信心。锻炼使你更美丽。

平衡激素。正如我们在第 4 章中看到的，大脑和身体要发挥正常的功能便需要平衡的激素。当你的激素水平处于最佳状况时，你会感到快乐而有活力，好像处在世界之巅。你的皮肤会紧致，让你看起来更年轻。当激素水平不平衡时，你会感到糊涂、易怒、疲劳，无法集中注意力。例如，甲状腺激素水平低下通常会导致大脑活动性降低，使你变得焦躁抑郁，无法进行清醒的思考。甲状腺激素水平低下还与皮肤干燥存在关系，这会让你看起来显老。女性睾酮水平偏低不仅会导致性欲降低，还会对记忆力造成负面影响。当然，女性在经前期、更年期时激素水平的剧烈变化会对女性的情绪、身体健康、记忆力和思维过程造成破坏。贪吃和体重问题也与激素紊乱存在密切的联系。

更多的性生活。你会想，“男人才会这么想”，但有研究支持了我的这种观点。性生活能够提升雌激素和脱氢表雄酮的水平，这些激素会让皮肤变得更光滑紧致。性生活也能提升催产素的水平，催产素是爱与信任的激素，性生活还能降低应激激素皮质醇的水平。有一项针对男性长寿的研究显示，规律的性生活与长寿存在相关性。相对于很少有性生活或者完全没有性生活的女性，定期过性生活的女性血液中的雌激素水平更高。雌激素有助于保持健康的心血管系统，降低坏胆固醇，增加好胆固醇和骨密度，还能改善皮肤状况。

在性生活中，迅速升高的另一种激素是脱氢表雄酮。研究人员认为它能改善大脑功能，平衡免疫系统，并有助于保养、修复组织，促进皮肤健康。脱氢表雄酮对心血管的健康也具有积极的影响。规律的性生活还会增加体内的睾酮水平。睾酮有助于强化骨骼和肌肉，它对大脑和心血管系统具有很多益处。

不要忘了，性生活是一项很好的运动，能够燃烧热量。它还具有镇静的作用，因此往往能给人带来一夜安眠。所有这些都具有神奇的治疗效果。根据爱丁堡皇家医院（Royal Edinburgh Hospital）临床神经心理学家戴维·威克斯（David Weeks）的研究发现，如果夫妻关系良好，那么每周 3 次性生活会让女性看起来比实际年龄年轻 10 岁。因此不要拒绝安全的、充满爱的性生活。

补水。为了保持美丽，你需要注意补水。这会让你的皮肤保持水嫩、丰满而年轻的状态。补水有助于避免皮肤产生皱纹和细纹。水分还会深入到皮肤以下，产生更深层的影响。我们的身体含有 70% 的水分，大脑含有 80% 的水分。当你喝水的量不够时，大脑的功能会降低。即使轻微的缺水也会导致你的身体释放出应激激素。这会让你变得暴躁易怒，无法进行清醒的思考。应激激素水平的持续升高会引发记忆力问题和肥胖。你可能从没想过，你的坏心情和混乱的思维可能是因为你没有暂时停下来 30 秒喝水。这是不是很出乎你的意料？等到你感觉非常渴了，无法不去关注它的时候，已经太晚了。如果你觉得口渴，说明你已经缺水了。

晒晒太阳，但不要晒太久。阳光是地球生命不可或缺的东西，但太多的光照对皮肤有害，如今尤其如此，因为臭氧层变薄意味着太阳将更多的有害射线射到了地面上。一定量的日晒是有益的，它通过提升体内维生素 D 的水平促进皮肤健康。但是过多的阳光会导致皮肤早衰和褐斑。每天晒太阳的时间不要超过 30 分钟，尽量保持适当的平衡。如果你打算在外面待较长的时间，那么用衣服或防晒霜保护皮肤。然而，你要小心使用防晒霜，因为它可能含有有毒的化学物质。我建议使用含有氧化锌的天然植物性防晒霜。

用补充剂来宠爱大脑和皮肤。某些补充剂能够同时改善你的大脑和皮肤。以下是我推荐服用的一些补充剂。

- **维生素 D：**它是对大脑和皮肤至关重要的一种营养物质。维生素 D 水平低下与抑郁、记忆力问题以及牛皮癣等皮肤问题有相关性。补充维生素 D，尽量让你的维生素 D 水平达到最佳。
- **鱼油：**它对大脑、心脏、皮肤和头发都有好处。它之所以能让你的皮肤看起来更年轻，充满生机，是因为它具有抗炎的特性。维持健康的常规剂量是每天服用 1～2 克。我推荐服用更高的剂量，这样便具有疗愈的作用。
- **月见草油：**存在激素问题的女性常常会服用这种补充剂。不过它同样含有 γ- 亚麻酸，这是一种重要的脂肪酸。科学证据显示 γ- 亚麻酸有助于改善皮肤健康。

- **二甲氨基乙醇：**它类似于胆碱，是神经递质乙酰胆碱的前体。研究显示它具有抗衰老的特性，能够减少皱纹，改善皮肤的外观。含 3% 的二甲氨基乙醇的面部凝胶能够有效地缓解额头的皱纹和眼周的细纹。它还能改善嘴唇的形状，让嘴唇更饱满，改善皮肤的整体外观。这些积极的效应即使在停止使用后也会继续保持。另外，研究显示二甲氨基乙醇具有抗炎作用，它能增加皮肤的紧致感，改善面部肌肉张力。它还有助于改善老年斑。通常推荐的使用剂量为每天 300～500 毫克。
- **苯基丙氨酸：**研究显示，这种氨基酸对情绪有益，并有助于控制疼痛感。它还有助于改善皮肤疾病，比如白癜风。患白癜风的原因是皮肤色素死亡或色素无法发挥作用。
- **硫辛酸：**身体中天然存在着硫辛酸，在一些情况下它可以保护细胞，避免细胞受损。研究显示，含有 5% 硫辛酸的面霜能够显著改善皮肤老化的情况。成人通常的推荐使用剂量为每天两次，每次 100 毫克。
- **葡萄籽萃取物：**在加工葡萄酒和葡萄汁的时候，葡萄籽作为废料会被去掉。从葡萄籽中提取出来的物质对你的皮肤和大脑来说，可能是神奇的万灵丹。葡萄籽中含有类黄酮和低聚原花青素。研究显示，低聚原花青素具有抗氧化的作用，其抗氧化的作用是维生素 E 的 20 倍，是维生素 C 的 50 倍。葡萄籽提取物能够防止皮肤中的胶原蛋白流失，保持肌肤年轻、有弹性。它还能减少 β - 淀粉样蛋白的损害，改善大脑功能。β - 淀粉样蛋白与阿尔茨海默病有关。另一项研究显示，低聚原花青素有助于保护身体免受太阳的伤害。它还能通过强化毛细血管、动脉和静脉来改善血液循环。有科学证据显示，低聚原花青素有助于改善皮肤水肿、静脉功能不全和静脉曲张。对于成人，每天推荐的使用剂量为 50～100 毫克。

消除针对外貌的自动的消极想法

在第 6 章中介绍的拜伦 · 凯蒂的 4 个问题的方法能够有效地帮助你坦然接受自己的外貌。

以下是两个病人的例子。第一个病人三十五六岁，单身，大约超重 27 斤。她的自动的消极想法是：你是一头毫无价值的胖猪。

- 问题 1：它符合事实吗？
  - 显而易见它不符合事实。我不是毫无价值，也不是猪。
- 问题 2：你能确定地知道它是真实的吗？
  - 不能。
- 问题 3：如果相信这个想法，你会有怎样的感受？
  - 非常糟糕，感觉自己一无是处，没有人需要我。我憎恨自己，想变成其他人那样。于是我开始大吃薯片、曲奇饼和冰激凌，以此安慰我的焦虑感、抑郁感和绝望感。
- 问题 4：如果没有这个想法，你会成为谁或者会有怎样的感受？
  - 我会更快乐，较少对自己进行批评。

改变思维方向："我不是毫无价值的胖猪。在很多方面我都是有价值的，比如工作、家庭……我确实需要努力变得更健康，这是事实，但辱骂自己没有用，也不会有任何帮助。"

第二位病人 62 岁，离异，她想通过网络寻找伴侣。她的自动的消极想法是：我老了，没人想娶我。

- 问题 1：它符合事实吗？
  - 是的。我有几十年没有约会了，没人想看我衰老的裸体。
- 问题 2：你能确定地知道它是真实的吗？
  - 当然不能，我不是那么确定。
- 问题 3：如果相信这个想法，你会有怎样的感受？
  - 孤独、丑陋，憎恨自己。我会变得抑郁，不愿意与他人交往。
- 问题 4：如果没有这个想法，你会成为谁或者会有怎样的感受？
  - 对于结交新朋友，我会感到兴奋。但是如果我这么消极，没人会觉得和我在一起是有趣的。独自一人待着，不会令我开心。

改变想法的方向："我还年轻，有人想娶我。实际上，我家人活到了八九十岁。如果我好好照顾自己，我能再活 30 年。完全有时间可以把身体调好，结识有趣的伴侣。"

消除眼中和皮肤上的压力

皮肤是外在的大脑。无数研究显示，当承受着心理压力时，你的大脑会向皮肤发出信号，作为对压力的反应，皮肤就像受到了有形的攻击。这会导致皮肤起疹子、发红，或者导致油脂分泌增加，而皮肤相对比较不重要的功能会降低，比如支持头发生长。较多的油脂和较少的毛发通常会导致粉刺增加和头发稀疏。如果新工作、考试或重要的约会让你感到很有压力，那么你的皮肤便会长满粉刺。

大脑与皮肤之间的联系非常紧密，以至于有些人开始称皮肤为"外在的大脑"。事实上研究发现，皮肤产生的很多神经递质，比如褪黑素、5- 羟色胺、皮质醇和大脑中的神经递质是相同的。显而易见的是，皮肤的健康反映出大脑的健康状况。

为了放松情绪而大吃大喝或者血液中应激激素水平过高，都会导致危险的腹部游泳圈，这当然毫无魅力可言。同样，紧锁的眉头、闪烁的焦虑眼神也一点都不吸引人。不过其真正的影响比你看到的更深远：长期压力会抑制流向大脑的血液。这会降低大脑的功能，损伤记忆力，导致大脑早衰。海马、杏仁核及前额叶活动性的降低，不仅会妨碍你的认知功能，还会打破情绪平衡。

长期压力同样会导致皮肤失去胶原蛋白和弹性蛋白，对你的外貌产生直接影响。胶原蛋白和弹性蛋白是能够增加皮肤支撑和弹性的两种蛋白质，它们会让你的脸看起来年轻而紧致。因此，长期压力会造成皮肤松弛、出现皱纹。在严酷的生命转折时期，长期压力还会扰乱你的激素，比如导致成年人生痤疮。

如果你想让自己看起来更年轻，想要更多地享受生活，那么缓解你的压力与紧张便非常重要了。那意味着你要关注自己。当生活中出现问题时，我们倾向于向外寻求解决方法或者对问题满腹牢骚。我们没有意识到自己看待情境的方式，我们对它情绪化的反应其实构成了问题的很大一部分。当我们开始将注意力重新放到自己身上，便能够让压力反应平静下来，实际上这也会改变情境。你可以参考第 6 章中让女性脑恢复平静的方法。

什么会伤害你的皮肤，什么会让皮肤更美丽

伤害皮肤的事物	**改善皮肤的事物**
● 太多的咖啡因	● 限制咖啡因的摄入
● 酒精	● 限制饮酒
● 抽烟	● 立即戒烟
● 糟糕的饮食	● 开始有利于大脑健康的饮食
● 太多的糖	● 减少糖的摄入量
● 溜溜球式减肥	● 保持稳定的体重
● 缺水	● 喝大量的水（对于体重低于 113 公斤的人来说，最佳饮水量应该是体重数值的一半，单位为盎司）
● 缺乏睡眠	● 获得充足的睡眠，至少每晚 7 小时
● 缺乏锻炼	● 每周至少有 4 天进行锻炼
● 长期压力	● 冥想，练习深呼吸
● 创伤后应激障碍	● 进行治疗
● 激素不平衡	● 平衡激素
● 甲状腺疾病	● 平衡甲状腺激素水平
● 精神疾病	● 进行适当的治疗，比如天然疗法和药物
● 记忆问题	● 养成有利于大脑健康的习惯或者进行治疗，比如服用药物
● 过度日光浴	● 在不涂防晒霜的情况下，最多晒 20 分钟
● 衰老	● 服用维生素 D、鱼油、二甲氨基乙醇、苯基丙氨酸、亚麻酸和葡萄籽提取物

发现生活中的美

花时间去关注生活中令你感激的事物。这样做会改善大脑功能，让你的眼睛更明亮，让你的微笑更灿烂！经过几十年的社会心理学研究，宾夕法尼亚大学的马丁·塞利格曼[①]博士发现幸福感是可以培养的。培养幸福感始于专注于生活中的美好。他说如果被试每天写下 3 件令自己心存感激的事情，那么仅仅坚持 3 周，他们的幸福感便会得到显著提升。如果你每天都这样做，你不仅会感觉更好，而且会看起来更漂亮，人也会变得更风趣。

如果你曾为自己不够漂亮或不够好而苦恼，那么重新思考一下你对漂亮的理解。或许从童年起这些有害的习惯和错误的理念便扎根在你的心里，它们妨碍你活出自身固有的自然美。你天生就是美丽的，无论是内在还是外在。你身心两方面的生活方式，决定了你是否受欢迎。

第 9 个小时的练习——享受按摩和桑拿

抽时间放松、照顾自己的身体，对保持美丽非常重要。享受按摩，让它放松你的肌肉，再在远红外线桑拿房里待上 15 分钟，不仅能促进血液循环，降低血压，提升心脏负荷能力，达到快走时的心率，还有助于缓解疼痛和长期疲劳，减轻体重和上瘾问题。在蒸桑拿的时候，流向皮肤的血流会增加，这会给皮下组织及表皮组织带去营养，有助于保持皮肤健康。汗腺会变得活跃起来，这有助于带走有毒物质。如果你找不到远红外线桑拿房，普通的桑拿房也可以。

① 马丁·塞利格曼（Martin Seligman）是积极心理学之父，美国知名心理学家，其著作《持续的幸福》《教出乐观的孩子》等系列书的中文简体字版已由湛庐文化策划、浙江人民出版社出版。——编者注

Unleash the Power of the Female Brain

完善大脑，收获更持久的爱

为了更大的愉悦、更深的感情和更持久的爱，完善你的大脑

释放女性脑力量的**第 10 步：为了感情更持久而改善大脑**

女性脑是宇宙间最大、最重要的性器官。

“甜心”“宝贝”“亲爱的”“我爱你”，我们总是渴望听到这些话，也总是渴望说出这些话。我们说的时候是发自内心的，在听到时则会满心欢喜。哎呀，我不应该说“心”，而应该说“大脑”。当听到这些神奇的字眼儿时，我们的大脑被激活了，释放出了有益的激素，然后流向全身。当失去所爱时，是我们的大脑破碎了，而不是心。

如果你希望获得更多的爱，那么你应该给予大脑更多的关注。作为女性，你的生理机能中包含着一整套让你去爱和被爱的系统，让你得以拥有令人激动、令人满意的情感联结。为了与这套系统配合，你应该做很多事，比如保持大脑健康、保持激素平衡，这些都有助于你爱得更多，被爱得更多。接下来事情便会顺其自然地发展，你将拥有令人惊叹的情感联结。

以下描述了一些事实，它们有助于你优化自己的大脑，让你的爱变得生机勃勃。

爱的三部曲

♥ 激情

如果曾经爱过，你便会知道存在各种不同的爱，你感受到的爱会随着关系的发展而改变。你可能不知道的是，每种爱都是由我们自己的大脑系统引导的，

都涉及一些不同的激素和神经递质。

罗格斯大学（Rutgers University）的人类学家海伦·费希尔（Helen Fisher）博士对这个主题进行了多年的研究，是这一领域的首要权威专家之一。她定义了三种不同类型的爱，每种都与特定的大脑相关物、激素系统和神经递质相联系。在一段关系中，这三种爱都会发生，但位于关系的不同阶段。

第一种爱是激情。当你第一次注意到一位帅气的陌生人在房间那头盯着你看时，或者当与你共事了 6 个月的男同事某天中午健身回来，满身是汗，让你突然对他产生了异样的感觉时，你便会感受到色欲之爱。

美国雪城大学（Syracuse University）的斯蒂芬妮·奥蒂格（Stephanie Ortigue）教授研究发现，坠入爱河的过程仅需大约 1/5 秒，涉及 12 个不同的脑区。在雌激素和雄激素的有力驱动下，你会感受到想要获得性满足的强烈欲望。参加这场“派对”的其他让人感觉很好的化学物质还包括多巴胺、催产素、肾上腺素和后叶加压素。这是非常令人陶醉的组合，会让你感觉好像遭到了电击，事实上还会影响你的认知。在你的眼中，世界已经变了样。而对于那个你渴望得到的男人，你甚至看不出他有任何瑕疵。他像爱情小说中的英雄一样，笼罩在光辉中。

这个过程涉及的主要脑区是下丘脑，它还控制着你的其他身体需求，比如饥饿和口渴。性爱的冲动像饥渴一样令人难以抗拒。它必须如此，因为只有这样，人类才得以延续。

浪漫

对于大多数动物来说，激情让它们为所欲为，动物之间会发生性交，然后双方各自走开。但是人类的情况非常不同，最初的吸引力就像触发器，它会引发人生中最美妙、最受欢迎的体验之一，那就是浪漫。

这是一种充满热情、倾尽身心的情感。如果一切进展顺利，你会感觉幸福到了极点；当你的爱遇到了阻碍，没有得到相应的回报，或者被拒绝，你便会陷入绝望的深渊。正是在浪漫之爱的驱使下，情人们可以游过大洋，翻越崇山，杀死恶龙，只为了打动爱人，让他们开心或者得到他们的爱。根据费希尔博士的说法，浪漫比激情更强有力。人们不会因为性而自杀，但会因为浪漫的破碎而自杀。

费希尔博士说，事实上，爱并不仅仅是一种感觉。它是一种以目标为导向的驱动力，会影响我们的行为和想法，促使我们改进与爱人有关的表现。在奥蒂格的一项研究中，当恋爱中的女性被试在完成决策任务时，如果向她们的潜意识呈现她们心爱之人的名字，她们的表现会有显著的提升。恋爱中的女人可能会失眠、坐立不安，无法将注意力集中在其他事情上，但对任何与爱人有关的事情，她们却会非常专注。

对处于这种疯狂之爱早期阶段的被试进行的脑成像研究显示，腹侧被盖区和伏隔核的活动很强烈。这些脑区是大脑中的奖赏中枢，当人们吸食可卡因时，这部分脑区便会被激活。在恋爱者的大脑中，这些脑区沐浴在多巴胺之中，多巴胺使我们能够从自己设定的目标中获得奖励。其他与紧张、兴奋相关的化学物质也会增加，通常包括皮质醇、苯肾上腺素和去甲肾上腺素。顺便提一句，巧克力中也含有苯肾上腺素，这就是为什么巧克力与爱有关，为什么吃巧克力是安抚对爱的饥渴的常用方法的原因。

一旦你对爱人已迷恋到了这种程度，那么哪怕看到他的东西也会让你心如鹿撞。当你开车进入公司停车场的时候，你会急切地搜寻他的车。当你看到它时，他停车的地方在你眼里会变得非常有趣、非常重要，令人激动，而世界上其他所有地方都是单调乏味的，两者的对比是那样鲜明。其他任何地方对你来说都失去了吸引力。

在发生这一切的时候，神经递质 5- 羟色胺的水平会比较低。低水平的 5- 羟色胺还与强迫性思维有关，强迫性思维是这种爱的一个常见症状，你的脑子被那个男人占得满满的。

喜爱与长期的承诺

没人能够永远这样疯狂地爱下去。你会精疲力竭，一事无成。另外，如果你在兴奋激动中造出了孩子，那么另外一套激素会开始起效，让你为承担起新责任做好准备。这些激素同样也是由人类生存繁衍的需求所驱动的。

你当然不能无限期地维持着疯狂的爱，但另一种爱会出现，它同样也受到了大脑和激素的指引。这种转换大约发生在恋爱后的 8 个月到 4 年之间。下丘脑又一次变得很重要了，不过相关的激素换成了催产素和后叶加压素。这两种激素能够引发联结感和归属感。所有与爱有关的激素必须达到完美的平衡，以下是一个很好的例证。催产素和后叶加压素会干扰多巴胺和去甲肾上腺素的通路，反之亦然。当疯狂的爱渐渐淡去时，多巴胺和去甲肾上腺素会受到抑制，产生联结感的化学物质开始发挥作用，帮助这段关系继续发展，发生微妙的变化。

睾酮也会干扰催产素和后叶加压素的分泌。有研究显示，睾酮水平较高的男性结婚的可能性更小，离婚的可能性更大，更有可能出现家暴。最好记住这条事实：睾酮水平较高的男性，通常无名指比食指长。如果你想知道长期来看你的约会对象会不会是个好伴侣，那么看看他的手吧。

男人燃起激情，女人思考未来

当恋爱中的人看到心爱之人的照片时，他们的大脑会被激活。费希尔博士通过对处于恋爱早期的男性和女性进行功能性磁共振成像研究证实了这一点。但将女性被试与男性被试进行比较时，她发现了一些有趣的差异。

男性被激活的大部分脑区涉及整合视觉刺激的部位。这些脑区位于视觉皮层和视觉加工区域中，有些直接与性唤起有关。对于男性来说，视觉刺激对性唤起非常重要。男性会用是否具有吸引力这一评价来作为对女性的第一印象。女性感知到了这一点，因此会花费很多精力来让自己看起来有吸引力。同样，男性比女性对色情电影更感兴趣也就不足为奇了。那些视觉刺激会令他们血脉贲张。

对于女性来说，情况就非常不同了。在费希尔的研究中，她发现看着心爱男人的照片，女性被试的尾状核会变得更活跃。这个脑区与记忆、情绪和注意力有关。其他被激活的脑区还有隔核和后顶叶皮层。隔核有时被称为大脑的愉悦中枢，后顶叶皮层与形成心理表象有关。

因此男性更会从视觉角度来衡量未来的伴侣，他们更有可能一见钟情。从进化的视角看，他们寻找的是看起来健康、能生养后代的女性。如今他们所想的也没有比传宗接代高级很多。

然而从一开始，女性便把心爱的男人的形象整合到了与记忆有关的脑区中。女性似乎更有可能记住求爱过程中发生的事件，她们永远不会忘记第一次争吵以及双方争吵中的所有细节。这会给予她们一种进化上的优势。她的追求者只是长得好看是不够的，她寻找的不是一夜情。因此记住与伴侣互动中的所有细节非常重要。他是否表现出了乐于助人的态度？他看起来忠诚吗？他喜欢自己的家人吗，家人喜欢他吗？她总是会发现展露出对方性格的各种线索。她把一切都记在心里。另外，她记事件的时候，会把当时的情绪也记住。这有助于形成非常强大的记忆，将她与所爱之人紧紧联系在一起。

因此男性会更快地坠入爱河，而女性会准备好委身于他，会比男性更快地开始思考两人的未来。

在恋爱的初期，这意味着你生命中的那个男人会用他的热情淹没你。每当他看到你时，他会再次燃起激情。但那并不意味着他会产生和你一样的想法，准备为两人的未来做出承诺。你理解了这些，便不会对他的暗示产生误解，不会认为他已经对两人的未来做好了准备。这时的你，需要耐心。他的催产素和后叶加压素最终会开始起效，你们将拥有共同的目标。

如何让性生活更美妙

法国人称性高潮为“小死亡”。性高潮是性交达到顶点时性器官奇妙而抽搐性的释放。女性的感觉中心位于生殖部位，从这里辐射到全身，但事实上这些感觉源于大脑。性研究者研究了性高潮时人的大脑，他们将其称为“小死亡”应该说是准确的。

罗格斯大学的研究者巴里·科米萨鲁克（Barry Komisaruk）发现，无论是男性还是女性，性高潮的主观体验都是类似的。不过最近来自荷兰的研究显示，男性与女性性高潮时大脑中发生的情况相当不同。荷兰神经科学家格特·霍尔斯特日（Gert Holstege）采用正电子发射断层扫描技术对性高潮时男性的大脑和女性的大脑进行了研究。对于男性来说，最活跃的脑区是腹侧被盖区，这正是负责释放多巴胺的脑区。你可能还记得，多巴胺是大脑奖赏回路中的一部分，它是使可卡因、海洛因吸食者感到愉悦所必不可少的神经递质。由于这部分大脑与药物使用者所感到的极度兴奋的快感有关，因此药物导致的上瘾会造成这部分大脑受到过度刺激，从而抑制了性欲。

当霍尔斯特日研究女性被试时，他大吃一惊。与男性相比，女性的大脑在性高潮时出人意料地平静。具体来说就是，她们的左外侧眶额叶皮层以及背内侧前额叶皮层似乎未被激活。这些脑区与自我控制和社会判断有关。他还发现女性杏仁核的活动性在更大程度上受到了抑制，因此与男性相比，女性的警觉性和情绪减少得更多。霍尔斯特日的结论是：“在性高潮时，女性没有任何情绪感受。”她们完全沉溺在身体的感觉中。

其他研究发现，女性在性生活中，杏仁核和海马的活动性都会降低，这两个脑区与恐惧和焦虑有关。这时，似乎女性脑抑制了那些消极情感，这样她们便会感到安全而放松，这是达到性高潮的必要条件。有趣的是，与痛苦有关的皮层区域也被激活了，那似乎意味着对女性来说，痛苦和快乐是存在联系的。这一部分解释了为什么会有施虐与受虐的性行为。科米萨鲁克教授说，性高潮（与性爱相反）会阻拦与痛苦有关的信号。通过在实验室中对动物和人进行的研究，他发现性高潮能够抑制脊髓释放让人痛苦的神经递质。因此痛苦信号无法抵达大脑中的神经元。

在性高潮期间和之后，男性脑和女性脑都会释放出催产素。催产素能够建立人与人之间的联结和信任，因此难怪很多男人在其他时候不愿意说“我爱你”，但会在性交时或刚刚性交完后说这句话。一些女性发现了这个特点，所以她们不相信男性在床上说出来的“我爱你”，而更希望散步或吃晚餐的时候听到这句话。

如果你想拥有更加美妙的性生活，或者你根本无法达到性高潮，以下这些事情会有所帮助。

更爱你的伴侣。瑞士日内瓦大学和美国加州大学圣巴巴拉分校的研究者们证明了我们的猜想是对的。也就是说，女人越爱自己的伴侣，她们便越容易达到性高潮，而且感觉越强烈。这不只是女性的自我感觉，当她们看到爱人名字的时候，对她们大脑进行的功能性磁共振成像扫描显示，女性表达的爱越强烈，她们的左侧角回便越活跃。角回是与记忆和情绪相关的脑区。她们左脑中与上瘾有关的脑区也会变得越发活跃。因此对女性来说，爱似乎是一种效果很好的春药。

注意脚部保暖。女性要足够放松才能达到性高潮，因此她们必须感到既安全又舒服，而温暖的双脚是其中很重要的一部分。据格罗宁根大学（University of Groningen）的研究者说，温暖的双脚可以让女性达到性高潮的可能性增加30%。这可能是因为大脑中与脚部感觉有关的脑区正好与生殖器感觉有关的脑区是邻居（这或许可以解释恋足癖）。如果你的伴侣希望你在性生活上更放得开一些，达到性高潮的可能性更大一些，那么建议他把按摩你的脚作为前戏的一部分。更好的做法是，让他用温暖的凝胶来按摩，这可以帮助你们俩进入状态。

当你有了欲望后，让他亲吻你脖子的右侧或脊椎的右侧（你也可以这样亲吻他）。

集中注意力。相对于男性，女性在性高潮方面具有独特的优势。很多女性可以只通过想象，根本不用任何身体的刺激，便可以达到性高潮。科米萨鲁克的研究解释了其中的原因。他发现，当女性想到身体的某个部位，比如想到手指、脚趾、乳头或阴蒂受到刺激时，大脑中相应的感觉皮层便会被激活，就好像它们真的受到了刺激。这是一种非常强大的能力。当伴侣要求时，如果你不是很有欲望，那么或许可以利用想象。不要去想购物清单或第二天的生活计划，把注意力集中在当下，用想象去增强身体的感觉。越专注，你的感觉便会越强烈。

深呼吸——某些气味会激起你的欲望。不同的女性会对不同的气味产生感觉。男性身上类似麝香的体味会让有些女性意乱情迷，而有些女性很反感这种气味。找出让你觉得最性感的气味，然后设法让你的伴侣身上带有这种气味。你可能喜欢古龙香水的味道或者新洗完的衣服的味道。婴儿爽身粉的气味也会让很多女人浑身酥软，如果你也是这样，那么可以在你们一起沐浴后，撒一点爽身粉在他身上，然后深吸气。

亲吻——女性需要前戏是有原因的。女性的性唤起需要更长的时间，如果你希望从性交中获得快感，那么你的兴奋顶点必须与爱人的很接近。亲吻是性生活很重要的一部分。你的嘴唇极其敏感，布满了神经末梢。嘴唇上神经末梢的数量是手指上的100倍。当你们亲吻时，大脑中的多项机制会被激活，因此释放出爱的化学物质，令你放松，降低你的焦虑程度，让你能够更好地享受性生活。

告诉伴侣你想要什么。你可能没有注意到，你的爱人不是你肚子里的蛔虫，如果在性生活中你总是很被动，那么他永远不会知道该做什么或者你渴望得到什么。他想让你幸福，但对他来说，你的身体是一个谜。他只能弄明白如何能让自己感到愉悦，但这对你来说并没有可借鉴之处。而且他对自己的力量没有概念。在他看来的轻柔抚摸对你来说可能太用力了，只会令你感到不舒服。因此要告诉他你想要什么，引导他的手，对他说：“你……时，感觉很棒。”你可能需要反复告诉他，因为他可能记不住。这不是因为他不在乎你，而是因为他是男人，男人有一个更困倦的大脑。所以不要因为他没有听到你的话就发脾气。耐心点，提醒他你喜欢什么。他最终会明白的。在性生活中发挥更主动的作用，这不仅能够提升双方的快乐，而且还能加深、巩固你们俩的感情。

找医生咨询。如果你正在服用抗抑郁药物，比如依地普仑、西酞普兰、左洛复、百忧解或帕罗西汀，那么它们可能会妨碍你达到性高潮的能力。这类药物能够提升 5- 羟色胺的水平，5- 羟色胺会抑制多巴胺的分泌，多巴胺对于达到性高潮至关重要。医生可能会给你换药（比如换成安非他酮，这是一种更具刺激性的抗抑郁药）或调整剂量，或者采用其他策略，比如当你知道某段时间要过性生活时，可以暂停服药。银杏叶提取物或人参也会有帮助。

如果在性生活中你感到疼痛，那么请去看妇产科医生。他们会检查你是否存在健康问题并设法帮助你，比如给你开一些激素乳膏或其他药物。

为爱疯狂

单恋会要人命，这是真的。爱会把人变成跟踪狂，会让人杀人或自杀。失去至爱会令人痛不欲生。

简单来说就是，爱会让人疯狂。那是因为神经递质（尤其是多巴胺）和激素的混合物会让你对爱的反应就像对一剂可卡因的反应一样，让你出现戒断反应，表现得就像得不到毒品的瘾君子。费希尔博士的研究显示，有 40% 的人求爱被拒绝后会出现临床上的抑郁症状，至少会抑郁一段时间。

与费希尔博士的研究类似，安德烈亚斯·巴特尔斯（Andreas Bartels）和泽米尔·泽基（Semir Zeki）采用功能性磁共振成像研究了恋爱中的人在看爱人和熟人照片时的大脑反应。他们发现，当被试看到恋爱对象的照片时，他们大脑中与快乐相关的脑区会变得更活跃。与此同时，前额叶及与恐惧、悲伤、抑郁有关的脑区的活动性会降低。似乎恋爱中的人有一个令他们变得既快乐又愚蠢的大脑。尤其有趣的是，一些被激活的脑区具有高浓度的多巴胺受体。这些脑区通常与海洛因、可卡因等药物上瘾存在联系。研究者指出，“浪漫的爱与欣快状态之间存在着潜在的、紧密的神经联系”。当然，爱与上瘾之间也存在相似性，它们都是充满渴望的，都是一心一意的，都会产生戒断症状。

快乐的热恋会让我们神魂颠倒，但失恋的戒断症状会令我们变得疯狂而危险。它会引发临床上的抑郁症，有时会引发暴力行为。费希尔和她的研究团队对求爱被拒者的大脑进行了研究。他们让这些被试看着拒绝他们的人的照片，然后对他们的大脑进行功能性磁共振成像扫描。研究者发现，他们被激活的脑区与得失、渴望及情绪调节有关。大脑前部的活动状态类似于可卡因渴求及上瘾时的大脑活动。这或许可以解释求爱被拒所引发的强迫行为。

目前我们已有科学证据证明，爱会伤人。密歇根大学的研究显示，失恋者因失恋被激活的脑区与感到身体疼痛时被激活的脑区相同。

任何失恋过的人都知道，那是多么令人痛苦的经历。你的思想像着了魔似的聚焦在拒绝你的人身上，你无法思考其他任何事情。失恋对身体也有伤害，你会出现戒断症状，就像瘾君子试图戒除可卡因时感受到的症状一样。

现在是时候采取我们在上文介绍过的各种有利于大脑健康的方法来照顾大脑了。记住，你所感受到的痛苦很大程度上是因为大脑受到了多种化学物质的冲击，最终一切都会恢复平静。用不了多久你就会意识到他在很多方面不适合你，或者其实你一直都知道这一点。

你甚至可以把你不喜欢他的所有方面，以及你为了说服自己他就是你的真命天子而忽略的所有小迹象都列出来，这对疗愈失恋的伤痛会有帮助。

作为女性，你具有爱和奉献的巨大力量，愿意为他人牺牲。是的，破碎的心很伤人，但这比没有心好些。每一次心碎都会给你带来更多的领悟和慈悲，这对你的白马王子会非常有吸引力。

爱的力量

爱的感觉很棒，不仅如此，它对你也是有益的。爱具有让你保持身心健康的力量。让我们来盘点一下吧。

爱能减轻压力，改善健康。就像对人类生存必不可少的其他行为一样，爱与性天然是有益且有趣的活动。它们包含着幸福感，具有减轻压力、促进健康的潜力。这些令人愉悦的体验会抑制与焦虑有关的大脑活动，因此你会感到更快乐、更放松。

性高潮期间及之后释放出来的催产素和内啡肽具有很强的镇静和放松作用。那就是为什么做完爱后你会睡得很好的原因，就好像你服用了镇静剂。一夜安眠后，第二天你会感觉更好，压力有所减轻。

爱能减少消极情绪。当你恋爱时，琐事就不会像平常那样引起你的烦恼。在杂货店里，你变得比较能容忍收音机旁吵吵闹闹的小孩子。甚至你觉得你妈妈也不像平时那样总来烦你。这些变化是有原因的。恋爱使你在面对消极情绪时，会较少做出自动化的反应。在日常生活中，我们对新事物的接纳与包容性都与迷走神经有关。迷走神经是从头部延伸到躯干的神经。研究表明，迷走神经的调节作用是爱之所以能减轻压力、促进健康的原因之一。

如果你有抑郁的倾向，那么注意，性高潮具有抗抑郁的效果。精液包含着诸如前列腺素和脂肪酸等化学物质，女性能够通过阴道吸收这些化学物质，从而使她们体内的激素和情绪得到调节。

爱能增强你的大脑。随着逐渐变老，我们的脑细胞会减少。普林斯顿大学的研究显示，性活动有助于我们长出新的脑细胞。至少在对小鼠的研究中，研究者发现，性活动与海马中的脑细胞生长有关。海马是大脑中重要的记忆中枢之一。因此，虽然压力和抑郁会减少这部分脑区的脑细胞，但性活动似乎能刺激它们的生长。

还有证据显示，性生活比较活跃的人在变老后比较不容易患阿尔茨海默病。巴里·科米萨鲁克认为这可能与大脑中血流增加有关，血流的增加会提高大脑中氧气的水平。科米萨鲁克说，功能性磁共振成像显示在性高潮时，脑细胞更活跃，需要使用的氧气更多。充满氧气的血液为大脑带来新鲜的营养，因此，促进了大脑的健康和生长。

性生活还会通过其他方式来增强大脑的力量。性高潮能够提高人体内雌激素和睾酮的水平，两者对你的大脑都有好处。雌激素和睾酮都有利于专注，能够缩短反应时。

爱能让你更健康。较多的性生活能够提高免疫力、减少疾病、延长寿命。

性生活还会提高你的生育能力，调节月经周期，缓解痛经。它将更多保持青春的激素注入你的血液，比如脱氢表雄酮、雌激素和睾酮，这对你的心血管系统是有益的，能够降低胆固醇，增加骨密度，让你的皮肤变得更光滑。

当从事性活动时，人类生长激素的分泌会被激发，这有助于让你看起来更年轻。另外，性活动能够促进血液循环，尤其是皮肤中的血液循环。性生活是一种燃烧热量的锻炼，有助于你保持健康，控制体重。爱丁堡皇家医院的研究显示，规律的性生活（每周 3 次）能够让你看起来年轻 10 岁。

性生活还有额外的益处。性高潮有助于缓解某些类型的疼痛。这是因为催产素水平突然升高，导致内啡肽被释放出来，而内啡肽是一种天然的止痛药。另外，雌激素有助于缓解经前期的疼痛，性生活甚至对偏头痛也会有帮助。对偏头痛患者的研究显示，性高潮能够缓解疼痛，在某些情况下甚至能完全消除偏头痛的症状。因此不要以头痛为借口拒绝性生活。它会产生立竿见影的效果，而且不用花钱，没有副作用，你和你的伴侣都能从中获得乐趣。

为爱做好准备

为爱做好准备并不只意味着挑选合适的服饰、涂上新口红。你应该想到的最重要的美丽方案是整顿大脑。当大脑能够很好地工作时，你便能正常发挥。你会充满爱意、体贴、热心、浪漫而顽皮。很多“大脑问题”，比如注意力缺陷障碍和抑郁，会妨碍你获得满意的性生活和亲密关系。

如果你的性生活有问题，那么或许查看一下生活的其他方面，并先解决其他方面的问题会是一个不错的主意。

例如，如果每个月的经前期，你的情绪都像过山车一样，或者正在经历准更年期或更年期，那么你应该早些检查你的激素水平是否平衡。

身材走样或超重会让你没有活力，影响你的体象，妨碍你享受性生活的快乐。健康饮食和执行锻炼计划，服用有利于大脑健康的补充剂，比如服用鱼油后，你会吃惊地发现随着体重指数的下降，你对性生活的兴趣增加了。

未得到治疗的大脑创伤会引发各种各样的症状，从无法集中注意力到焦虑、糊涂、健忘和滥交。所有这些症状都会损害你们的感情，让你无法成为一个有爱心、值得信赖的伴侣。如果你受过伤或者接触过有毒物质，并怀疑它们对你的大脑造成了损伤，那么一定要去检查一下。有很多治疗方法能够让你的大脑恢复健康。

药物和酒精滥用会扼杀亲密的感情。而这一切都始于它们对大脑功能的负面影响。使用非法的药物，甚至使用合法的药物，比如酒精或处方类止痛药或镇静药，都会对你们的感情造成负面影响。你可能擅自使用药物和酒精来麻痹生活中的痛苦，但实际上这种做法只能增加痛苦，它会妨碍你感受到与伴侣的亲密感情。必要时就去寻求帮助。这会开启爱之门，让你获得自己真正想要得到的爱。

让爱持久的力量

持续几十年的爱有可能存在吗？有些夫妻似乎在整个婚姻生活中都一直爱着对方。他们有什么秘密？

比安卡·阿塞韦多（Bianca Acevedo）和亚瑟·阿伦（Arthur Aron）（他们是海伦·费希尔团队的成员）使用功能性磁共振成像技术，研究了平均拥有 21.4 年幸福婚姻的夫妇的大脑。当这些夫妇看伴侣的面部照片时和看熟人或好友的照片时，研究者分别测量了他们在不同情境下的大脑活动。他们发现，满意的婚姻与看到伴侣时某些特定的脑区被激活有关。这些脑区涉及奖励、动机、共情、压力控制和感情调节。非常满意的婚姻还与调节情绪的脑区存在相关性。把所有因素汇总到一起，我们可以清楚地看到，感情很好的夫妇拥有与健康、幸福相关联的大脑。那么它们两者有什么因果关系呢？从这项研究中我们无从知道，但显而易见的是，夫妻关系既可以是带给人安慰的，也可以是令人狂乱的。

经过多年来的实践，我发现存在着各种各样的夫妻关系。从我自己的经历以及我朋友和家人的经历，我可以得出这样的结论：持久的爱来自夫妻双方在彼此头脑中留下了永久的积极印记。记忆回路和愉悦感被捆绑在一起，以至于另一个人已经成了你大脑结构中不可分割的一部分，而你也成了他大脑结构的一部分。

让自己深入伴侣的头脑中并不困难。这需要动机、奉献和一点知识。为了给所爱之人留下永久的印象，始终让你们的爱情生机勃勃，你可以做以下列出的 12 件事。这些都是很有影响力的行动。除非你对你们的关系是认真的，打算跟他结婚，否则不要使用这些方法。

让你的伴侣大吃一惊。做一些惊人的、不同寻常的事情，其中要包含惊喜的成分，比如往口袋里塞情书，在普通夜晚来一次特殊的晚餐，播放由他最喜欢的歌曲组成的音乐清单等。这些细心体贴的行动会让你牢牢留在他的记忆中。

定期做点特别的事情。比如每天给他打电话，让他的神经系统习惯于听到你的声音，或每周做一次他最喜欢的饭。一旦他开始期待这些事情，你便会一直停留在他意识的周围。同样，你还要断断续续地做些特别的事情。随机进行强化是最有效的条件作用形式。随意地安排浪漫之夜，这样他不知道什么时候会发生浪漫的事情，但此后便会一直怀有兴奋的期待。

更多地四目相对。新婚夫妇会很自然地这样做，但不要因为是老夫老妻了就减少这种增进感情的有效做法。这是保持浪漫之爱的一种方法。

了解怎样做能让伴侣获得快乐。明确地告诉他，他的快乐也是你的快乐，你想知道所有能让他变得兴奋的事情，并很乐意在他身上进行尝试。这样你不仅会在让他获得快感上变得更有技巧，而且你会看到自己愿意为他而做出特殊的努力。

告诉伴侣你喜欢什么。对大多数丈夫来说，让妻子快乐是一种很好的感觉。研究显示，一方的快乐会增加另一方的快乐。欧文 · 戈尔茨坦（Irwin Goldstein）博士引用了这样的证据：当男性服用了治疗勃起功能障碍的药物后，他们的伴侣会享受到更好的性生活，因为他们伴侣的身体发挥了更好的功能，阴道润滑得更好，性高潮也更强烈。通过让伴侣做你想要的事情，他会感觉到你有了更强烈的性欲，这样他的性欲也会变得更强。

用新颖的性生活促进持久的爱。当性生活变得单调无聊，成为例行公事时，便不会产生强烈的激素及神经递质的反应了，性唤起也会减弱。一点小创新会增加期待，使身体分泌出更多激素，拥有更刺激的性生活。在你们的亲密关系中始终保持小创新，这样伴侣出轨的可能就会减小。

做一点前卫的事情。如果你让伴侣的心跳加快，他可能会将这种兴奋感与你联系起来，对你形成更强烈的感情。一起去坐过山车，乘热气球旅行，玩激流勇进，任何有一点点危险的活动都会让他爱你爱得更深。当然，千万不要让头部受伤。

使用每一种感官。要知道伴侣有 5 种感官，你可以让自己深深烙刻在他的每一种感官里。在视觉方面，你可以穿上他喜欢的性感衣服，在约会时增添点柔和的灯光，在他的办公桌上摆放你们俩的照片。在听觉方面，用悦耳的声音说话，放他喜欢的音乐。在触觉方面，在你们亲昵时，找到能带给他快感的事情。即使你们只是在一起待着，你也要一边说话一边抚摸他。当和他一起走路时，你可以用手轻触他的手臂。给他充满热情的亲吻。在味觉方面，确保在亲吻他的时候，你的口气是清新的。气味尤其重要，因为它与男性脑中最原始的部位存在着关联。要去发现他喜欢的气味，更重要的是，去发现他不喜欢的气味。去发现能够令他兴奋的气味，无论那是你使用的某种香水，还是你天然的体味。

为伴侣所爱的人做点事。如果你对他所爱的人表现出善意和爱，那么会大大提升你在伴侣心目中的得分。当你和他恋爱后，你便会和他的家人、朋友建立起关系。他希望你也爱他所爱之人，因此你要让他知道，对他重要的人对你也是重要的。这包括上次婚姻留下的孩子、他的父母、朋友、员工、雇主及宠物。你对他们做出的善举也是一种增进感情的有力工具，这会引起伴侣的边缘系统的好感，让你深深扎根在他的意识中。

表达爱，让浓情时刻不朽。不要害怕说出你的爱。告诉他你的感受，写一封情书或一首情诗。有史以来，情人们一直就是这样做的，因为它真的有用。

向鹦鹉学习。芭芭拉 · 威尔森（Barbara Wilson）是一位养鹦鹉、训练鹦鹉的神经学家。她说，鹦鹉教给她很多有关人际关系的重要经验，很多人都能从中受益。这些经验包括与你所爱之人分享食物，互相梳洗打扮，不停地唱歌，一起筑巢，重复对方的话和行为。重复这些能够证明你对他很感兴趣。这好像在说：“我们在一起。我认识你，你对我很重要。我们是一体的。”而且这是一种强有力的说法。

增加爱的化学物质。大脑中有许多化学物质与爱和依恋有关，你可以提升其中两种。催产素被认为是亲密、信任和拥抱的激素。它能够增强我们与他人之间的亲密感和联结感。看爱情片，牵手、拥抱，以及长时间、充满爱意的对视，都会提高催产素的水平。女性的催产素通常比男性的多，但一项研究显示，性生活之后男性的催产素水平会提高 500%。拒绝性生活，会让夫妻俩越来越疏远。努力保持亲密，这对你们的依恋关系会很有益。现在甚至有生产催产素喷雾的公司，以帮助人们促爱。在家里我有时可能需要一些这样的喷雾，比如当我说了蠢话或让自己陷入麻烦的时候。另一种爱的化学物质是苯基乙胺，它作用于大脑，提醒你将会有有趣的事情发生。黑巧克力、杏仁和奶酪有助于提升苯基乙胺水平。事实上，奶酪所含的苯基乙胺比巧克力更多。除了我，还有人想过为什么法式餐厅的甜品单中有奶酪吗？现在你知道原因了吧。

另一种提升爱的化学物质的可靠方法是，聚集于你认为伴侣最可爱的方面。如果你和大多数人一样，那么你心里会有一笔账，上面记着你喜欢伴侣的哪些方面，以及他的哪些方面会惹你发毛。你把注意力集中在哪儿便决定了你的感受。如果你聚焦于令你心烦的方面，比如他的懒散，那么你一定会觉得很恼火。如果你聚焦于他可爱的方面，比如他是你遇到的最善良的人之一，那么你会感受到自己对他的爱。列出 7 个你对伴侣心存感激的方面，然后每天想一个。不出一周你就会发现你们的关系在发生积极的改变。

> “成为好情人的秘密是了解伴侣的大脑倾向，然后做出与他的大脑相适应的行为。”

这不是对每个人都适用的爱情策略。为什么会这样呢？因为我们的大脑不尽相同。有些人外向，有些人内向。有些人大脑前部的活动性比较低，他们会不断寻求刺激。因此他们可能非常喜欢看恐怖片，喜欢骑摩托车，喜欢争论，在床上需要花样翻新。而有些人的大脑前部比较活跃，他们会寻求可预测性。因此他们可能讨厌看恐怖片，不喜欢骑摩托车，讨厌争论，不喜欢创新的性生活方式。

了解你伴侣的大脑非常重要。例如，如果你的伴侣具有焦虑型的大脑，那么为了亲昵他需要先放松，或许给予他安全感、洗个热水澡、播放柔和的音乐、做个脚部按摩都是很好的选择。如果你的伴侣具有强迫型的大脑，那么为了获得更多的爱，你不要做出乎意料的事情，还应该播放舒缓的音乐，留心你说出的话，因为他永远不会忘记受到的伤害。

不同的大脑需要不同的策略。甚至女性的月经周期也会影响性生活，因为她们的大脑发生了改变。在月经期内，你有时会希望伴侣有一点侵略性，就是要占有你。而在其他时候，如果伴侣想要做出同样的行为，你一定会好好教训他。

遗憾的是，大多数人对大脑一无所知。因此，当他们为一段恋情而苦恼时，只会认为他们的爱已成往事，便开始寻找新的伴侣了。

大多数女性渴望得到爱，天生具有保持长期爱情关系的大脑机制。如果你的大脑很健康，拥有正常的激素水平，那么你会更快乐、更性感，表现出和谐一致的爱情行为，因而会吸引到更多的爱。你具有建立美好情感联结的力量。本章提出的法则和建议能够帮助你充分利用这种天生的能力。

在性生活中你是否不好意思让伴侣做你喜欢的事情？试着做以下练习，在每个项目的空白处填上你的答案，然后让你的伴侣也做一做这个练习。因为你无法看透对方的心思，所以你必须学会询问。

亲密关系练习

- 我喜欢你 ________ 我的头发。
- 我喜欢你 ________ 我的耳朵。
- 我喜欢你 ________ 我的眼睛。
- 我喜欢你 ________ 我的鼻子。
- 我喜欢你 ________ 我的脖子。
- 我喜欢你 ________ 我的后背。
- 我喜欢你 ________ 我的腰。
- 我喜欢你 ________ 我的乳房 / 胸部。
- 我喜欢你 ________ 我的腹部。
- 我喜欢你 ________ 我的生殖器。
- 我喜欢你 ________ 我的屁股。
- 我喜欢你 ________ 我的大腿。
- 我喜欢你 ________ 我的小腿。
- 我喜欢你 ________ 我的脚。

悲痛和抚摸

安吉拉和约瑟是我最喜欢的一对夫妇。几年前我在有关强迫性欺骗的那期《菲尔医生》(*Dr. Phil*) 节目中认识了他们。约瑟存在严重的情绪问题，不过经过我们的共同努力，他已经好多了，三年多没有复发，一直保持着冷静克制的状态。在治疗进行到两年半的时候，约瑟的父亲突然去世了。像大多数人一样，他经历了一段很悲痛的时期。他开始变得脾气暴躁，不爱与人交流。安吉拉一直支持着自己的老公。然而一段时间后，她开始有些困惑，是否应该对他的行为表示恼火，还是应该安慰他。安吉拉不想鼓励他的坏行为，于是向我寻求帮助。

当失去所爱之人时，我们大脑的边缘系统或亲密关系中心会变得过度活跃，使我们很容易变得抑郁。正如前面提到的，男人通常以愤怒和回避的态度进行社交，而不是以悲伤来表达抑郁。我给安吉拉的建议是，需要更温柔地对待约瑟，更多地抚摸他。男性的催产素（亲密关系的激素）没有女性的多，但在性高潮后会大幅增加。我的同事斯托勒（K. Paul Stoller）对此进行过研究，他很擅长利用鼻内催产素来缓解悲痛。在 16 岁的儿子加林死于火车事故后，他感到万分悲痛，通过亲身体验，他发现了这种缓解悲痛的方法。我建议安吉拉通过抚摸，自然而然地提升约瑟的催产素水平。如果这种做法不管用，我们将尝试鼻内催产素治疗。果然，抚摸起作用了，安吉拉和约瑟的感情越来越好。

第 10 个小时的练习——成为快感的指挥者

和你的伴侣（如果他愿意合作）或女按摩师一起做这个练习。这个练习的目的是了解你的身体，探索你喜欢什么以及不喜欢什么。保证这段时间的练习不会受到打扰。不要对这个练习有任何期望或施加任何压力，只是去探索。

对情侣的指导：先做一个简单的全身按摩，从头到脚，包括前面和后面，所有你希望被按摩的部位。设定计时器，每个部位按摩 30 秒钟。选择一种你喜欢的按摩精油。按摩过程中给每个部位打分，从 1 分到 10 分，10 分代表快感最强烈。脸朝下躺着时，推荐按摩的部位包括：头、脖子、肩膀、后背、腰部、臀部、大腿的后面、膝盖的后面、小腿的后面和脚。脸朝上躺着时，推荐按摩的部位包括：脸、肩膀、手臂（包括肘部的内侧和手腕）、手、乳房、腹部、生殖器、大腿内侧、大腿、小腿和脚。让你的伴侣把你对每个部位的评分记录下来，这样他就会知道你最喜欢被抚摸哪里。在做这个练习的时候，要排除杂念，专注于身体的感觉，发现自己最喜欢的部位。

对女按摩师的指导：按照相同的程序，但不要按摩乳房和生殖器。让按摩师记录下你对每个部位的评分，这样你就可以和伴侣交流你最喜欢被抚摸哪里。同样，在做这个练习的时候，要排除杂念，专注于身体的感觉，发现自己最喜欢的部位。

除了按摩练习以外，你还可以尝试下面的额外练习。

让你最兴奋的是什么

做以下大脑练习，发现你的快感按钮。

- 让你的伴侣用温暖的凝胶按摩你的双脚。
- 让你的伴侣亲吻你脖子的左右两侧，看你每侧的感觉是否不同。
- 试验 10 种气味，每种 10 秒钟。你可以尝试以下东西的气味，比如婴儿爽身粉、香草、肉桂、橘子、玫瑰、麝香、薄荷、茉莉花、黄瓜和干草。

熟能生巧

和你的伴侣制订练习计划。告诉他你想要什么。反复告诉他，直到他完全掌握了。

运用想象

看一看如果只用想象，没有任何身体接触，你能达到怎样的性唤起程度。将注意力集中在不同的身体部位，比如手指、脚趾、乳头或阴蒂。想象它们被爱抚，看你的大脑对哪个部位的反应最强烈。

Unleash the Power of the Female Brain

调整身心，为生宝宝做好准备

为怀孕做准备，释放你女儿大脑的力量

释放女性脑力量的**第 11 步：让大脑和身体为生宝宝做好准备，给予宝宝的大脑最好的照顾**

成为母亲后，你再也不会只想到自己了。每个母亲遇到事情时都会思考两次，

一次为她自己，一次为她的孩子。

——索菲亚·罗兰

如果你让自己的大脑变得健康了，你很可能也会鼓励你所爱之人也关注大脑健康。当考虑生儿育女的时候，你尤其会这样做。本章介绍的内容能够帮助你控制怀孕中最重要的方面，那就是你自己的健康（特别是大脑的健康）以及宝宝的健康。

为怀孕做好准备

为了给宝宝一个好的起点，你会想在自己的身体里就开始为他创造一个有利于生长的环境。你应该尽早开始为之努力。一旦你决定备孕，便应该开始按照你在本书中学到的有利于大脑健康的计划去执行。

怀孕之前就应该开始健康的饮食。要想生育健康的宝宝，你就需要保持健康的饮食。为了获得最大的益处，应该在受孕前就开始调整饮食。研究显示，怀孕前饮食状况不佳的妈妈更有可能生育低体重的宝宝，孩子患肥胖症和Ⅱ型糖尿病的风险更高。因此，如果你打算怀孕，那么现在便是时候开始关注自己的饮食了。那意味着要吃很多瘦肉、新鲜的水果和蔬菜、全麦食品，不要吃很多糖和精加工食品。要饮用大量的纯净水。

服用补充剂。不要忘记服用补充剂，其中包括复合维生素和400～800微克的叶酸。叶酸是一种B族维生素，它对于避免胎儿神经管畸形是非常重要的。

荷兰研究者报告称，如果妈妈体内含有充足的叶酸，那么孩子出现情绪问题的风险就会大大降低。医生建议女性在怀孕前就开始服用叶酸，一直持续到整个怀孕期和哺乳期。牛肝、扁豆、菠菜、芦笋、牛油果、嫩豌豆、西兰花和木瓜，都是叶酸的良好来源。我建议病人同时服用高品质的复合维生素，以确保她们也能够获得其他所需的营养素。

戒烟。有证据证明，吸烟的女性不仅怀孕的可能性会降低，而且异位妊娠的风险会增加。异位妊娠就是受精卵着床在输卵管或子宫外的其他地方。

从医生那里获得帮助。尽早接受检查，以确保没有明显的健康问题。比较好的做法是，在你打算备孕时就去做检查。找医生检查一下你是否患过风疹。如果在怀孕期间感染了风疹病毒，它很可能导致胎儿有先天性缺陷。如果你没有得过风疹，而且还没有怀孕，医生会建议你接种疫苗以预防风疹。另外，牙龈疾病可能会造成系统范围的发炎，因此一定要定期清洁牙齿，使用牙线。

这些并不难做到。怀孕前你为保持健康做得越多，你便越能帮助宝宝拥有一个好的人生开端。

应对不孕症

显而易见，导致不孕的原因有很多，包括感染、创伤、健康状况差、激素水平低、过敏以及其他许多可能性。最常见的原因之一是压力。不高兴、经常心烦意乱，紧张或生气会抑制输卵管的功能，导致女性更难受孕。科学证据显示，长期压力会引发激素的变化，从而破坏生殖功能。

压力还会造成你的身体和皮肤早衰，加速生殖系统老化。对于女性来说，年龄越大越难怀孕，无论是自然的老化还是压力引发的老化。并非只有女性会因为压力而导致不孕。印度的研究者发现，情绪上的压力会破坏精子细胞。较高的压力水平不仅会造成女性很难自然受孕，而且还会对不孕症的治疗，比如体外受精造成不利的影响。而且治疗不孕症本身便会令人承受巨大的压力。

发表在《人类生殖医学前沿》（*Human Reproduction*）杂志上的一项研究，

调查了生活中应激事件对体外受精治疗的影响。研究者让 809 名女性完成一份问卷，调查她们在接受不孕症治疗之前 12 个月中发生的消极事件或带来很大压力的事件。在后来的治疗中成功怀孕的女性报告的压力事件比未能怀孕的女性少。研究者得出的结论是：压力会降低体外受精治疗的成功概率。

在同一期杂志中，西班牙马德里国家远程教育大学（UNED University）的心理学家发表了一段评论。我很喜欢他的评论。他相信，压力是很多不孕症的罪魁祸首，因此建议把减轻压力作为治疗不孕症的第一步，而不是进行昂贵的、侵入性的治疗，比如体外受精。我认为这很合理。减轻压力不会有任何副作用，不会涉及某些不孕症治疗会遇到的伦理问题。

孕期指南

激素的过山车

创造宝宝是人生中最了不起的奇迹之一。为了完成这个过程，身体需要对激素平衡进行重大的改造。在怀孕期间以及分娩之后，我们看到女性会经历人生中最剧烈的激素波动。在这个过渡时期，几种不同的激素会发挥重要的作用。了解你的身体会发生怎样的变化，有助于你应对这些改变。

雌激素和孕酮是女性怀孕期间最重要的两种激素。在这段时间里，身体会分泌大量的激素。不过最先发挥作用的是人体绒毛膜促性腺激素，它是唯一一种只在怀孕早期出现，而在女性一生中其他任何时间都不会存在的激素。正是人体绒毛膜促性腺激素刺激卵巢，开始分泌出更大量的雌激素和孕酮。正是因为体内存在着人体绒毛膜促性腺激素，女性才能在家里检测出自己怀孕了。

随着怀孕过程的进展，胎盘本身开始分泌出大量的雌激素和孕酮，此时人体绒毛膜促性腺激素的数量会减少，因为身体已经不再需要它了。雌激素可以让子宫为接收受精卵和母乳喂养做好准备。它还能调节孕酮的分泌。

孕酮会构建子宫内壁，以使子宫内壁可以支持胎盘。它还有助于减少随机发生的宫缩。通过这两种方式，孕酮可以避免子宫自发地吸收胎儿。

脑垂体会分泌催乳激素，这种激素对泌乳和哺乳非常重要。像许多激素系统一样，正是不同激素之间的平衡使得身体能够和谐地发挥各种功能。雌激素和孕酮能够避免催乳激素在分娩前就导致乳汁分泌。分娩后，雌激素和孕酮的水平会显著降低，这为催乳激素让了路，使得乳房产生初乳。

催产素具有多项重要的功能。它能够指挥宫缩，与分娩息息相关。事实上，医生在人工诱导分娩时就会使用催产素。这种激素还和愉悦感有关。有时催产素也被称为拥抱化学物质，它似乎是社会联系背后的作用激素，也是母亲与婴儿建立亲密感情时的重要因素。在性唤起和性高潮时大脑释放出来的这种激素，在哺乳的时候也会被释放出来，它有助于在母亲和婴儿之间建立起信任而愉快的感情纽带。以色列巴 - 伊兰大学（Bar-Ilan University）的研究者发现，孕妇血液中的催产素越多，便可以预测出分娩后母亲与婴儿之间的感情联结越牢固，这种感情可以通过凝视、抚摸和发出的声音来测量。

“妈妈脑”真的存在吗

我认识一位女士，她一生中发生过两次轻微的交通事故，而这两次事故分别发生在她怀两个孩子的时候。她从这种状况得出的教训是：“我不能怀孕时开车。”

很多孕妇说她们觉得怀孕时大脑发生了很多变化，但她们搞不懂是怎么回事。她们的记忆力变得很模糊，跟人交谈变得困难，她们也记不住是否在蛋糕糊里加了发酵粉。

有些研究者认为“妈妈脑”的说法很可笑，但其他许多研究者以及全世界的女性都声称这是真实存在的现象，就像怀孕时隆起的肚子。事实上，在仔细查看相关研究后，美国心理协会（APA）得出了结论：50% ~ 80% 的女性表示在怀孕期间，她们的注意力和记忆力下降了。不过有些研究者得出了矛盾的结论，其实其中某些“症状”是大脑在发生改变的迹象，这些改变最终会让女性变得更聪明，变得能够更好地照顾宝宝的健康和安全。各种与生殖有关的激素实际上在使大脑能够适应做妈妈的要求，使她们成为更敏感、更高效的照顾者，让她们不容易因为压力而分心，对宝宝的需求变得更加敏感。心理学家劳拉·格林（Laura M. Glynn）推测说，这可能就是为什么当宝宝一翻动妈妈们便很容易惊醒的原因，而爸爸们依然睡得很香。

格林还说，当胎儿在子宫内活动时，妈妈的心率和皮肤的传导性会增加，这是情绪反应的迹象。这可以使妈妈在宝宝出生前就为与宝宝建立起亲密关系做好了准备。胎儿细胞通过胎盘进入妈妈的血流。"想一想这些细胞是否会被吸引到特定的脑区，这个问题真令人兴奋。"格林说。那就意味着胎儿影响着妈妈大脑的改变，让妈妈准备好爱他。

研究者从功能性磁共振成像研究中得出了一个惊人的结论，那就是在妊娠晚期，妈妈大脑的体积会缩小。麻醉学家阿尼特·霍尔德克罗夫特（Anit Holdcroft）发现，孕妇的大脑平均会缩小 3%～5%。卢安·布里曾丹（Louann Brizendine）博士解释说，大脑缩小似乎不是由于脑细胞减少造成的。与之相反，它是细胞新陈代谢发生改变的结果。大脑缩小是大脑回路被重新构建的标志，这些回路会从"单车道公路"变成"超级高速公路"。正如研究不断证实的，大脑并非一律都缩小了，其中一些非常重要的脑区其实是变大了。

不用担心，产后几周女性的大脑便会开始变大，通常在 6 个月后会恢复到正常的大小状态。因此大脑重新变大了，而且变得更好了，因为其改善后的回路被保留了下来。对小鼠的研究显示，母鼠在生育后成了更好、更高效的学习者，它们的恐惧感减少了，与没有生育过幼鼠的母鼠相比，它们是更好的照顾者。克雷格·金斯利（Craig Kinsley）在 2011 年报告称，妈妈被试更能承受压力，其记忆力和认知能力都有所提高。金斯利解释说，怀孕使女性脑经历了革命性的改变。一开始它好像是一个杂乱无章的建筑工地，这可能就是女性在孕早期思维混乱和表现出其他"妈妈脑"症状的原因。然而，一旦宝宝降生，神经改变便开始稳定下来，变得有条不紊，结果是大脑变得更加高效，更加专注。而妈妈也从以自我为中心的有机体转变成了以他人为中心的照顾者。

以下是说明女性发生重要改变的一个有力代表：在怀孕早期，女性的嗅觉系统发生改变，这使她对气味的感知力变强了。人们相信这种改变能使女性对可能不利于胎儿生长的食物的气味变得更加敏感，这是一种至关重要的生存机制。有趣的是，这种嗅觉的改变使她们会喜欢上自己宝宝发出的气味，包括宝宝大便的气味。所有这些都是建立亲密关系的一部分，都是由大脑中发生的一些神经改变来引导的。

金斯利指出，建立感情联结的过程都是为了更有利于下一代的生存，它会引发妈妈的一些积极改变，包括空间记忆力和学习能力的改善。针对动物的研究结果显示，这些改变基本上是永久性的，一直能维持到女性迈入老年。

因此大脑在“重写”时似乎会缩小，但与此同时，妈妈大脑中非常重要的脑区会有所生长。这些脑区与妈妈照顾宝宝的能力直接相关。根据美国心理协会对文献进行综述后得出的结论，妈妈大脑发生的主要改变包括中脑体积增大。

在对人类的研究中，皮尔杨 · 金（Pilyoung Kim）在女性分娩几周后对她们的大脑进行了扫描，三四个月后再次进行扫描。她的发现与之前针对动物研究的发现是一致的：下丘脑、前额叶和杏仁核变大了。据金说，这些脑区与动机和奖励有关。她的结论是，这些脑区的增大非常重要，有助于激励妈妈照顾宝宝，并能从与宝宝的互动中，尤其是从眼神交流和微笑中获得回报。这些脑区增大得最多的妈妈也会最满怀热情地赞美自己的宝宝，说他们是特别的、美丽的、符合理想的、完美的。另外，这些脑区对计划和远见也非常重要，它们能够帮助妈妈预测到宝宝的需要，并制订出满足宝宝需要的计划。这是“母性直觉”的基础，它带着爱、迷恋、担忧和保护。正是“母性直觉”让妈妈从繁忙的工作中抽时间带孩子去看儿科医生，坐在等候室里仔细地观察任何靠近的人，准备着询问医生的问题清单，并且能适时地从大手提袋里拿出零食和玩具。

如果真是这样，为什么女性在怀孕期间以及产后会出现头脑糊涂的现象？有些人推测这是因为缺乏睡眠。但作为一个新妈妈，金博士具有不同的观点。她认为，这一定与优先级的改变有关。“我们清楚地看到，妈妈们对与宝宝有关的事情都记得很清楚。总有许许多多的事情发生，妈妈们对与宝宝无关的事情可能会变得健忘。这取决于当时对我们来说什么是真正重要的，应该被记住的。”

凯瑟琳·埃利森（Katherine Ellison）对目前已有的研究进行了全面细致的回顾，并将结果呈现在了她的作品《妈妈的头脑：生儿育女使我们变得更聪明》（*The Mommy Brain*）中。她注意到了自己两次怀孕后所发生的改变。作为普利策奖获得者，她运用了自己搜索信息的技能，对这个主题进行了探究。埃利森的结论是："当你成为妈妈时，大脑发生了改变。它变得更加高效，更有感知力，更积极主动，更有同情心了，所有这些都是非常有用的技能。不像我们的文化所强调的那样，'妈妈脑'并非缺陷，而是一种优势。"

因此，可以说确实存在"妈妈脑"现象，但它不是一个问题，而是新妈妈的一个巨大优势。女性脑的这种转变有利于她们成为更好、更冷静、更有效率的妈妈。这种改变可能会使她们终身受益。有点糊涂显然是达到新的专注水平、新的智力层次的前奏。为人母需要做出很多牺牲，但整个过程也会给妈妈的大脑带来巨大的回报。

健康的孕期应该做什么

30 年来，我一直在探讨为了让宝宝拥有健康的大脑，我们应该做什么。当然，对大脑有益的事情对身体也会有益。当你怀孕时，对你的大脑和身体有益的事情也会对胎儿的大脑和身体有益。请认真遵照本书提供的计划去做。

在过去，人们对待孕妇的方式就好像她们生了某种疾病。在五六十年前，人们认为锻炼对孕妇没有好处，任何人都不会把锻炼作为孕妇应该做的事情之一。

如今很多女性像疯了一样地锻炼，即使在怀孕的时候，她们也不想停下来。她们太想保持体形了。她们认为如果坚持运动，她们的孕期和分娩过程都会更顺利。研究支持了她们的想法。来自马德里理工学院的研究显示，整个怀孕过程中低强度的锻炼对母亲和胎儿的健康都有益。他们还发现，锻炼有助于降低较胖的妈妈生出较胖的宝宝的可能性。超重宝宝在分娩时可能会出现严重的并发症，成年后患病的风险更大，比如较易得糖尿病和某些癌症。研究显示，久坐不动的超重妈妈更有可能生出较重的新生儿。如果超重妈妈在怀孕期间进行锻炼，那么新生儿的体重就会比较正常。

锻炼有助于女性的身体适应正在经历的一些改变。例如，它能帮助女性保持良好的身姿，因而减少背痛和其他不适。锻炼还能减轻压力，增加你的耐力，帮助你更好地应对分娩。一些研究显示，锻炼的孕妇患妊娠糖尿病的可能性会降低。妊娠糖尿病是有些女性在孕期患上的一种暂时性的糖尿病。

如果在怀孕前你便一直坚持锻炼，那么你可以根据需要对锻炼项目进行适当的调整，避免让你或宝宝感到吃不消。如果你觉得精疲力竭或上气不接下气，那么你的锻炼或许影响了宝宝的氧气供应，因此应该减量。不要让你每分钟的心跳超过 140 下，否则会造成胎儿窘迫。如果在怀孕前你没有坚持锻炼，但希望开始锻炼，那么先慢慢来，逐渐增加强度。及时补充水分，如果天太热就不要锻炼了。不要从事接触性的锻炼，不要在高低不平的地方跑步，不要做任何可能使你摔倒的事情。你可以练习举重以保持肌肉张力，但不要把重物举过头顶。大致来说，你可以运用常识来判断，这样锻炼既能够帮助你保持健康、保持体形，又可以避免对你或宝宝造成潜在的伤害。

当然，对于某些身体状况不好的女性来说，医生会建议不要在孕期锻炼，因此有必要找你的医生咨询一下。如果医生说没问题，那么锻炼一定会让你受益良多。

让我们来认识一种非常特殊的锻炼形式——性生活。一份文献回顾显示，孕期的性生活不会伤害胎儿，前提是其中不涉及危险因素，比如性病。有些研究显示，孕期性生活的一个好处是，它似乎能避免早产，尤其是孕晚期的性生活。足月的胎儿最有可能顺利分娩，并最有可能拥有一个好的人生起点。

❤ 怀孕时应该避免什么

不要忽视体重。孕期保持最佳体重很重要，不要让自己太胖。你已经知道了肥胖会引起自身的许多健康问题，但你知道你会将这些问题留给未出世的宝宝吗？最新研究显示，超重的妈妈更有可能生出超重的孩子，孩子长大成人后更有可能变得肥胖。超重妈妈的孩子患注意力缺陷障碍的可能性更大。因此，要尽量遵照我们上文提到的健康饮食原则，让宝宝来到世界时拥有健康的体重。

不要抽烟。抽烟时，你不仅会将有毒物质通过自己的身体传给胎儿，而且会减少胎儿的氧气供应。这会造成破坏性的后果。最近发表在《英国精神病学杂志》（*British Journal of Psychiatry*）上的一项研究显示，怀孕时抽烟的女性，她们的孩子在青春期时出现精神疾病的风险更高。在另一项对动物的研究中，孕期抽烟会导致后代的髓鞘出现问题。髓鞘是大脑中的一层脂肪组织，包裹在神经元的轴突外面，具有绝缘并提高神经冲动传导速度的作用。如果髓鞘有问题，神经冲动便无法被很好地传导。研究者的结论是，这或许可以解释为什么抽烟妈妈的孩子更有可能患注意力缺陷障碍、自闭症和多种精神疾病，而且更具有药物滥用的倾向。

抽烟的妈妈在分娩时还会出现更多的并发症，早产的可能性也更大。她们所生的孩子往往体重偏低，这些孩子更有可能患哮喘和疝气，更有可能发生新生儿猝死综合征和呼吸系统感染。

抽烟对你和你的宝宝来说，都是一件非常糟糕的事情。

戒酒。就像你应该为了宝宝而戒烟一样，你也应该戒酒。有证据显示，孕期滥用酒精会导致胎儿先天缺陷和酒精综合征。它还与儿童期的行为问题存在关系。不过，这是否意味着孕妇应完全戒除酒精？有些医生说是的，在孕期你应该滴酒不沾。我表示同意。酒精对你和宝宝没有任何好处。

不要使用药物。就像烟草和酒精一样，你做什么，你的宝宝也会做什么。如果你在服用处方药，那么和医生探讨一下，看你是否需要调整剂量。如果你在使用消遣性的药物，那么请停止使用。如果你不停止使用，孩子的一生都将为此付出代价。

摄入咖啡因会怎样？有证据显示，孕期摄入过多的咖啡因会导致胎儿产生某些先天缺陷、早产（甚至导致流产）以及低出生率。当摄入过多咖啡因时，你已经知道自己的心率会发生怎样的变化，你肚子里宝宝的心率也会发生相同的变化。一些医生认为，孕妇应该完全戒除咖啡因，包括一些碳酸饮料、巧克力和各种食物中隐藏的咖啡因。有些医生认为，每天摄入的咖啡因量只要不超过 150 毫克就没有问题,即大约一杯半咖啡。一杯绿茶对你来说可能就很管用了，但它只含有 40 毫克的咖啡因。为了安全起见，最好完全戒除咖啡因。这个小小的牺牲对宝宝的健康具有重大意义。

少用手机。多年以来，一些科学家警告说，手机辐射会损害大脑。不过还需要对此进行更多的研究。耶鲁大学医学院对小鼠的研究提供了这方面最早的实验证据，证据表明，胎儿暴露在手机辐射中确实会影响他们成年后的行为。研究者发现，与控制组相比，在胎儿期受到手机辐射的小鼠会表现出多动，记忆力也存在问题。研究者说在得出最终结论前有必要对人类进行研究，不过他们也说，限制胎儿受到手机辐射也许是明智的做法。

让你的伴侣清理猫砂。一种常见的寄生虫，即弓形虫会隐藏在猫砂里。它会通过猫的粪便、生肉和没有清洗过的蔬菜进行传播，如果从妈妈传给胎儿，会导致胎儿死产或大脑损伤。最近一项针对约 4.5 万名女性的国际性研究发现，接触这种寄生虫会增加女性自杀的可能性。处理完动物的粪便后及时洗手，这对你的健康非常重要。当你打算怀孕时，这一点尤其重要。

我知道这些建议听起来好像是需要你为了宝宝放弃很多东西，但为了生育健康的宝宝，为了让你自己更健康，这些都是值得的。你将有能力更好地照顾家人，应对每一天里许许多多的挑战。

亲子情感联结

很多女性会说她们感到与孩子之间具有特殊的情感联结。科学证据不仅支持了这种说法，而且证明了这种情感联结开始得非常早。

劳拉 · 格林解释说，就像胎儿能够影响妈妈大脑的发展一样，妈妈也会对胎儿发挥影响。子宫内的信号能够影响胎儿的大脑结构、认知功能和对生理应激的调节，这将对孩子的一生产生影响。

例如，宾夕法尼亚大学护理学院的研究显示，成年期的暴力行为一部分是由胎儿在子宫中感受到的环境造成的。具体来说就是，胎儿在产前和产后接触了有毒物质，比如烟草的烟雾或铅，以及母亲营养状况糟糕都与孩子青春期时的违规行为有关，这进一步会影响到孩子成年后的暴力行为。其他风险因素包括孕妇抑郁、紧张、分娩并发症、创伤性大脑损伤以及儿童期的虐待。

卡迪夫大学（Cardiff University）、伦敦国王学院（King's College London）和布里斯托大学（University of Bristol）的研究者对孕妇的抑郁症进行了纵向研究。他们发现，分娩前孕妇的抑郁情况与她们孩子的暴力倾向存在相关性。抑郁的孕妇生出的孩子在长到 16 岁的时候，成为暴力少年的可能性是其他孩子的 4 倍。男孩、女孩都是如此。不知是什么原因，妈妈的抑郁会营造一种使她们的孩子日后表现出暴力行为的子宫环境。

当你怀孕时，你与宝宝之间会开启各种相互的交流和影响，无论交流的是什么，它们都会对宝宝未来发育产生数不清的影响。如果你存在情绪问题或上瘾问题，千万不要忽视它们。现在就去寻求帮助，你将使孩子的未来生活向着更好的方向转变。

产后指南

抑郁症和精神疾病

在怀孕期间，女性的身体会受到激素波动的冲击。接下来是分娩，分娩会伴随着激素平衡发生突然而剧烈的改变。雌激素和孕酮水平会骤然下降。这种突然的变化本身便足以让任何人乱作一团，再加上为了照顾新生儿，妈妈的睡眠受到干扰，还要应对无所适从的压力，并担心自己是不是个好妈妈（尤其是第一次生宝宝），更要面对全新的家庭动态关系。因此，这个阶段会引发女性产生强烈的情绪反应。

如果女性的情绪反应不是很极端，持续的时间不是太长，那么我们称之为产后忧郁。这种情况很常见，大约 45% ~ 80% 的产妇在分娩后的头 10 天里会出现这种反应。症状包括抑郁，有时会哭泣一阵，睡不好觉，食欲不振，或许最令人痛苦的是，对自己的宝宝缺乏爱意。在大多数情况下，随着激素逐渐恢复平衡，各种状况逐渐趋于“正常”，这些症状会彻底消失。

然而，有时症状没有那么快消失，那么产妇便患上了产后抑郁症。它的发生概率大约为10%～15%，在少女妈妈中更普遍，发病率高达26%～32%。当患上产后抑郁症时，产妇、宝宝和整个家庭都会非常痛苦。严重的产后抑郁症状通常出现在产后4周左右，有时它们也会出现在产后数月之后。之前一切看起来都很好，但6个月后，问题出现了，新妈妈觉得自己再也无法应对这一切。

更严重的情况是一种非常罕见的疾病——产后精神病。每1 000个产妇中会有一两个患病者。产后精神病的症状更加极端，会导致自杀或杀婴。

有几项因素可能导致产后抑郁，不过具体的原因还不明确。在某种程度上，产后抑郁与激素不平衡有关。保持健康的生活方式，保证良好的营养、充足的睡眠，避免有毒物质，都会有所帮助。尽量减轻压力，从家人和朋友那里获得有力的支持也会产生积极的影响。在艰难的时候尤其要避免与世隔绝。

如果你的症状在两周后没有减退，反而依然如故或者变得更加严重，甚至你的症状干扰了工作，让你很难照顾自己或照顾宝宝，或者你产生了伤害自己或伤害宝宝的想法，那么一定要寻求专业的帮助。检查甲状腺激素水平（以及其他重要的健康指标数据）是非常必要的。找专业人士咨询会有帮助，锻炼，根据你的大脑类型服用简单的补充剂，激素治疗或服用抗抑郁剂、抗精神病药物（用于治疗幻觉），也会有帮助。寻求有经验的医务人员的帮助非常重要。

千万不要忽视这些问题，因为它不仅会影响你，而且会影响你的宝宝和丈夫。如果妈妈的产后抑郁没有得到及时治疗，那么有可能会破坏宝宝的情感依恋关系，造成日后生活中的问题。他们常常不能好好吃饭、睡觉，可能会多动，爱乱发脾气，还可能出现语言发育迟缓。如果不接受治疗，产后抑郁会持续一年或更长的时间，甚至导致长期抑郁或严重的抑郁症。因此不要对这种疾病轻描淡写，以为它是“正常的”。

♥ 释放孩子大脑的力量

为了你自己，为了你的孩子，你已经尽可能地让自己的大脑处于最佳状态了。现在是时候想一想下一代了，想一想为了保持孩子的大脑健康状况良好，你可以做些什么。

1. 照顾好你的大脑，经营好与丈夫的关系。太多女性只顾照顾孩子，而忽视了自己的需求，或者忽视了与伴侣的关系，这是错误的。当然，你应该照顾孩子的基本需求，但是如果你忽视自己的需求，那么你的不快乐便会泄漏出来，影响孩子和丈夫。

2. 创造丰富的环境，对孩子充满关注、与他进行眼神交流、抚摸他和陪他玩耍。适量的刺激有助于宝宝大脑发育。唱歌、听音乐、玩玩具和运动对大脑发育都很重要。

3. 传承健康的饮食习惯。说到饮食行为，孩子倾向于像妈妈那样吃。密歇根州立大学的一项研究显示，如果妈妈不吃足够的水果和蔬菜，她们的孩子也不太可能吃。我们知道童年时的饮食偏好会持续一生。对你有益的食物对你的孩子也会有益。吃平衡的饮食，其中包括蛋白质、大量的蔬菜和水果、适量的健康脂肪（孩子需要脂肪让大脑保持最佳状态），尽量少吃加工食品和糖，很少或不要摄入咖啡因。安排能够滋养身体和大脑的正餐和零食。

4. 从小培养健康的习惯。从我女儿克洛伊 2 岁时起，我便和她玩“克洛伊的游戏”了。这个游戏基于一个很简单的问题：“这对你的大脑有益还是有害？”例如，如果我说“牛油果”，她会说“举双手赞成”。如果我说“巧克力曲奇”，她会回答“反对，含有太多糖”。如果我说“拳击”，她会说“举双手反对。大脑非常软，即使戴着头盔，也不能猛烈地击打它”。如果我说“蓝莓”，她会问“是有机的吗？蓝莓比其他任何水果含的杀虫剂都多。不过有机蓝莓很好”。

克洛伊 7 岁时的一天，我们在迪士尼乐园排队等着坐加勒比海盗船时，她和我写一张对大脑有害和有益的东西的清单。我们按照字母表的顺序来想相关的单词。这是一个很棒的练习，可以让孩子关注他们的大脑。

有益的事物

Unleash the Power of the Female Brain

- 杏仁乳
- 消除自动的消极想法
- 算术
- 香蕉
- 豆类
- 保龄球
- 菜花
- 创造力
- 跳舞
- 杏仁
- 牛油果
- 棒球
- 柿子椒
- 西兰花
- 肉桂
- 黄瓜
- 涂鸦
- 苹果
- 杏
- 羽毛球
- 篮球
- 浆果
- 胡萝卜
- 合作
- 拥抱

有害的事物

Unleash the Power of the Female Brain

- 虐待
- 自动的消极想法
- 糟糕的行为
- 大脑损伤
- 吉事果
- 开快车
- 酒精
- 焦虑
- 专横跋扈
- 恃强凌弱
- 曲奇饼
- 药物
- 愤怒
- 糟糕的态度
- 拳击
- 糖果
- 棉花糖

---

5. 提倡有利于大脑健康的练习，保护大脑免受伤害。统计结果令人震惊，你知道在美国每 15 秒钟就有人遭遇创伤性的大脑损伤吗？这个数据来自美国脑损伤协会（Brain Injury Association of America）。大脑创伤，哪怕是比较轻微的创伤，也与日后生活中的许多问题存在关系，比如侵略性行为、抑郁、学习障碍、惊恐发作以及酒精和药物滥用。70% 的脑损伤会影响前额叶，也就是与计划、决策和控制冲动相关的脑区。这部分脑区受损不仅会导致学习障碍，还会导致受伤者在控制情绪、阅读以及对社会信号做出适当回应方面出现问题。

大脑损伤的程度千差万别。如果创伤导致一个人失去意识，人们显然会认为情况很严重，需要立刻予以关注。但是一系列小的损伤也会累积成严重的问题。反复跌落，头部受到撞击，在橄榄球比赛中反复受到重击或反复脑震荡，都会随着时间累积成严重的脑损伤。

事实证明，当论及大脑创伤后症状的严重性时，女孩往往处于不利的地位。10 岁以下的孩子在受到极端严重的大脑创伤的情况下，女孩的死亡率是男孩的 4 倍。人们认为，这是因为男孩体内有较高的睾酮水平使得他们的大脑更强大，也使他们的肌肉更强壮有力。而女孩体内的雌激素使她们更容易受到伤害。有趣的是，无论什么原因导致了这种差异，但在日后的生活中，情况逆转了过来。在 50～80 岁的人群中，受到严重大脑创伤后，女性的生存概率是男性的两倍。

保护发育中的大脑尤其重要。孩子在骑自行车的时候应该戴头盔；如果下面是水泥地面，他们不应该倒吊在单杠上。不过你也应该想到，在普通的运动中也可能产生损伤。不要让孩子参与包含用头撞击或可能造成头部受到重击的接触性运动。足球和橄榄球对任何人的大脑都是不安全的，更不要说是孩子的大脑。在过去，主要是男孩子会面临这个问题，但如今女孩子也越来越多地参与这类活动了。女孩的大脑比她的兄弟或男同学的大脑更脆弱。

飞来的足球真的很可怕。据估计，被用力踢出去的球会使球员的头部承受近 80 公斤的力量。现在想一想你女儿纤弱的小头骨和头骨里宝贵的大脑。让女儿踢足球听起来是个好主意吗？她会用她的额叶来迎击这枚“导弹”，而她在接下来的人生中，为了成为你外孙女的好妈妈，她非常需要额叶功能完好。

过去啦啦队是一种相对安全而有趣的活动，但现在它变成了一种具有潜在危险性的极端运动。女孩们被抛到空中，如果她们没有稳稳地落地，便有可能造成严重的脑损伤。

有很多健康又有趣的运动形式，不会危及你女儿的大脑健康，不会损害她的未来。对于成长中的身体来说，网球、乒乓球、游泳、篮球和排球都是很好的锻炼方式。还可以练习芭蕾和其他舞蹈。鼓励你女儿做对她有益的活动，并从中收获快乐。

6. 针对任何情绪问题或学习障碍，都要立即进行治疗。如果你怀疑孩子存在行为、情绪或学习方面的问题，一定要去医院检查。未得到治疗的小问题会转变成大麻烦。早治疗能够将问题扼杀在萌芽状态，改变孩子的一生。有时你们只需要改变生活方式或者服用一些天然补充剂。越早让孩子走上有利于大脑健康的正轨越好。你可以从向儿科医生提出你的担忧开始。

帮助女儿度过青春期

现在你已经让女儿安全度过了童年期，你越来越接近下一个障碍物——青春期了。这时，讨人喜爱的小丫头变成了少女，她开始发手机短信，玩 Twitter，会对人翻白眼。她突然比你知道的多，不再有时间、兴趣听你提出的建议了。然而，她们的前额叶功能还没有发育，她们做出的决定会有一点吓人。

前额叶是大脑的 CEO，是大脑中最后发育完成的脑区之一，负责分析、计划和控制冲动。那意味着女孩在学开车，与人约会和面对各种各样新情况、新诱惑的时候，负责预期结果、调节情绪、平衡长期目标与短期满足的那部分脑区没有发挥出全部功能。在 25 岁之前，女性的前额叶都不会完全成熟。因此在 10 年左右的时间里，她都有可能会做出日后让自己后悔的事情。

这种情况很糟糕，因为青春期的孩子尤其容易因为冒险行为而遭受永久性的大脑损伤。

滥用安非他明。美国神经科学学会（Society of Neuroscience）提供的信息显示，青春期时滥用安非他明会永久性地改变大脑细胞。从对动物的研究我们可以看到，青春期时使用这类药物会导致大脑皮层细胞电性质的改变，而成年早期使用便不会引发这样的改变。其他研究显示，青春期时服用安非他明的小鼠在成年后会表现出工作记忆方面的缺陷。似乎安非他明干扰了正常的大脑发育过程，改变了前额叶神经元的功能，从而导致了认知行为的改变。

抽烟。加州大学洛杉矶分校的研究者对青少年吸烟者的前额叶功能进行了研究。他们发现，十几岁的孩子如果对尼古丁越上瘾，那么他们前额叶的活动性就会越低。因此他们得出结论是，抽烟影响大脑功能，尤其是前额叶最容易受到伤害，因为青春期是前额叶发育的关键时期。

滥用大麻。辛辛那提大学的研究者发现，与不使用大麻的少年相比，使用这种药物的少年的大脑会运转得更费力。这项研究的主要研究者克里什陶·迈迪瑙（Krista Medina）说："青春期时（大脑发育的关键时期），长期大量使用大麻与成人在思维上的糟糕表现有关，他们思考的速度比较慢，对复杂事物的关注能力、非文字记忆能力以及计划能力都比较差。"她的发现还表明，在戒除大麻3周后，孩子们的非文字记忆能力有所恢复，但对复杂事物关注能力的影响会持续很长时间。她还发现相对于男孩，吸食大麻的女孩更容易出现认知问题，比如执行能力变差，计划能力、做出良好决策和保持专注的能力都会降低。

进食障碍。今天的女孩面临的其他重大问题还包括肥胖和进食障碍，这两个问题都会妨碍正常的大脑功能。你与女儿的关系对帮助她培养良好的饮食习惯、健康的自尊和积极的体象非常重要。《儿科学与青少年医学文献》（*Archives of Pediatrics and Adolescent Medicine*）上报道的研究发现，十几岁女孩保持健康体重的意愿一部分取决于妈妈对她们有怎样的期望。那意味着如果你向她们灌输保持健康体重的价值观，便会对她们产生积极的影响。我们还可以得出这样的结论，如果你对女儿的体重过分苛求，便会导致她产生不良的体象，甚至造成进食障碍。一定要小心你传递给女儿的信息。你可能没有意识到自己传递的信息，但她在某种程度上会意识到。要确保你的影响对她是有益的。

睡眠剥夺。美国国家睡眠基金会（National Sleep Foundation）认为，13～19岁的青少年平均每晚需要9小时的睡眠。有多少十几岁的孩子能够达到这个睡眠量？我可以打赌，没有多少孩子每晚能睡足9小时。睡眠不足会破坏身体的激素调节功能，导致体重增加。这会妨碍专注力和意志力，降低运动能力，还与抑郁、注意力缺陷障碍存在关联。换句话说就是，缺乏睡眠会严重影响青少年生活中的各个重要方面。这个问题在青少年中很普遍。当儿童成长到十几岁的时候，其睡眠周期会发生改变。学校在早上很早的时候便开始上课，这使得他们不可能弥补晚上因为发短信或玩电子游戏而损失的睡眠时间。对小鼠的研究显示，青春期时哪怕只是短期内睡眠缺乏也会妨碍孩子们的成长，使得大脑突触被耗尽。突触是神经细胞相互交流时的纽带。研究者推测，这会导致大脑构造上出现长期型问题。青春期的女孩可能会觉得早早上床睡觉很孩子气，这种想法会产生持久的不良后果。

抑郁。任何人都可能抑郁，但青春期的女孩似乎尤其容易抑郁。她们抑郁症发作的可能性是同龄男孩的两倍。加拿大阿尔伯塔大学的研究者南希·高隆博什（Nancy Galambos）发现，有 1/5 十几岁的女孩承认曾有一段时间很抑郁，而曾经抑郁过的男孩仅占 1/10。她还说，抑郁与焦虑、进食障碍、破坏行为、学业成绩差及人际关系问题都存在关联。女孩体内的激素改变可能是原因之一。留心孩子抑郁的迹象，比如情绪化、孤立、自我伤害行为（比如割伤自己或拉扯头发），当出现这些行为时，一定要及时寻求帮助。

滥用酒精。青春期的孩子滥用酒精是一个显而易见的问题，它会导致醉驾和事故。最近来自梅奥医学中心的报告显示，每年因未成年人饮酒而造成的入院治疗费用约达 7.55 亿美元。梅奥医学中心的成瘾专家兼精神科医生特里·施内克卢特（Terry Schneekloth）说："十几岁的孩子往往一喝酒就过量，这会带来很多破坏性的后果，其中包括车祸、伤害、他杀和自杀。"

或许我们认为酒精滥用更多会出现在男孩身上，事实上，在十几岁孩子与喝酒有关的入院治疗中，男孩占了 61%。那意味着女孩占了 39%，这是一个很大的数字。女孩过量饮酒是一个很麻烦的问题，因为她们不仅面临着与酒精滥用有关的常见危险，还会面临着一个你和她们可能都没有意识到的危险：喝酒的青春期女孩和年轻女性，患良性乳房疾病的风险会增加。不过这个问题并不像它听起来的那样无害，因为这会增加她们日后患乳腺癌的风险。进一步的研究显示，如果女孩的家庭中有患乳腺癌的家族史，那么其患病风险会更高。

有冒险行为。荷兰的研究者对成瘾行为的发展进行了研究。他们得出了一个怎样的结论呢？在青春期时出现成瘾行为的可能性比一生中其他时候的可能性都大。在与动机和自我控制相关的脑区，似乎其差异化的发展轨迹，使得青春期的孩子普遍更倾向于冒险。使用药物更加重了这种倾向性。对青春期孩子的大脑进行的神经成像研究显示，控制冲动的前额叶与涉及动机的更深层脑区之间存在着不平衡关系。或许正是青春期的这种不平衡（前额叶还未发育成熟），导致了这个时期的青少年会有更多的冒险行为。

在相关研究中，研究者研究了三个年龄段的孩子对回报的预期。三个年龄段分别是 10 ~ 12 岁、14 ~ 15 岁和 18 ~ 23 岁。他们发现，这三组孩子都表现出对回报的高度敏感。对这些孩子来说，所有事情似乎都有可能带来很大的快感，这或许是导致他们做出更多冒险行为的原因。

那么妈妈应该做些什么呢？在你女儿的大脑特别容易受到消极影响并会妨碍大脑正常发育的时期，她还最容易受到冒险行为的诱惑，有可能造成持久的伤害。你该如何保护她呢？

首先，明白女儿脑袋里发生的情况对你和她的相处会有帮助。你希望她做事像一个成年人，她也希望像成年人那样被对待，但现在你知道她还不具备成人的大脑。因此你必须像一个成年人那样，情绪不要失去控制，不要认为她在故意激怒你，保持冷静，意识到她的视角不够成熟。然后给她提供有助于她做出更好的决定的信息。这是给她灌输大脑妒羡的绝佳时期。跟她解释目前在她看来有趣的事情可能会带来消极后果，帮助她获得更宏观的视角，了解她真正想拥有怎样的未来。给她看本书中的大脑扫描图，它们都清晰地展示出了冒险行为会对大脑造成什么影响。鼓励她与你合作，形成一个母女之间的协定，这样你们俩便可以共同努力改善你们的大脑了。那意味着你们要有更健康的饮食、更好的锻炼，并帮助对方避免有害的行为。

由于每一代人都负有为下一代做准备的责任，因此一代代人都会拥有健康的大脑，所有人都将因此而受益。

第 11 个小时的练习——沉浸在特殊时光中

我曾多年开设家庭教养课堂。“特殊时光”是我提供给父母们的最有效的练习方法之一。你只需要为每个孩子付出 20 分钟，它会为你与孩子的关系带来巨大的影响。这个练习能够加强亲子感情。

练习是这样的：每天花 20 分钟和你的孩子一起做一件他们喜欢的事情。在这段时间里，不要提要求，不要问问题，也不要提供指导。这不是批评他的房间太乱、作业完成得不好或者对长辈缺乏尊重的时间。这只是你们在一起相处的时间。最好从孩子比较小的时候开始做这个练习，不过我也曾看到它对比较大的孩子和少年也产生了很大影响力。告诉孩子，你想念他们，只是想和他们多待一会儿。如果有可能，你想每天都和他们待一会儿。让他们选择和你一起做什么，只要他们的选择是安全的，有利于大脑健康，而且时间允许。如果你们每天都能这样做，那么两周后你会发现亲子关系将得到显著提升。

如果你没有孩子，那么和你的伴侣一起做这个练习。亲密的关系能够延年益寿，使生活更有价值。

Unleash the Power of the Female Brain

改变女性脑，改变世界

认识到那不只与你有关，而且与一代人有关

释放女性脑力量的**第 12 步：创造有利于大脑健康的家庭和社区**

欲变世界，先变其身。

——甘地

有一天，当我和妻子离开教堂时，一位女士向我们走来，说她参加了丹尼尔计划，体重减轻了 41 斤。由于她变得更健康了，她那体重曾经达到 272 斤的丈夫也开始参与我们的计划，并且减掉了 68 斤。他一开始没打算加入，但当他看到妻子的变化时，便决定也加入进来。那位女士对丈夫说，如果丈夫不能在她身边一起享受美好的人生，她会觉得很遗憾。她的规劝中完全没有挑剔或贬低。她为丈夫做出了榜样，让他看到只要做正确的事情，生活就有可能变得更好。

我希望你能从自己的经历中感悟到，作为一位女性，你不仅能改变自己的生活，还能改变朋友和家人的生活。不过，让我们先花点时间来看一看更宏大的景象，获得一个全球化的视角。在世界各地，其他女性们也在努力做你正在做的事情：通过改变自己和周围环境来创建更好的生活。当一位女性释放出大脑的力量时，对我们所有人，无论男女老少，都是向着更好迈出了一大步。

新闻记者纪思道（Nicholas Kristof）和伍洁芳（Sheryl WuDunn）是一对共同获得普利策新闻奖的伉俪。在杰作《天空的另一半》（*Half the Sky*）中，他们描述了世界各地生活贫困、饱受虐待的女性令人心痛的悲惨境遇。他们讲述了一些勇敢热忱的女性如何生存下来并变得卓越不凡的故事，这些女性将不幸转变为成功，给自己和自己所在的社会带来了无法想象的改变，这种改变具有疗愈的力量。

世界各地的领导者都意识到，世界的希望在于为女性提供机会。正如联合国前秘书长科菲·安南（Kofi Annan）在联合国大会“妇女 2 000”特别会议上所说的:“一个又一个的研究证实，任何发展策略都不及将女性作为核心参与者的策略更能有益于社会整体，这个整体既包括女性，也包括男性。”

在世界范围消除贫困的努力中，人们已经发现，首先帮助女性发展她们自己的事业，能够创造出一波繁荣昌盛的浪潮，使整个社会得到提升。从孟加拉乡村银行（其创建者穆罕默德·尤努斯［Muhammad Yunus］获得了诺贝尔和平奖）为女性发放的小额贷款，到孟加拉农村发展委员会（BRAC，世界上最大的反贫困组织）为拯救最贫困女性的生命并提高她们收入而做出的努力，事实一次又一次地证明，女性不仅能从别人为她们做出的抗击贫困的努力中获益，而且她们自己也能成为引发改变的最有效的原动力。

如果放眼全球，你会看到女性在带来社会变革方面所做出的领导工作。这些社会变革不仅改善了她们自身的状况，而且有益于她们的家庭和社会。她们要求在水资源和土地上获得平等的权利；她们推动了教育和医疗的改善；她们替无法为自己辩护的人仗义执言，呼吁人们更好地对待这些人；她们努力通过交流与理解来解决冲突。

政府和援助工作者越来越意识到，如果想改善社会，你最好从给予女性更多的权力和经济自由开始。当纪思道和伍洁芳向费斯图斯·莫哈埃（Festus Mogae）提出非洲女性“通常比男性工作更努力，在管理金钱上更明智”时，这位开明的博茨瓦纳前领导人由衷地表示赞同:“你们说得太对了。女性工作更出色。银行首先看到了这一点，因此雇用了更多女性职员，如今所有人都了解了这个特点。在家庭中也是如此，女性能够比男性更好地管理家庭事务。”人们普遍赞同，如果给予女性更多的权力，所有人的生活都会变得更好。

意识到自己所具有的力量非常重要。你不仅能改变自己，而且能改变周围的人。女性脑富有同情心、充满关爱。女性的智慧特点是能够更宏观地看问题，能够发现事物之间的联系。你具有独特的视角和热情，无论你想改变周围人的生活品质，还是想在你自己的家庭中做出改变，这些特点都会使你有能力改善任何状况。只要给予你正确的工具，你便会势不可当。

群体的力量

凭借自己的力量，你便能做出了不起的事情。当你的努力经过群体力量的放大后，你会成为更大的变革原动力。

玛丽戈尔德联合公司（Marigold Associates）首席咨询师琳达·瓦格纳（Linda Wagener）说："如果对于如何制造改变，我只能提出一个建议，那么我会建议人们置身于支持变革的人之中。"她还进一步提出了几条原因，以解释为什么成为支持变革的群体一分子会非常有帮助。首先，它为我们提供了一面镜子，让我们能看到更真实的自己，不会低估或高估我们的优势和不足。我们可以利用那些信息，使我们的行为更有效。与他人合作还能鼓励我们超越自己所认为的能力极限。在我们尝试新事物，感到万分紧张的时候，这一点非常重要。群体还使得我们必须承担责任，履行承诺。如果有朋友在期待看到你锻炼的效果，那么你就更有可能坚持每天去健身房或快走。在我们感到灰心或想要放弃的时候，群体还会给予我们支持。

很多文化都清楚，改变的发生需要得到其他人的支持。在《加入俱乐部》（*Join the Club*）一书中，蒂娜·罗森堡（Tina Rosenberg）谈到了"社会治疗"。她解释说，当人们试图引发改变时，他们通常会分享信息，尝试着说服他人。社会治疗采取的是更直接的方法。它通过帮助人们获得他们最在乎的事物，即获得同伴的尊重，来改变人们的行为。罗森堡认为同伴群体（被她称为"俱乐部"）形成的社会压力是影响行为的最佳方式。同伴群体非常有影响力和说服力，它使得女性能够接受俱乐部成员这一新的身份。然后女性就会模仿其他俱乐部成员的行为："我的朋友做出了改变，我也可以像她一样。"

或许最成功、最著名的这类"俱乐部"当属匿名戒酒会了。著名的减肥机构慧俪轻体（Weight Watchers）也是一个很好的例子。将具有相同目标的人汇聚在一起并形成一个实体，会使每个人得到督促，从而达成共同的目标。

研究者向我们解释了一起努力会更有效的原因。首先，成为群体的一分子有助于缓解长期压力。长期压力是导致肥胖、记忆力问题、心血管和消化系统问题、胰岛素调节异常和免疫系统薄弱的关键因素。身处具有支持作用的团体中，人们体内的减压激素催产素的水平会提高。这就可以解释为什么和朋友聚在一起聊天会让人觉得很放松，并且能令人愉悦。

罗森堡认为，人们在生活中感受到的很多不满其实是源于孤独。人总是在寻求群体和情感联结。社会治疗可能会使人们牺牲一些时间用于见面，失去一些隐私，但它能够解决重要的个人问题，为生活增添意义。让别人参与到你的努力过程中，是增加成功机会的一个好办法。

无论是实现个人的健康目标，还是尝试改善环境，或者是引发社会变革，与他人合作能增加你的力量，有助于你坚持下去。而且女性脑尤其适合在群体环境中高效行动。你具有卓越的沟通技能，你很容易发现观点之间的联系，你擅长多任务并行处理，你具有共情力，富有同情心。另外，当你的想法变得消极、开始自我批评或观点有些不合理时，朋友会提供实际而积极的反馈。

就像好的同伴能让你走正路一样，坏同伴也会令你误入歧途，因此一定要小心选择同伴。社会影响的力量有利也有弊，如果你和不快乐、消极或者有不健康习惯的人在一起，他们就会带你走下坡路。

目前，有一些研究显示，不健康的习惯具有传染性。例如，《新英格兰医学杂志》（*New England Journal of Medicine*）上发表的研究显示，肥胖症蔓延最重要的原因之一就是与肥胖的人在一起。这项涉及几代人的心脏研究，分析了30年间12 000多名被试的数据。有肥胖朋友的被试也变得肥胖的可能性为57%。如果两个人都视对方为死党，那么这一可能性会上升到171%。即使他们不住在同一个地区，这样的相关性依然存在。研究还证明，兄弟姐妹的关系也很重要，假设你有肥胖的兄弟姐妹，那么你变得肥胖的可能性会增加40%。

显而易见，我们会对彼此产生或好或坏的影响。因此，要留心周围的影响。然而，你也可以把这视为一个有力的激励因素，让自己成为周围人的榜样，为别人带去积极的影响。我们已经知道，当关注健康的人改善了自己的健康时，他的朋友们的健康状况也会得到改善。你可以通过改善自身来鼓励别人做得更好。

越帮助他人，你对自己的帮助也会越多。我是这样认为的：为了得到，你必须学会给予。

一天晚上，我在家里看到了这种观点的绝佳例证。我妻子通过亚蒙诊所运作着一个团体，这个团体的目的是帮助女性减肥并保持健康。为了庆祝某期课程的最后一节课，塔娜为团体成员举办了一个派对。她们玩得很开心，我忍不住加入了进去。

我和一位女性聊了起来，她说自己是为了应对纤维肌痛和头脑糊涂的问题来参加这个课程的。参加课程两周后，她的纤维肌痛的症状消失了，头脑清醒多了，体重也减轻了将近 10 斤，达到了自己的目标。她觉得课程改变了她的生活。

我对她表示祝贺并告诉她，如果想继续改善，她应该将课程中学到的内容教给其他人。她说自己已经开始这样做了。她的丈夫和孩子也开始注意饮食健康；她不再和同事们分享曲奇饼，而是分享有关健康食品的信息。她已经通过自己的经验领悟到，与他人分享知识能够使这些知识更加牢固地扎根在日常生活中。

这就是为什么你能够成为改变的原动力的原因。与他人分享，这样你们都会变得更健康。这对你的健康幸福、你的外貌和感受，以及你的人际关系的质量都有许多益处。每个人都是赢家，而一切由你发起。

丹尼尔计划

参与“丹尼尔计划”是我人生中最重要的事情之一。这个计划的目的是，运用群体的力量帮助每个人拥有更健康、更富成效的生活。丹尼尔计划是以《圣经》中一位先知的名字命名的，这位先知拒绝吃国王提供的低品质食物。这项为期 52 周的计划取得了令人震惊的成功。我们利用了社群的力量。几乎没有人能够独自做出重大的改变，把人们组成小组能够提高个人的投入程度和学习效果，因为小组能够不断提供鼓励以及情感支持。事实上，如果在群体中而不是独自进行减肥和改善健康，那么一个人成功的可能性将提高 50%。

丹尼尔计划是由健身和健康专家迪伊·伊斯门（Dee Eastman）领导的，她具有丰富的团队领导经验。伊斯门非常强调群体的力量，群体成员会互相监督、分享信息，将群体利益看作是至高无上的。如果一天某个群体成员过得不顺心，群体的环境会促使这位成员暂时放下不开心，进行不带自我评判的反思，然后寻求支持，重新让生活恢复平衡。

伊斯门为小群体如何取得成功提供了一些很好的建议。如果你打算加入一个群体或者创建你自己的支持团体，那么一定要记住这些建议。它们能够使你的努力变得更富有成效。

真诚可信。团体的成功取决于它鼓励成员展示真实自我的程度。团体成员会追随领导者所表现出来的易受影响性和开放性。从这方面来说，领导者的速度就是团队的速度。作为一个女性，你只要在群体环境中对成长和做出改变具有开放的态度就足够了。你没有必要成为团体中最强大的人，成为领导。重要的是，大家开诚布公地聚集在一起，具有成长、改变和不断向前的共同意愿。

承担一定的责任。每个团体必须确定承担多大的责任才会让成员感到舒适，但也必须设定能够激励成员的有形目标。所有的成员都应该支持其他人为实现目标而努力。通过在会议上做汇报，定期互相检查，或者通过其他有效的制度都可以贯彻问责制。

保持新鲜感。不要墨守成规，每次开会时都使用相同的资料。改变学习资料，无论是新书、新 DVD、新的杂志，还是其他任何带给人启发的相关事物。让资料新颖有趣，这样团体成员会觉得你一直在获得重要的新东西，他们的兴趣始终会保持高昂的状态。对于小群体来说，变化性是生活的佐料！

成为好的倾听者。团体成员应该成为彼此很好的倾听者。他们努力去理解他人，互相给予支持。他们不应该试图去解决其他团体成员的问题。令人舒服、开放的气氛会使成员开诚布公，乐于分享。感到被评判或者有人自以为知道得更多，试图纠正别人时，成员便会把自己封闭起来。

回馈。计划应该包括对文化或群体做出回馈的方式。向外看、对外的给予能够与内在成长的努力保持平衡。分享学习到的东西能够扩展群体成员。

发掘每个个体的优势。伊斯门说，小群体最令她喜欢的一个方面就是看到每个人都展现出热情和使命感。然后这个群体会创造一个平台，这样他们便能够在群体中、在更大的世界中分享这些热情和使命感。她让群体成员来主持一个工作坊或食品展示会，通过让他们出现在录像中，或让他们写一篇文章等方式，为他们创造发光发热的机会。为了为群体服务，为了个人和群体的利益，她总是会为其他人提供新的领导机会。她努力培养成员的这些成长经验，不鼓励竞争。她说："作为女性，我们能够真正地支持其他女性，发掘出彼此的优势，为他人的成长提供机会，这样每个人都能赢。我们互相合作，因为我们天生就善于合作。"

丹尼尔计划最令人激动的成果之一是，看到群体成员将所学到的东西散布到小群体之外，传播给家人和社区成员，因而使自身成了健康生活的榜样。这会产生巨大的积极的多米诺骨牌效应。伊斯门举了一个例子，其中有一位成员体重减轻了 140 多斤，这真的很令人震惊。她完全变成了另外一个人，她还通过写作与健康有关的文章，和别人分享她的新知识。

"4 个圆"带来的改变

改变的"拦路虎"是无法持久。你坚持节食，但当假日来临时，你完全失去了控制。在整整一个月里你始终坚持自己的锻炼计划，然后开始隔几天锻炼一次，最后彻底放弃了。

你需要的不只是临时的改变，你希望改变能够持久。这种改变应该是全身心的，涉及你的方方面面。要想达成这样的改变，很关键的一点是要运用本书介绍的"4 个圆"（生理健康、心理健康、社会关系和精神追求）。

设法在这 4 个方面锁定你希望实现的改变，那么改变就有可能是持久的。

对那些你想要影响到的人也需要这样做，他们同样会发现改变已经扎根在他们的行为中。

与后代有关

你的行为会影响基因表达和后代的健康。作为美国人，我们渴望自由。我们不喜欢其他人告诉我们应该怎么做，尤其是如果这涉及我们的坏习惯。遗憾的是，你的行为不只关系到你自己，它最终会关系到你的后代。当塔娜和我最初发现“这个事实”时，我们开始更严肃认真地审视自己的行为，对在家里、在亚蒙诊所允许做什么和不允许做什么制定规则。

最近 20 年，遗传学发展出一个新兴的领域，被称为表观遗传学。它的意思是“在基因之上”，指的是研究者发现，人们的习惯和情绪会深刻地影响他们的生物学因素，甚至改变基因，并通过基因传递给后代。正是这些后生的“印记”让你的基因打开或关上，决定基因的表达是明显还是不明显。正是通过表观遗传学，一些直接的环境因素，比如饮食、压力、有毒物质和产前营养，都会影响你的基因，并传递给你的后代。

例如，最近一项研究显示，男孩如果在青春期之前（比如十一二岁）就开始抽烟，那么他们的儿子患肥胖症的风险会显著提高。这意味着 11 岁时的一个愚蠢决定会对后代带来灾难性的后果。肥胖只是问题的开始。有些研究者相信，表观遗传学是理解某些种类的癌症、某些形式的痴呆、精神分裂症、自闭症和糖尿病的关键。

瑞典预防保健专家拉尔斯·比格伦（Lars Olov Bygren）博士进行了一项突破性的研究，他研究了经历过饥荒和食物非常充足时期的家族的后代。如果妈妈营养不良，她们的孩子和孙辈患心脏病的概率更高。有违直觉的是，无论是男孩还是女孩，如果他们出生在食物非常充足的时期，那么他们的孩子和孙辈寿命明显较短。看起来吃得太多像吃得太少一样，都会对后代造成不良影响。在食物非常充足、超重和肥胖盛行的今天，这项研究值得我们所有人的深思。我们吃什么会影响后代子孙。因此你吃的食物可能也是你父母，甚至你祖父母吃的食物。

表观遗传学的另一个例子是压力。当准妈妈感到很有压力时，她们会分泌更多的皮质醇。一些皮质醇会透过胎盘传递给胎儿。应激激素的升高会重新调整胎儿的大脑，使他对将来的压力变得更敏感。例如，大屠杀幸存者的孩子患抑郁症的概率很高。学习控制压力对你、对你的孩子和孙辈都很重要。

你的行为显然不只涉及你自己，这就是为什么你现在就应该保持健康的原因。

释放改变周围世界的力量

我认为一点一点地改良健康是不够的。如果你想变得健康并一直保持健康，你需要做出严肃的承诺。塔娜不仅是我的妻子，也是我的搭档，我们一起帮助大家变得更健康。塔娜曾说，为了获得健康，人们必须产生质的飞跃，一点一点地改良是不行的。摆脱有害的生活方式需要做出很大的努力。

当你自己以最好的方式生活时，你会禁不住想去改善你关心之人的生活。作为一名女性，你在完成每项任务、处理每种人际关系上都具有特殊的技能和天赋。释放那些力量，它会产生难以预料的深远的积极影响。以下是发挥你积极影响力的 3 种方法。

成为积极的榜样。你的孩子在看着你，他们在模仿你的行为，或许是你根本想不到的方面的行为。例如，在 CreditCards.com 网站委托实施的民意测验中，成年人被问及哪个家庭成员对他们的财务知识和理财方式产生了最大影响。他们通常认为妈妈对他们的影响最大。这些影响不一定都是好的。如果妈妈处理金钱的方式很不明智，那么这就是她留给孩子的最大影响。只是口头上说应该善于理财是不够的。影响孩子行为的是妈妈实际处理金钱的方式，而不是她们建议孩子应该怎么做。

利用你的特点来改善周围的世界。强大的女性脑使你非常适合与他人合作，帮助他们做出积极的改变。强大的沟通能力和比较宏观的视角使你能够把人们汇聚起来，一起改善健康状况。理解他人的能力和共情力使你充满了同情心和爱心，使你能够帮助家人、朋友及更大的群体。

例如，辛辛那提大学的研究显示，与男性相比，创办新企业的女性更有可能考虑到个人责任，更有可能把她们的企业作为改变社会和环境的工具。女性总会想到别人，即使在改善自己的时候。

这并不意味着你不得不登上世界舞台。只要做好交给你的任务，只要处理好每天面对的问题，你便会对周围人产生积极的影响。

影响你生命中的男人，让他们做到最好。你的大脑与男性的大脑不同，运用这个事实，你们可以开始以更有效的方式进行相互理解和沟通。这种方式能够加深你们之间的爱，并让你们一起努力去做有利于感情和家庭的事情。

培养优秀的沟通技巧 Unleash the Power of the Female Brain

要成为改变的原动力，你必须进行有效的沟通。以下是成为有效沟通者的 6 种方法。

1. 假定其他人想与你沟通。放下任何可能引发糟糕后果的消极态度。
2. 用清晰、积极的方式表达你想说的内容。不要提出可能让对方产生敌意的要求。不要软弱，因为这样会让别人不把你放在眼里。要坚定、友好而自信。
3. 减少干扰，确保你和对方在沟通时都很专注。
4. 请对方给予反馈，确保对方理解了你的意思，你也理解了对方的意思。
5. 做一个好的倾听者。除非你们俩都表达了想说的内容，否则便不会有沟通，却有可能产生怨恨和反感。
6. 跟进你们之间的沟通。即使你们认为彼此已经相互理解了，这依然有必要。因为人们会遗忘，会混乱或者会改变主意。如果结果对你很重要，那么一定要跟进，确保发生了你希望发生的改变。

研究显示，在一个家庭中，基于母亲的投入程度能够预测出父亲的投入程度，但相反的影响则没有那么显著。正是母亲在鼓励父亲更多地投入到家庭生活中，鼓励他进行更有效的交流，过更健康的生活。

为了产生这种积极的影响，你应该尽量保证自己的大脑是健康的，能发挥最佳功能。我将这种行为称作“大脑勇士”。它需要你做到以下几点。

- 保证你的大脑安全，避开有毒食物、化学物质和药物，远离可能造成大脑损伤的危险活动。
- 把体重稳定在健康的水平上。
- 坚持锻炼，保持良好的血液循环，尤其是流向大脑的血液。
- 保证充足的睡眠，解决呼吸暂停综合征等问题。
- 避免坏脂肪，摄入健康脂肪，比如橄榄油和富含 Ω-3 脂肪酸的脂肪（通过服用补充剂或吃健康的鱼肉）。
- 锻炼大脑，学习新技能，保持大脑的灵活性和活跃度。你知道大脑其实能生长出新的神经元吗？如果做好你该做的事情，给大脑灌输新信息，保持它的健康，那么它就会长出新的神经元。
- 通过获得适当的帮助，解决诸如注意力缺陷多动障碍、抑郁、焦虑和压力等问题。在使用药物之前，我更喜欢先尝试自然疗法。
- 让自己置身于支持你的人群中，他们会鼓励你，帮助你坚持履行健康计划。

这些事情不会自行发生，也没有人能够替你来做。你必须尽职尽责地对待自己的健康，包括生物的、心理的、社会的、精神的。这不仅是为了你自己好，也是为了你所能影响的每一个人好。

只有一个时间适合你做出必要的改变，以提升大脑的力量、改善健康，那就是现在。推迟到明天往往意味着无限推迟。你打算开始过与以往不同的生活已经有多久了？是不是已经很长时间了？是什么妨碍了你开始实施？是担心自己不会成功吗？或者是不想付出努力？还是觉得这并不重要？

我希望本书中的信息已经说服了你，让你相信自己大脑中每一个细微的结构都蕴含着取得成功的惊人力量。你的女性脑有能力理解你需要做什么，并在整个大脑中构建连接，召集到能够帮助你取得成功的资源。你有爱的能力，能够感受到真正的同情，这将激励你完成了不起的事情。任何告诉你“你做不到”的声音都只是自动的消极想法，坚决地把它们从你的生活中“请”出去！

当看到不付出努力会引发各种健康问题时，你怎么可能会不努力呢？肥胖、接触有毒物质以及未经治疗的脑损伤会导致你的生活质量下降、罹患阿尔茨海默病和早亡。你不希望这些事情发生在你自己和你所爱之人的身上吧，那就把你的目标列成清单。把你所爱之人的照片贴在你每天都能看到的地方。让爱帮助你克服最初的阻力，当你的感觉变得越来越好的时候，欣喜感会逐渐取代爱，成为激励你的力量。

这真的很重要。它不仅对你来说很重要，而且对你周围的每一个人都很重要。女性具有特别的力量，能够带给他人好的影响。世界各地优秀的女性开始登上社会舞台，正在改变着周围的世界。她们的故事会激励你，你也能做她们在做的事情。

世界在等待着你去改善你所生活的那个角落，然后发起一个积极力量的涟漪，它的冲击波将产生你无法想象的深远影响。为了开始这段美好的改变旅程，我希望你利用从本书中学到的所有知识，释放出女性脑积极而富有影响的力量。

一位女性的大脑能够改变世界吗？是的。我想让你来认识一下我的朋友，来自中国香港的玉琳。玉琳读过我的《幸福脑》。那时，她的婚姻遇到了麻烦，整个人没精打采的。她的儿子十几岁了，在情绪和学业上都存在问题。尽管她住的地方与我们的诊所之间远隔太平洋，但这难不倒她。一开始，她送丈夫和儿子过来接受大脑评估，这给他们的生活带来了显著改变。

玉琳的儿子乔纳森出生时难产，大脑扫描结果显示出受过创伤的迹象。乔纳森对妈妈说，扫描很有帮助。他终于明白自己为什么会如此苦苦挣扎。“问题不在于我，”乔纳森说，“而在于发生在我身上的事情。”扫描之后，他很配合治疗，状况出现了明显改观。这对玉琳的丈夫罗伊也很有帮助，进而加强了他们的婚姻关系。后来，玉琳也过来接受治疗，她的妈妈、姐妹、兄弟、爸爸和其他许多家人和朋友也来到诊所，寻求帮助。她还将大脑健康的理念介绍给她的家人和朋友，这对她周围的人产生了很大影响。她和罗伊将一支医疗团队和 SPECT 扫描技术带回了中国香港，而有利于大脑健康的治疗计划在发挥着基础性的作用。玉琳运用她所学到的知识，为众人造福。

我希望你也能这样做。学习并领会这些信息，将它们传播出去。现在的世界比任何时候都更需要健康的女性脑。

第 12 个小时的练习——创造你自己的守护神网络

我的好朋友乔·波力士（Joe Polish）非常擅长建立人际关系。他有一个名叫“创造你自己的守护神网络”的练习，并慷慨地允许我和你们分享这个练习。它能帮助你成功，帮助你一直朝着自己的目标努力。研究已经证明，亲密的人际关系与健康、幸福和成功相关。同伴群体的健康能够预测你的健康和长寿。这个练习将帮助你创建并保持你自己的人际网络。

你的健康目标是什么？（请写具体的）

1. ______________________

2. ______________________

3. ______________________

4. ______________________

5. ______________________

写下 5 个能帮助你实现目标、支持你获得并保持健康的人的名字：

1. ______________________________

2. ______________________________

3. ______________________________

4. ______________________________

5. ______________________________

把这些人对你会有怎样的帮助写下来。他们会提供什么知识？
（健康建议和支持，或者陪你锻炼）

1. ______________________________

2. ______________________________

3. ______________________________

4. ______________________________

5. ______________________________

你对他们有怎样的帮助？（回馈是创造你自己的守护神网络的一个关键要素）

1. ______________________________

2. ______________________________

3. ______________________________

4. ______________________________

5. ______________________________

每周抽时间和这 5 位守护神联络，无论是见面，打电话、发短信，还是通过电子邮件。通过这个练习，你会建立起很好的人际网络，有助于你看起来更精神，活得更健康、更长寿。虽然这个练习很简单，但它的效果非常棒。及时更新你的守护神网络，一定要支持其他人改善健康和生活的努力。在这个过程中，你就是在支持你自己。

Unleash the Power of the Female Brain

致谢

在写作这本书的过程中，我得到了很多人的帮助，在此我要对他们表示感谢。我尤其要感谢亚蒙诊所的所有病人和朋友，他们允许我向读者分享他们的故事，特别感谢我的妻子塔娜。感谢詹姆斯·拉瓦勒博士和塔米·梅拉利亚博士，他们的洞见为我指引了方向。感谢“丹尼尔计划”的领导人迪伊·伊斯门卓越的见地。我还要感谢很多朋友和同事给予我的爱和支持。谢谢我的朋友乔·波力士，他发明了“创造你自己的守护神网络”的练习，并允许我把它介绍给你们。

在完成这本书的过程中，在做相关的研究和访谈的过程中，艾伦·迪克斯坦（Ellen Dickstein）和瑞秋·克兰茨（Rachel Krantz）发挥了巨大的作用。研究部门的同事克里斯汀·维勒迈尔（Kristen Willeumeir）和德里克·泰勒（Derek Taylor）为本书提供了宝贵的洞见和支持。在写作过程中，亚蒙诊所的其他工作人员一如既往地对我提供了大量帮助和支持，尤其是我的私人助理凯瑟琳·米勒（Catherine Miller）、弗吉尼亚诊所的约瑟夫·安尼巴利（Joseph Annibali）博士、亚蒙诊所的总经理苏珊·黑格尔（Susan Haeger）、心灵工作坊的总经理伯尼·兰德斯（Bernie Landes），以及我们的营销主管默里·布兰嫩（Murray Brannen）和宣传主管戴维·雅尔（David Jahr）。

我还要感谢 Crown Archetype/Harmony 的出版团队，尤其要感谢体贴周到的编辑朱莉娅·帕斯托（Julia Pastore）和出版人蒂娜·康斯特布尔（Tina Constable）。一如既往，我要感谢我的文稿代理人费思·哈姆林（Faith Hamlin）

和国外版权代理人斯蒂芬妮·迪亚斯（Stefanie Diaz）。如果你在美国以外的国家读到了这本书，那便是斯蒂芬妮的功劳。另外，我还要感谢全美各个公共电视台的朋友和同事。公共电视台是宝贵的媒介资源，感谢他们与我合作，让我们将有关治疗大脑问题的信息和希望带给你们。我爱你们所有人。

译者后记

厚厚的一本书终于翻译完了，刚开始我有些疑惑，仅仅关于女性脑就可以写这么多吗？现在看来这是一本从根本上，也就是从大脑角度出发促进女性健康的全面指导手册，可以说它基本上解决了女性心理和生理上的所有常见问题，可以使女性更年轻、更漂亮、更健康、更快乐。

人们常常会忽视大脑，因为平时我们看不到它。但正如本书作者亚蒙博士强调的那样，大脑主宰着人类生活中的一切，“大脑工作正常，你就能正常发挥功能。大脑出问题了，你的生活也会陷入麻烦”。而且与男性脑相比，女性脑具有非常独特的优势和明显的弱点，因此很有必要专门为女性写一本书。另外，女性在社会和家庭生活中的作用越来越重要。如今流传着这样一句话，“女性决定上一代人的幸福，这一代人的快乐，下一代人的未来”，由此可见女性的身心健康具有多么大的影响力。

亚蒙博士告诉女性读者，不要以为月经来之前，烦躁易怒、腹泻、乳房胀痛等都是正常的；不要以为更年期时出现的潮红、心悸、情绪波动等现象都是不可避免的；也不要以为随着年龄的增长，就应该看起来没精打采、身材臃肿，记不住事情，变得稀里糊涂。所有这些问题的根源都在于大脑受到了消极影响。通过一些简单但需要长期坚持的方法，这些问题可以得到缓解或彻底解决，让女性脑的潜能被充分释放出来。

本书作者亚蒙博士被称为“美国最受争议的，同时也是最受欢迎的精神病学家”。他是美国精神病学会的杰出成员，是大脑 SPECT 扫描方面的专家。运用大脑扫描，他不仅能够发现疾病、评估治疗的效果，甚至能解释一些心理现象，比如爱和人际关系。他创建了著名的亚蒙诊所，坚持用天然保健品来缓解并治疗心理障碍和精神问题。他还是畅销书作家，写过或与人合著过 30 多本有关通过改善大脑来改善生活的书。在本书中，他秉持一贯的风格，用通俗而亲切的语言来解释一些复杂的学术观点，让更多的读者能够从中获益。

在翻译本书过程中，我得到了很多朋友和亲人的帮助。在此，对黄宁、王鹏、巩樱、崔凯、范文斌、郑悠然、张宝君和曲晓东表示由衷的感谢。

未来，属于终身学习者

我这辈子遇到的聪明人（来自各行各业的聪明人）没有不每天阅读的——没有，一个都没有。巴菲特读书之多，我读书之多，可能会让你感到吃惊。孩子们都笑话我。他们觉得我是一本长了两条腿的书。

——查理·芒格

互联网改变了信息连接的方式；指数型技术在迅速颠覆着现有的商业世界；人工智能已经开始抢占人类的工作岗位……

未来，到底需要什么样的人才？

改变命运唯一的策略是你要变成终身学习者。未来世界将不再需要单一的技能型人才，而是需要具备完善的知识结构、极强逻辑思考力和高感知力的复合型人才。优秀的人往往通过阅读建立足够强大的抽象思维能力，获得异于众人的思考和整合能力。未来，将属于终身学习者！而阅读必定和终身学习形影不离。

很多人读书，追求的是干货，寻求的是立刻行之有效的解决方案。其实这是一种留在舒适区的阅读方法。在这个充满不确定性的年代，答案不会简单地出现在书里，因为生活根本就没有标准确切的答案，你也不能期望过去的经验能解决未来的问题。

而真正的阅读，应该在书中与智者同行思考，借他们的视角看到世界的多元性，提出比答案更重要的好问题，在不确定的时代中领先起跑。

湛庐阅读 App：与最聪明的人共同进化

有人常常把成本支出的焦点放在书价上，把读完一本书当作阅读的终结。其实不然。

时间是读者付出的最大阅读成本

怎么读是读者面临的最大阅读障碍

“读书破万卷”不仅仅在“万”，更重要的是在“破”！

现在，我们构建了全新的“湛庐阅读”App。它将成为你“破万卷”的新居所。在这里：

- 不用考虑读什么，你可以便捷找到纸书、电子书、有声书和各种声音产品；
- 你可以学会怎么读，你将发现集泛读、通读、精读于一体的阅读解决方案；
- 你会与作者、译者、专家、推荐人和阅读教练相遇，他们是优质思想的发源地；
- 你会与优秀的读者和终身学习者为伍，他们对阅读和学习有着持久的热情和源源不绝的内驱力。

下载湛庐阅读 App，
坚持亲自阅读，
有声书、电子书、阅读服务，
一站获得。

湛庐阅读App

思想者的
声音图书馆

倡导亲自阅读

不逐高效，提倡大家亲自阅读，通过独立思考领悟一本书的妙趣，把思想变为己有。

阅读体验一站满足

不只是提供纸质书、电子书、有声书，更为读者打造了满足泛读、通读、精读需求的全方位阅读服务产品 —— 讲书、课程、精读班等。

以阅读之名汇聪明人之力

第一类是作者，他们是思想的发源地；第二类是译者、专家、推荐人和教练，他们是思想的代言人和诠释者；第三类是读者和学习者，他们对阅读和学习有着持久的热情和源源不绝的内驱力。

以一本书为核心

遇见书里书外，更大的世界

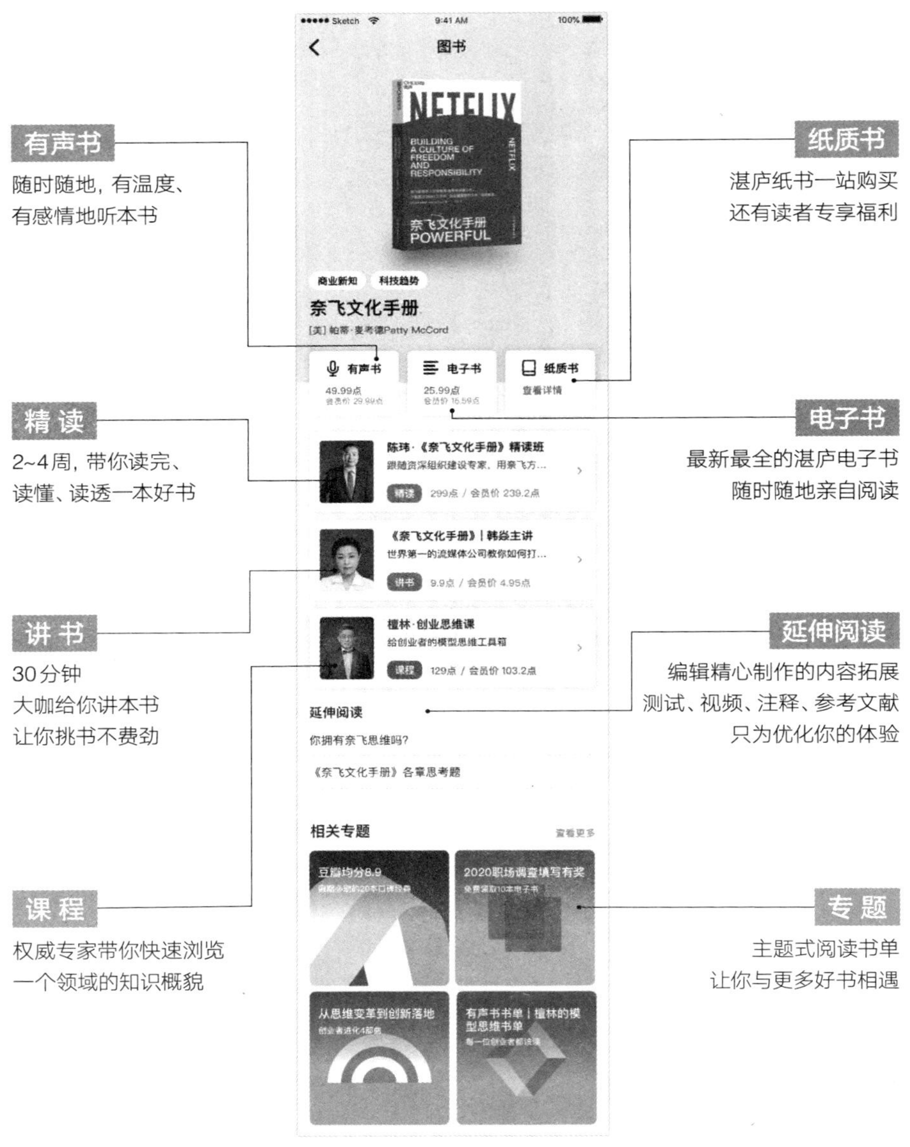

浙江省版权局
著作权合同登记章
图字：11-2018-258号

图书在版编目（CIP）数据

女性脑 /（美）丹尼尔·亚蒙著；黄珏苹译 .— 杭州：浙江人民出版社，2018. 7（2024.4重印）

书名原文：Unleash the Power of the Female Brain

ISBN 978-7-213-08808-7

Ⅰ. ①女… Ⅱ. ①丹… ②黄… Ⅲ. ①女性－生活方式－通俗读物 Ⅳ. ① C913.3-49

中国版本图书馆 CIP 数据核字（2018）第 133963 号

上架指导：心理学 / 健康

女性脑

［美］丹尼尔·亚蒙　著

黄珏苹　译

出版发行：浙江人民出版社（杭州体育场路 347 号　邮编　310006）

　　　　　市场部电话：（0571）85061682　85176516

集团网址：浙江出版联合集团　http://www.zjcb.com

责任编辑：蔡玲平

责任校对：徐永明　姚建国

印　　刷：石家庄继文印刷有限公司

开　　本：720mm × 965mm 1/16　　　印　　张：20.5

字　　数：290 千字　　　　　　　　插　　页：3

版　　次：2018 年 7 月第 1 版　　　印　　次：2024年 4 月第 4 次印刷

书　　号：ISBN 978-7-213-08808-7

定　　价：72.90 元

如发现印装质量问题，影响阅读，请与市场部联系调换。